自调温道路功能材料开发与应用

金　娇　高玉超　刘　帅　谢　娟　刘雅儒　著

中南大學出版社
www.csupress.com.cn
·长　沙·

前 言

道路在运行过程中，由于沥青路面在夏季吸热，一方面导致路面材料高温失稳从而使得路面出现一系列早期破坏；另一方面，由于沥青路面吸热、储热的特性，还会影响道路周边热环境，从而加重城市“热岛效应”。因此，从主动改善沥青混凝土路面温度状况出发，开发自调温道路功能材料并将其应用到道路工程中，从而达到减缓沥青路面升温速率，降低极端温度的目的，其中相变调温技术利用相变材料改变其相态而延缓自身及周围环境温度上升为上述问题的解决提供了思路。

相变材料通过吸收或释放热能调节能量供需不匹配，从而拥有储能调温潜力。利用相变材料的调温特性，实现路面温度的调控。本书以相变材料为研究对象，综合真空浸渍法、溶凝胶法、微胶囊等技术为自调温道路功能材料以及调温路面的发展提供新技术，在满足温度调控能力及热力学稳定性的同时，改善路面热环境，推动新型调温路面的发展。

本书包括六章。第 1 章绪论，总结了近几年相变材料的发展以及相变材料在道路工程中的研究进展；第 2 章从试验原料，各种分析、测试方法和试验过程等方面进行了介绍；第 3 章着重分析了相变材料在沥青中的应用及对沥青性能的影响；第 4 章介绍了大孔矿物负载相变材料构筑矿物基复合相变细集料，分析了材料间的作用机制及热力学稳定性，并对其调温沥青混合料进行相应研究；第 5 章以溶凝胶法及微胶囊制备定形相变细集料应用于沥青混合料中，进一步降低相变材料对沥青混合料路用性能的影响；第 6 章制备出大颗粒定形相变粗集料，满足不同集料在沥青混合料中的应用。

本书各部分内容即相对独立，又紧密联系。同时，本书在内容编排和文字阐述时尽量做到深入浅出、详略得当，希望能够为相关领域的研究人员和研究生提供参考。但是由于沥青混合料的结构组成离散性较大，其试验结果难免存在一定的误差，如有不当，敬请各位读者批评指正，以便去伪存真，提高我们的认识水平。

本书获得长沙理工大学出版资助，依托国家自然科学基金项目(52174237、51704040)、湖湘青年英才计划(2020RC3039)、长沙市杰出创新青年计划(kq2106042)、中国科协青年人才托举工程等项目的资助完成，并获得公路养护技术国家工程研究中心、广东省现代土木工程技术重点实验室的支持。全书由金娇统稿，其中第 1 章、第 2 章由高玉超撰写完成。长沙理工大学谢娟副教授、刘雅儒博士、道路与铁道工程专业研究生高玉超、刘帅、林飞鹏、肖婷、刘浪、刘墨晗、彭梧桐、陈晖文参与了第 3 章、第 4 章、第 5 章、第 6 章试验、数据整理以及编辑整理工作，在此致以真诚的谢意！

鉴于笔者水平有限且时间仓促，书中缺点和不足之处在所难免，恳请专家、学者和读者批评指正！

笔者

2022 年 3 月于长沙

目 录

第1章 绪 论

1.1 研究背景与意义

自改革开放以来，我国交通基础设施建设取得了辉煌的成就。公路作为最重要的交通基础设施之一，从改革开放前全国公路通车总里程89万公里，到2020年的519.81万公里，其中高速公路从无发展到现在的16.10万公里，对国民经济发展提供了重要支撑和保障，也是综合国力的重要体现[1]。其中，沥青路面由于舒适平整、维修方便、开放交通早等特性，广泛应用于城市道路和公路干线，成为目前我国铺筑面积最多的一种高等级路面，我国现有的高等级路面中，90%以上都采用沥青路面。

沥青路面作为一种黑色路面，其反射率仅为0.05~0.15，作为一种温度敏感性材料，其夏季温度可达到70~80℃[2]，超过了沥青的软化点。在高温下沥青极易发生失稳破坏，造成车辙、波浪、拥包等病害，严重影响行车舒适性与安全性。此外，市区道路的沥青路面极易吸收太阳辐射，其路表温度远高于道路周边大气温度，加剧城市“热岛效应”，造成城区气温普遍高于周围的郊区气温[3]，在夏季造成极大的能源消耗，沥青路面高温病害及热岛影响分别如图1.1所示。

为缓解沥青路面高温病害及热岛效应的影响，传统上的方法主要是通过提高材料本身的高温性能、改善混合料的级配等措施去“被动”地接受高温，但是大量的工程实践证明这些技术措施的应用也未从根本上解决车辙问题；对于城市“热岛效应”问题，普遍采用的措施是提高城市森林覆盖率及扩大草地、水体

(a)

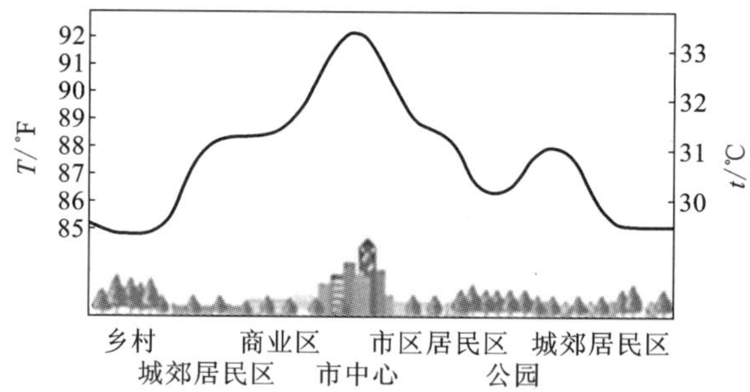

(b)

图 1.1 沥青路面高温病害及“热岛效应”影响[4]

的面积，但城市的绝大部分面积被建筑和道路覆盖着，尤其是超大城市其森林覆盖率极难提高，同时空间分布可能又很不均衡。近年来，随着材料科学的发展，将相变材料应用到路面中，制备具有储热降温功能的沥青路面，通过相变材料具有的相变储热特性，从而达到抑制路面温度升高的目的，可有效缩短沥青路面高温持续时间降低路面温度，进而减少沥青路面高温病害的发生[5, 6]。相变沥青路面的调温模型如图 1.2 所示。研究通过降低路面内达到的峰值温度和减少温度差，减缓因温度引起的各种病害，提高路面耐久性，降低养护成本，同时还有着不可估量的环境效益及社会意义。

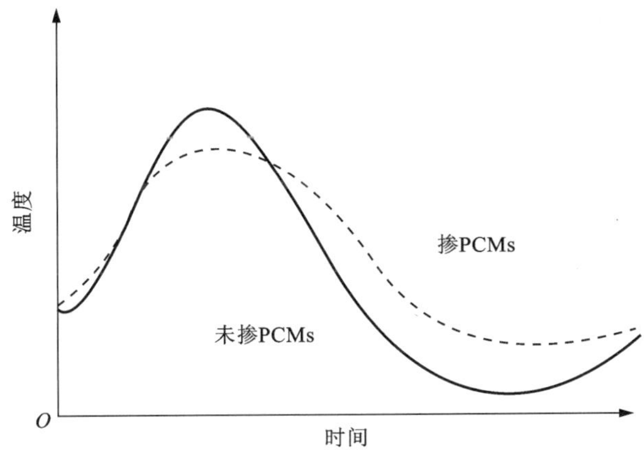

图 1.2 相变沥青路面调温模型[7]

1.2 国内外研究现状

1.2.1 相变材料概述

相变材料(Phase Change Materials, PCMs)又称为潜热储能材料，通过吸收或释放热能调节能量供需不匹配，从而具有储能调温潜力，已在建筑、工业、能源等领域得到广泛应用与验证[8]。相变材料种类繁多，目前可利用的相变材料已达20000多种，还存在许多其他类型的潜在相变材料[9]，可根据相变温度高低、相变时物质形态变化等不同形式对相变材料进行分类。应用最广泛的分类方法为Abhat于1983年提出，将相变材料分为固-固，固-液，液-气和固-气四种类型[10]。固-固类相变材料相变焓较低，储热容量小；固-气类相变材料和液-气类相变材料体积变化量大；此三类相变材料的实际应用较少。固-液类相变材料因储能密度大，体积变化小，成为潜热储能调温应用中最常用的材料[11]。

固-液相变材料当温度低于相变温度时为固态，当温度达到相变温度时，吸收大量热量，由固态转化为液态，该过程可逆，热循环稳定性良好。在广泛的温度范围内适用。相变材料据其化学成分，还分为有机化合物及无机化合物，近年相关研究还出现了共晶混合物。每类均具有典型的相变温度及相变焓范围，几乎所有无机盐水合物相变材料都存在明显的过冷和相分离现象，而有机相变材料过冷度较低，对储热实际应用影响不大，应用较广[12]。

有机相变材料由于腐蚀性小、性能稳定，不会发生相分离和结晶，过冷现象较低甚至没有，主要包括石蜡、脂肪酸、聚乙二醇。石蜡材料的相变温度范围很广（20~70℃），可在较大的温度范围内使用，同时所具备的良好相变焓，不仅可以应用于建筑相关的调温，还可以用于其他各种领域，但是由于其导热系数低和相变过程中的大体积变化，应用受到限制[13]。脂肪酸的相变温度和相变焓随着碳链长度的增加而增加，将两种或多种不同比例熔融的脂肪酸复合形成二元或多元混合物，可以根据需要调节相变温度，制备较低温度的相变材料，具有良好的热可靠性和耐久性，相变材料中应用较多的脂肪酸包括月桂酸、肉豆蔻酸、棕榈酸和硬脂酸，与石蜡一样具有低导热性[14-16]。聚乙二醇是由乙二醇组成的合成石油化合物，化学性质稳定，均为单键，含有大量稳定的醚键，具有较高的相变焓和热稳定性，相变温度和相变焓受分子量的影响，分子量为1000~20000的适合做储能相变材料，相变温度在40~70℃，与路面高温相一致[17]。

表1.1　道路研究常用相变材料及其部分热物性参数[18]

相变材料	相变温度/℃	相变焓/($J \cdot g^{-1}$)	导热系数/($W \cdot m^{-1} \cdot K^{-1}$)	起始失重温度/℃	质量损失百分比/%
PEG 4000	60.4	167.6	0.3~0.5	69.9	2.065
PEG 10000	60.9	166.3	0.3~0.5	78.6	4.577
PEG 20000	60.4	160.1	0.3~0.5	74.7	1.476
肉豆蔻酸	49~51	141.5	0.159	215.5	80.045
棕榈酸	61~64	164.8	0.162	245.6	73.667
硬脂酸	69~70	201.8	0.172	257.4	72.347

表1.1中列举了道路研究常用的聚乙二醇(PEG)及有机酸的部分热物性参数，可通过主要热物性能对相变材料进行选取。由表可知，相变材料的相变温度均位于45~70℃，且以60~70℃居多，相变温度应与沥青软化点大致相同。相变焓为单位相变材料在相变时吸收或释放的能量，相变焓越高，调温潜力越大。表中相变材料的相变焓均高于140 J/g，在选取路用相变材料时，其他情况相差不远的前提下应优先选取相变焓高的相变材料。相变材料的导热系数均较小，应选取导热系数相对较高的相变材料，有利于热量储存与释放。起始失重温度是相变材料热稳定性的表征参数之一，PEG类相变材料的起始失重温度较低，为70℃左右，但其质量损失百分比均在5%以下。有机酸类相变材料的质量损失百分比较高，为70%左右，但其起始失重温度高于210℃。沥青混合料的拌和温度为160~180℃，上述两类相变材料均能满足拌和过程中的高温要求，其热稳定性均满足要求。此外，选取相变材料时，也应对相变材料的热循环稳定性进行评估，多次冷热循环后其性能衰减应控制在一定范围内。

尽管有机相变材料有诸多优点，但依然存在不可忽视的局限性，在此背景下部分学者开发出了复合相变材料，并取得了相应的成效[19-21]。采用浸渍、微胶囊、纳米封装等相关技术来制备所需要的复合相变材料，克服了单一相变材料所具有的局限性，防止相变材料在相态转化时液态流动的发生，提高了反复使用的效率[22, 23]。浸渍法制备的复合相变材料通过熔融状态下的相变材料并入支撑材料中，使之形成稳定状态的复合相变材料，在路面和建筑中应用颇有成效，可有效防止泄漏问题，同时具有相应的强度[24, 25]。微胶囊复合相变材料是将大量小的相变颗粒包在密封的连续基体中，使引入的相变材料作为核心置于有机或无机聚合物的壳体中，起增强保护的作用，在建筑、工程、纺织及阻燃等方面已取得令人瞩目的成就，但仍需要付出巨大的努力来克服形成过程中的团聚现象[26-28]。

1.2.2 相变材料在路面中的应用

路面中加入相变材料利用其潜热特性来满足路面温度的调控，从而减少因温度产生的路面病害及次生病害的发生。相变材料在路面中运用起步较晚，在路面中的应用主要以控制温度降低的融冰雪路面和控制温度升高的降温路面为主。

(1)相变材料融冰雪路面

在低温雨雪天气，路面温度过低导致表面凝冰极易引发交通事故。Kheradmand 等人开发了适用于沥青路面低温温度调节的相变材料浸渍轻质骨料，并且在轻质骨料上涂上防水液，以防止相变材料泄漏，结果表明轻质骨料复合相变材料具有足够的热性能，可有效减少实际气候条件下的降温速率[29]。随后，Manning 等人将相变材料应用到沥青路面中，减少了沥青混合料的低温热损伤，提高了路面的极低温度，可用于冬季融化路面上的冰雪[30]。Le Touz 等人研究了相变材料在相变过程中潜热对沥青路面温度的影响，并试验室模拟了冬季条件进行试验，掺有相变材料的沥青路面可以释放足够的热量，能够有效地避免路面结冰和减少积雪，并通过多元数据分析工具对拉曼光谱和红外图像进行分析，在选定的实验条件下，降温时间可有效延迟 9 h[31]。Farnam 等人将相变材料掺入到轻骨料中并嵌入金属管中，将其应用到水泥混凝土路面中，相变材料的热量具备融雪化冰的能力，在混凝土路面不仅可行，而且还很实用[32]。

马骉等人自 2006 年便开始了相变材料在公路行业的应用研究，尝试了多种制备工艺，其中包括直掺共混法、溶胶-凝胶法等。采用十四烷、二氧化硅、乙基纤维素及分散剂开发复合相变材料，通过正交试验确定材料间的最佳比例，成功制备出相变温度为 5.8℃、相变焓为 178 J/g 的适用于公路建设的复合相变材料[33]。接下来又以不饱和有机酸和聚丙烯制备的复合相变材料应用到沥青混合料中，通过单调降温试验、降温-升温试验和现场模拟循环试验进行测试，结果表明掺入复合相变材料的沥青路面有助于降低降温和升温过程中温度变化的幅度，并推迟低温下极端温度出现的时间[34]。随后又建立了室外相变沥青混合料模型，利用 ANSYS 建立相应的有限元模型，采用相关的气象数据，对比计算数据与实测数据间的差异，验证了其边界条件与相关材料参数的准确性[35]。

林飞菲等人以正十二烷和正十四烷作为相变材料，将两种相变材料根据对路面抗凝冰温度的需要，制备了有机二元相变材料，并结合 PE 类改性剂制备相变沥青，研究结果表明，相变沥青具有较好的抗凝冰效果，路面结冰温度为 -4℃，能够有效降低路面结冰的温度，且满足路用性能的要求[36, 37]。朱洪洲等人采用膨胀石墨作为相变材料的载体分别对十四烷和辛酸–葵酸共熔物以物理吸附的方法制备复合相变材料，将其掺入到水泥砂浆中，测定其对砂浆强度的影响，结果表明相变水泥砂浆的强度未受到明显的影响，浇筑的相变沥青混凝土符合规定要求的中等交通荷载，并且降低了混凝土的降温速率，延长混凝土表面结冰时间，具备抗凝冰作用[38]。

刘赫等人采用步冷法优选出多元醇用于复合桥面结构中，以提高桥面结构的抗冻防滑能力，对其性能进行研究发现，复合结构层混凝土试件抗冻性优良，体积稳定性、耐磨性和抗钢筋锈蚀能力得到明显增强，并模拟融冰除雪试验，复合桥面结构的融冰除雪效果明显且结构内的相变材料稳定性较好，有良好的循环使用功能，利用有限元软件 ABAQUS 对复合桥面板结构应力分析，研发的相变功能层与混凝土结合效果良好，并推荐了合适的组合方式[39, 40]。杨献章等人将相变控温技术应用到桥面结构当中，在普通桥面的结构层中增加了相变调温层，采用高强无缝钢管将相变材料封装在管内，桥面温度下降时，管内的相变材料释放热量，从而使桥面降温时间得到延长，达到阻止结冰的目的，成功应用在湖南郴宁高速某匝道桥，除冰雪效果明显[41]。

刘昕烨采用原位聚合法制备出相变微胶囊，以十四烷为基体材料，密胺树脂为壳材，对相变微胶囊复合改性沥青进行研究，微胶囊的加入对沥青性能影响未有明显变化，采用室外及室内模拟调温试验评价了微胶囊掺入沥青混合料后的调温效果，结果发现降温过程中因相变材料潜热的释放减缓了混合料的降温速率，在实际降雪过程中起到了“小雪可化”的功效，并且微胶囊的掺入对沥青混合料的路用性能影响较小[42]。

(2) 相变材料储能降温路面

相变材料应用在路面中以调节高温下的路面温度，目前也取得了一系列成果，Ryms 等人在沥青路面中掺入了相变材料浸渍的膨胀黏土骨料，用来调节夏季路面高温，结果表明调温路面比普通路面最高可降低 5℃[43]。此外，Ryms 等人还将掺入膨胀黏土相变骨料的沥青混合料进行车辙试验，研究其抗永久变形能力发现，单层的调温沥青混合料对抗车辙特性改善不大，为确保拥有更好的抗车辙性能，采用双层结构，在试验过程中未发现轻质骨料的破坏或相变材料泄漏等问题，在室外暴晒 1.18 h 后，调温沥青混合料记录到降温幅度达到 9.2℃，验证了膨胀黏土相变骨料用在调温沥青路面的可行性[11]。Anupam 等人通过膨胀黏土集料复合两种不同类型的有机相变材料，为避免相变材料在液化时发生泄漏，在膨胀黏土相变集料表面用水泥浆包裹，经测试表明，膨胀黏土相变集料可以在所需路面温度范围内储存潜热应用，并在196.6℃的温度下保持热稳定性，室外试验表明，两种不同类型的膨胀黏土相变集料分别可以将最高路面温度降低1.85℃和2.76℃[44]。Mizwar等人将相变材料用在沥青混合料中在特定温度下吸收热量，着重分析其热性能，并替代等量的矿质集料，与普通沥青混合料进行试验对比，研究表明，在沥青混合料中使用相变材料可以降低路表面温度，最高可降低12℃[45]。

胡曙光等人采用聚乙二醇对基质沥青及其混合料的常规性能和感温性进行试验，结果表明，相变沥青掺量为30%时，温度达到60℃后可以停留5 h，调温沥青混合料的动稳定度为常规沥青混合料的2倍，拥有良好的高温稳定性，可降低路面温度9℃[46]。万路等人采用不同种类相变材料制备相变沥青，研究了相变材料对沥青的流变性和温度敏感性，并采用传统的热拌及冷拌不同工艺制备控温沥青混合料，结果表明与常规沥青混合料相比降温效果明显，升温速率较低，拥有较好的路用性能[47, 48]。张东等人开发了聚乙二醇形状稳定的复合相变材料，并使用膨胀石墨作为路面应用的载体，在沥青中掺入复合相变材料可提高导热性和扩散率，并降低比热容，这有利于改善沥青路面的热性能，但动态剪切流变仪测试结果表明，尽管沥青和SBS改性沥青的高温抗车辙性均随PCMs的加入而增加，但发现其中温耐疲劳性和低温抗开裂性均变差，将其掺入到沥青混合料中可降低面层表面温度3.9℃，控温效果显著[49, 50]。

谭忆秋等人对有机相变材料进行筛选后选择聚乙二醇作为试验材料，使用硅藻土、陶砂作为支撑材料制备了复合相变材料，并采用等体积法替代相应集料制备调温沥青混合料，结果表明，所制备的调温沥青混合料可降温8~10℃，控温效果好，但路用性能会随着掺量的增加而有所降低[51]。孙丙阳采用适合路面温度的相变材料通过不同负载方式制备出复合相变材料，对其应用到沥青混合料中，并采用升降温试验进行分析，结果表明，加入复合相变材料的沥青面层对温度升高有良好的调控能力，而且制备的调温沥青混合料满足规范要求[52]。

魏堃等人采用预聚合法制备出了聚氨酯固-固相变材料，改善了传统固-液相变材料容易产生泄漏等问题，对主动调控路面温度，发挥相变材料的潜热特性有良好的效果[53]。为了进一步拓宽固-固相变材料在路面中的应用，魏堃等人采用 NiTi 合金相变储能颗粒等体积替代部分细集料，制备调温沥青混合料，结果表明取代率为 6%时调温效果达到最大，可调温 4.3℃，对沥青混合料的水稳定性有较小的影响[54, 55]。朱洪洲等人针对沥青路面的实际情况，对各有机相变材料进行测试分析，验证了聚乙二醇 4000 作为路用相变材料的可行性分析[56]。曹长斌等人将相变材料应用到沥青及其混合料中，对其性质进行测试，结果发现相变沥青的温度敏感性降低，相变沥青混合料在自然环境中可以降温 1.4℃[57]。何丽红等人利用溶胶-凝胶法研制出一种新型定形相变材料 PEG/SiO_2，并与水泥和沥青分别进行共混，验证了 PEG/SiO_2 在水泥和沥青中应用的可行性，在此环境中可主动调节路面温度，对实现路面降温有重要的作用，在自然光照下可实现降温 5℃以上[58, 59]。

金娇等人利用真空浸渍制备了矿物复合相变材料，该材料具有良好的热稳定性和耐久性，用于沥青路面中有助于延缓甚至限制极端温度的发生，室内模拟试验下可实现降温 5.03℃，并采用热力学模型对其内部温度变化进行了模拟[20, 60]。杜银飞等人采用水泥复合相变材料制备新型复合相变材料，所制备的材料仅为物理作用，热稳定性良好，有很好的储热能力，与相同的普通水泥相比最高可降低表面温度 6.2℃[61]。

1.3 主要研究内容

相变材料具有很高的熔化潜热，可以从周围环境中吸收热量或向周围环境传递能量，同时在相态转变过程中储存大量热能从而保持恒温状态。由于相变材料具有独特储能特性，可以缓解甚至消除能量供应和能量消耗之间不匹配的问题。本书基于相变储能原理，采用不同的复合技术制备定形复合相变粗/细集料并将其应用到沥青混合料中，实现沥青路面的自调温功能，减缓沥青路面升温趋势，进而起到减轻沥青路面车辙病害及缓解城市“热岛效应”作用，以达到提高路面的行驶舒适性与安全性的效果，主要研究内容如下：

(1)相变改性沥青性能研究

将 PEG、EGD、PA、SA 及 PEG/ER 五种有机相变材料直接掺入沥青中。

通过测定分散均匀性、高温稳定性、低温抗裂性、抗老化等特征，探究相变材料直接掺入沥青中对沥青各项性能的影响及变化规律。

(2)矿物复合相变细集料及其沥青混合料研究

选用相变温度合适的PEG作为单元相变材料，膨胀珍珠岩、硅藻土和膨胀蛭石作为载体，采用真空浸渍法制备单元矿物复合相变细集料。通过一系列实验分析评价矿物复合相变细集料的负载情况、化学结构、热学特性等，并将其应用到沥青混合料中，通过汉堡车辙试验、低温弯曲试验和水稳试验评价其路用性能。在综合评价复合材料在温度调控的同时，能够获得具有良好的路用性能、自调温性能的沥青混合料。

(3)定形复合相变细集料及其沥青混合料研究

通过二氧化硅凝胶及环氧树脂分别制备不同的定形复合相变细集料，降低相变材料在高温下流动对沥青混合料造成的影响。通过分析评价定形复合相变细集料的包裹情况、相容性、热稳定性及热循环稳定性优选出性能优良的复合材料，通过等体积替代细集料的方法制备调温沥青混合料，并对其路用性能和调温特性进行综合分析。

(4)定形复合相变粗集料及其沥青混合料研究

以轻质页岩陶粒为定形载体，应用真空导入工艺将相变材料导入陶粒，并采用环氧树脂进行封装制备出陶粒基定形复合相变粗集料。同时采用水泥石为定形载体，聚四氟乙烯模具来制作相变复合水泥基定形复合相变粗集料。通过相应的微观试验及热力学试验对不同定形复合相变粗集料的性能进行评价分析，随后将其应用到沥青混合料中用于调温沥青混合料的制备。

第 2 章　原材料与试验方案

2.1　原材料及技术性能

2.1.1　相变材料

本书综合自然环境和施工环境等因素，选取有聚乙二醇 4000(Polyethylene Glycol 4000，PEG 4000)、聚乙二醇 6000[Poly(Ethylene Glycol)，PEG 6000]、硬脂酸(Stearic Acid，SA)、棕榈酸(Palmitic Acid，PA)、乙二醇硬脂酸双酯(Ethylene Glycol Distearate，EGD)作为相变主体，基本参数见表 2.1。

表 2.1　相变材料基本参数表

相变材料	分子式	级别	相变温度/℃	相变焓/($J \cdot g^{-1}$)	生产厂家
PEG 4000	$H(OCH_2CH_2)_nOH$	分析纯	59.90	202.7	国药集团化学试剂有限公司
PEG 6000	$HO(CH_2CH_2O)_nH$	分析纯	58.0	185.7	无锡市民丰试剂厂
SA	$C_{18}H_{36}O_2$	分析纯	68.26	237.5	国药集团化学试剂有限公司

续表2.1

相变材料	分子式	级别	相变温度/℃	相变焓/(J·g^{-1})	生产厂家
PA	$C_{16}H_{32}O_2$	分析纯	61.59	230.9	国药集团化学试剂有限公司
EGD	$C_{38}H_{74}O_4$	分析纯	58.4	188.5	上海麦克林生化科技有限公司

2.1.2 基体材料

为制备出优良的复合定形相变材料，本书采用不同的基体材料作为相变材料的载体，保证相变材料在沥青混合料中发挥出应有的储热降温特性，减少对沥青混合料路用性能的影响。选用的基体材料具体参数见表2.2。

表2.2 基体材料具体技术参数表

基体材料	微观结构	密度ρ/(kg·m^{-3})	产地
膨胀珍珠岩(EP)	絮状	233~282	河南信阳
膨胀蛭石(EVM)	层状	100~130	新疆尉犁
硅藻土(DI)	圆盘状	500	吉林长白山
膨胀石墨(EG)	蠕虫状	—	青岛金涛石墨有限公司
陶粒(CS)	—	600	湖北汇腾轻集料环保产品有限公司
水泥石	—	2400	长沙市永安水泥厂

2.1.3 沥青

试验所用70#基质沥青为厦门华特公司生产。试验方法参考规范JTG E20—2011进行，试验标准以规范JTG F40—2004为依据。各项指标检测结果如表2.3所示，均满足规范。

表 2.3 70#A 级道路石油沥青试验检测结果

测试项目	单位	技术要求	检测结果	试验方法
针入度(25℃, 5 s, 100 g)	0.1 mm	60~80	66	T0604
针入度指数(PI)		-1.5~1.0	-1.16	T0604
软化点(环球法)	℃	≥46	47.6	T0606
动力黏度(60℃)	Pa·s	≥180	196	T0620
10℃延度	cm	≥20	76.6	T0605
15℃延度	cm	≥100	>150	T0605
闪点	℃	≥260	319	T0611
蜡含量	%	≤2.2	1.6	T0615
短期老化后质量变化	%	≤±0.8	-0.17	T0699
短期老化后针入度比(25℃)	%	≥61	67.0	T0604
短期老化后 10℃延度	cm	≥6	8	T0605
溶解度(三氯乙烯)	%	≥99.5	99.89	T0615
密度(15℃)	g/cm^3	—	1.026	T0603

2.1.4 集料

试验所用集料为玄武岩矿料，矿粉为石灰岩矿粉。所用材料的各项指标均满足试验标准 JTG F40—2004 的要求。粗细集料及矿粉密度具体检测结果见表 2.4 所示。

表 2.4 所用各级集料密度

筛孔尺寸/mm	16	13.2	9.5	4.75	2.36	1.18	0.6	0.3	0.15	0.075	矿粉填料
密度/($g\cdot cm^{-3}$)	2.733	2.721	2.743	2.755	2.785	2.871	2.890	2.738	2.815	2.679	2.703

2.1.5 主要化学试剂及仪器设备

复合相变材料试验研究主要化学试剂及仪器设备见表2.5、表2.6。

表2.5 主要化学试剂及相关信息

试剂名称	简称	规格	生产厂家
环氧树脂	ER	AR	广州穗欣化工有限公司
固化剂	CR	AR	湖北瑞奇化工有限公司
正硅酸乙酯	TEOS	CP	天津市大茂化学试剂厂
司盘-60	Span-60	CP	天津中和盛泰化工有限公司
吐温-80	Tween-80	CP	天津中和盛泰化工有限公司
去离子水	DW	自制	自制
无水乙醇	AE	AR	湖南汇虹试剂有限公司
氯化钠	NaCl	AR	湖南汇虹试剂有限公司

表2.6 所用仪器型号及相变参数

仪器名称	仪器型号	厂家
马弗炉	SX-8-13SJ	长沙科辉炉业科技有限公司
磁力搅拌锅	DF-101S	郑州长城科工贸有限公司
循环水式多用真空泵	SH1-DIII	巩义市英峪高科仪器厂
实验室超纯水器	CCH-ES30-S	湖南创纯水处理设备有限公司
电子天平	JJ623BC	常熟市双杰测试仪器厂
恒温干燥箱	DHG-9247A	上海精宏实验设备有限公司

2.2　复合相变材料制备工艺

2.2.1　矿物复合相变细集料的制备

参考建筑用定形相变材料制备工艺，本书采用真空浸渍法制备复合材料[62, 63]，制备工艺示意图见图 2.1。矿物复合相变细集料的制备分为两种类型，一种为 PEG 类，另一种为 SA 类。

(1) PEG 类矿物复合相变细集料。将适量 PEG 4000 与三种不同矿物(硅藻土、膨胀珍珠岩和膨胀蛭石)分别放置于 250 mL 锥形瓶中，置于 90℃恒温磁力搅拌锅中水浴搅拌 1 h，待相变材料完全相变且浸没矿物基体后打开循环水式真空泵，1 h 后关闭真空泵使空气进入锥形瓶，80℃条件下超声振荡 5 min，冷却后放置于 90℃烘箱中热过滤 24 h 以滤去多余聚乙二醇，再次冷却后得到的三种复合产物 PEG/DI、PEG/EP 和 PEG/EVM 即为矿物基复合定形相变材料成品。

(2) SA 类矿物复合相变细集料。选用相变材料为 SA，矿物载体为硅藻土、膨胀珍珠岩，制备方法与 PEG 类一致，合成后的产物记为 SA/DI、SA/EP。

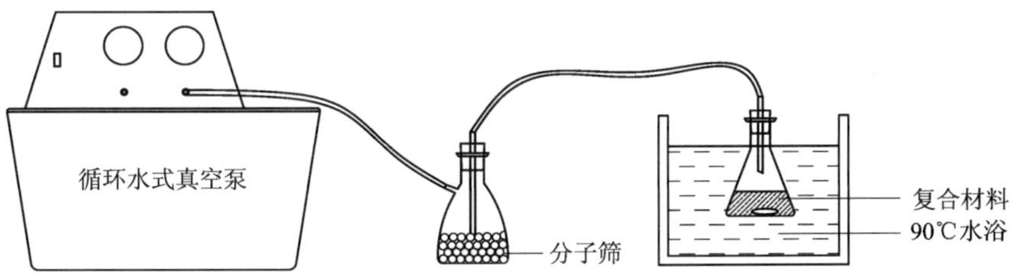

图 2.1　真空浸渍法示意图

2.2.2　定形复合相变细集料的制备

溶-凝胶法制备 SiO_2 基复合相变细集料可分为两大部分。

(1)相变材料乳化制备乳液 A。相变材料、水及乳化剂以一定的比例混合,乳化剂分子结构中同时存在亲水基和亲油基,相变材料与乳化剂溶液混合后,亲油基呈尾状伸入相变材料中,亲水基伸入水中,相变材料被乳化成细小液滴,形成稳定的水包油 O/W 微乳液[64]。

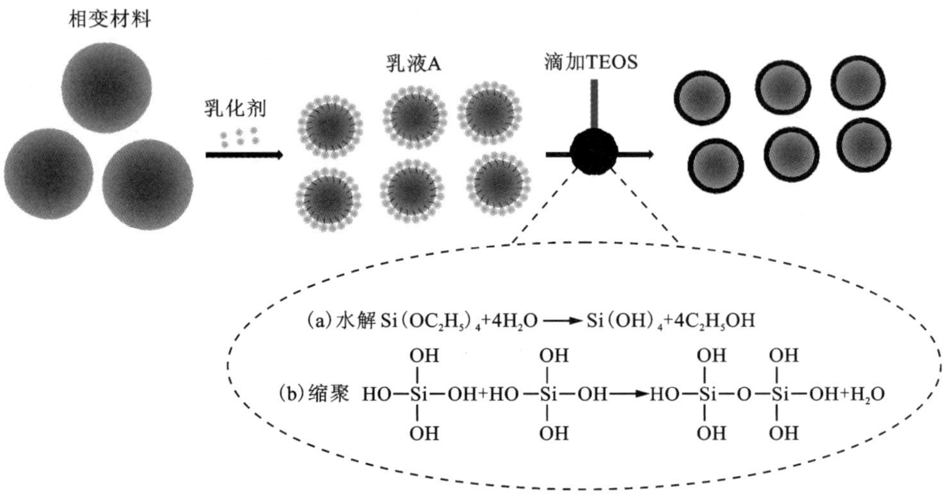

图 2.2 溶–凝胶法制备 SiO_2 基复合相变材料原理图

(2)水解及缩聚。以正硅酸乙酯(TEOS)为硅源,滴入制备好的一定质量的乳液 A 中,添加酸溶液将 pH 控制在 2~2.5,TEOS 在 H^+催化作用下水解生成硅酸分子 $Si(OH)_4$,其化学反应方程式如图 2.2(a)所示。因硅酸分子与乳化剂亲水基团间产生氢键作用,硅酸分子被吸引到乳液液滴的表面上。同时,调节 pH 至中性,硅酸分子间发生缩合反应脱水形成 Si—O—Si 三维空间无机网络结构。因此,正硅酸乙酯水解生成的硅酸在微乳液的油水界面缩聚从而制得具有核–壳微观结构的 SiO_2 基复合相变材料,其缩聚反应化学方程式如图 2.2(b)所示。

环氧树脂复合相变细集料的制备:将相变材料研磨成粉末状备用,采用真空浸渍法先将相变材料负载到膨胀石墨上,随后按照矿物复合相变细集料方法制备膨胀石墨的复合产物。按比例称取适量的环氧树脂,并按相应配比称取固化剂,常温下搅拌,待其搅拌均匀后加入相应质量的粉状膨胀石墨的复合产物继续搅拌，使粉末状的 PEG/EG 均匀分散在环氧树脂与固化剂体系中，将混合物置于 80℃烘箱中固化 5 h，固化后的目标产物冷却至室温，将其进行粉碎后过筛，即得定形复合相变细集料 PEG/ER。

2.2.3　定形复合相变粗集料的制备

基体复合相变材料的制备流程如图 2.3 所示，将相变材料与陶粒以 1.5∶1 的比例置于锥形瓶中，相变材料基本将陶粒覆盖。然后，将含有上述材料的锥形瓶放入恒温水浴锅中，水温设置为 90℃，保持约 45 min。待相变材料完全熔融后启动真空泵，当陶粒周围不再出现气泡时，认为陶粒的孔隙内基本填满液态的相变材料。随后，关闭真空泵并将所得样品置于 4.75 mm 方孔筛上以滤去额外的液态相变材料。冷却后，真空浸渍工艺完成并制得半成品。将环氧树脂和固化剂以 4∶1 的比例放入烧杯中静置 5 min，将混合物缓慢搅拌 1 min 后加入适量的上述半成品，再连续搅拌 2 min，取出所得产物在室温下固化 24 小时，即制得陶粒基复合相变粗集料。

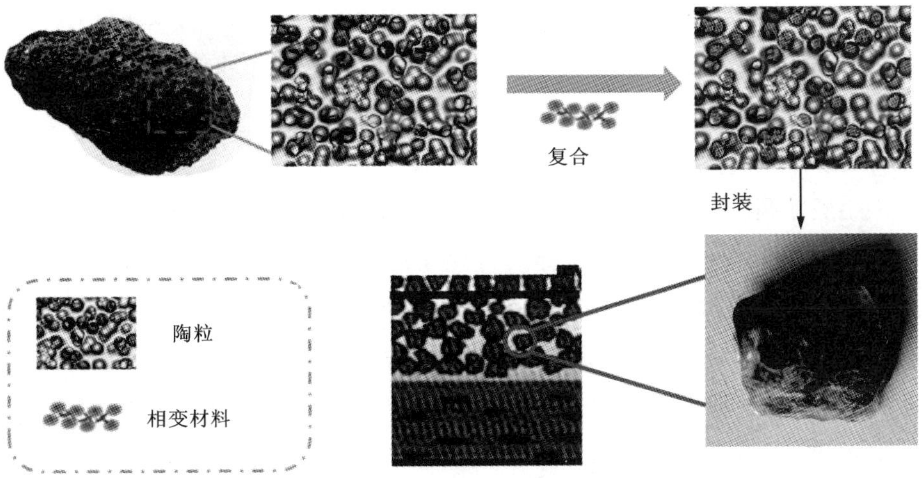

图 2.3　陶粒基复合相变材料制备流程示意图

对照用于建筑的定型复合相变材料的制备工艺，本书采用直掺法制备复合材料。取适量水泥放于烧杯中，取质量为水泥质量的10%的相变材料。通过粉碎机将相变材料粉碎成粉末状，并将其与水泥混合，通过玻璃棒将干燥的水泥与相变材料进行混合，用玻璃棒充分搅拌将其搅拌均匀。以水灰比为0.4加入然后将烧杯置于搅拌机下搅拌3 min，待混合物变为有一定流动性的水泥浆时，将水泥浆倒入模具中，并置于室温下3天。待水泥硬化后，将水泥颗粒从模具中取出，放于25℃的水中进行养护28天。得到PEG、PA、SA和EGD的4种与水泥复合的复合材料。

2.3 沥青性能测试

2.3.1 高温流变性能

沥青作为一种典型的黏弹性材料，温度的升高会使其从弹性转化为黏性，抵抗变形能力变差。自1993年美国SHRP结束以来，沥青动态剪切流变仪(Dynamic Shear Rheometer，DSR)通过评价老化和未老化沥青的高温黏弹性来预测沥青路面的抗车辙及抗疲劳能力已被各国所接受，并应用于评价沥青的高温流变性。

采用奥地利Anton Paar Smart Pave 102动态剪切流变仪对各相变沥青胶浆的高温性能进行评价，通过对样品进行温度扫描试验，可得到各样品随温度变化的复合剪切模量($G*$)，相位角(δ)等，并通过计算可得出车辙因子$G/\sin\delta$。其中复合剪切模量表征沥青抵抗剪切变形能力的大小，抵抗变形能力越强，测试所得的数据$G*$就表现的越大，复合剪切模量又分为储能模量和损耗模量；相位角表征沥青中黏性和弹性成分的相对比例，相位角越小，表明沥青中弹性比例越大，抵抗变形能力越强，反之黏性比例越大，抵抗变形能力越弱。试验配置8 mm和25 mm两种不同规格的金属板，上下板的间隙分别为2 mm和1 mm，根据规范要求，根据样品沥青的老化程度进行选择。未老化的样品沥青采用25 mm金属板，目标应变值选择12%，临界温度为$G/\sin\delta$等于1000 Pa时对应的温度；短期老化后的样品沥青采用 25 mm 金属板，目标应变值选择 10%，临界温度为 $G/\sin\delta$ 等于 2200 Pa 时对应的温度；长期老化后的样品沥青采用 8 mm 金属板，目标应变值选择 1%，临界温度为 $G/\sin\delta$ 等于 5000 Pa 时对应的温度。

2.3.2　低温流变性能

低温流变试验是测定沥青在低温条件下的抗裂能力，此时沥青变得脆硬，受到荷载作用下易产生裂缝，目前普遍认可的沥青低温测试方法是采用弯曲梁流变仪(Bending Beam Rheometer，BBR)测试沥青低温下的流变性，评价指标采用 60 s 时沥青的弯曲蠕变劲度模量(S)和蠕变速率(m)。本书采用美国 Cannon TE-BBR 弯曲梁流变仪对各沥青胶浆样品的低温性能进行测试，试验温度采用 -12℃和-18℃，试验参考规范 JTG E20—2011 进行制样及测试。试验规定沥青满足要求的指标为 $S<300$ MPa、$m>0.3$，若超过要求则表明沥青已不满足测试温度要求。相同温度下，沥青样品的 S 值越小、m 值越大，则表明该沥青在低温下的松弛能力越好，抵抗开裂的能力就越强；反之则抵抗开裂能力就越差，沥青就越脆硬。

2.3.3　抗老化性能

沥青在使用过程中受到光氧热的作用下易发生老化，使沥青的性能降低，影响道路的服务质量及使用寿命，为了解沥青的抗老化性能及相变材料在沥青老化过程中的变化情况，采用短期老化和长期老化试验对其进行模拟。短期老化采用的是沥青薄膜烘箱试验(Thin Film Oven Test，TFOT)模拟沥青在存储、运输、拌和及施工过程中发生的热氧老化。试验在 163±1℃ 温度下进行，将样品沥青放置在旋转托盘上旋转 5 h，通入空气并保持恒温，以 5.5 r/min 的转速进行。长期老化采用美国 Prentex Model 9500 型压力老化仪(Pressure Aging Vessel，PAV)模拟沥青在道路环境中长期使用过程中的热氧老化，压力老化所采用的样品为经短期老化后的沥青样品，试验过程参考规范 JTG E20—2011 进行。

2.3.4 微观性能表征

基于相变材料聚乙二醇在荧光显微镜(Fluorescence Microscope, FM)的照射下可以出现明显的亮斑，本书采用德国 Leika DM4 荧光显微镜对各相变沥青胶浆进行微观测试，可了解沥青中的相变材料分散程度，取各相变沥青适量放置在载玻片上，并将盖玻片放置在相变沥青上，将其加热熔融，使沥青在载玻片上平铺成膜放置于荧光显微镜下进行观测，选用 200 倍的放大倍数。

2.4 沥青混合料性能测试

2.4.1 相变调温性能

由于调温沥青混合料出现时间较短，还未得到大面积推广，目前对调温效果的评价没有统一的规定，本书采用自制的道路材料光热测定系统模拟室外环境进行调温测试，试验仪器如图 2.4 所示。试验仪器可调节光照强度及环境温度，仪器内部共有五大系统组成，分别为模拟日光光照系统、光强控制系统、冷风系统、温度调节系统以及温度测量及记录系统。模拟所用光源采用氙灯，光强可在 20 至 1200 W/m^2 范围之间进行调节，光照均匀且稳定，辐射能量分布、色温与日光接近。测定部分采用接触式箱热电阻传感器，可对试件内部及环境箱内的温度进行精确测量，箱内配置专门的加热系统和制冷系统，保证试件在可控的环境中进行测试。所用试件为标准车辙板以中心点切割成的 150 mm×150 mm×50 mm 的方形混合料试件，试件周围采用绝缘材料填充，下面为 20 cm 厚的标准砂，上表面平均分为四部分，在每部分中心 2 mm 深处放置热电阻传感器，使试件放置在氙灯的正下方，取上表面测点温度的平均值作为上表面温度，下表面测点在试件表面，位置与上方相对应，并取下表面测点温度的平均值作为下表面温度。试验采用两种不同的模式，模式一：采用固定辐射强度，氙灯辐射强度 800 W 作为控制指标，环境箱温度随光照强度自然升温，采用仪器的记录系统实时记录温度的变化情况。模式二：模拟夏季 5:00~14:00 的户外光强，控制温度为 26~36℃，变光强室内模拟试验参数见表 2.7。

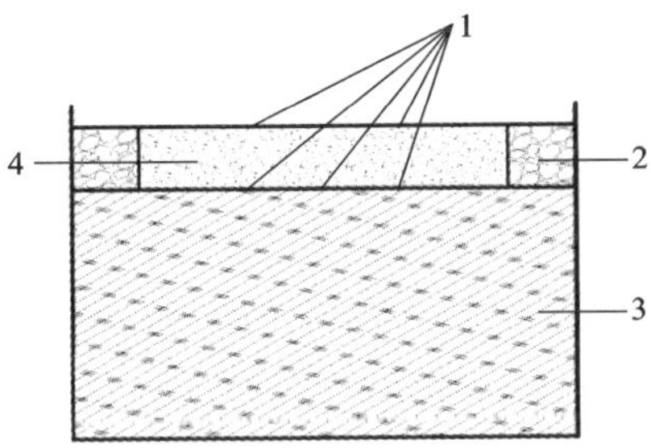

1—热电偶测试点；2—聚苯乙烯EPS泡沫板；3—细砂；4—车辙试件。

(a)保温箱模

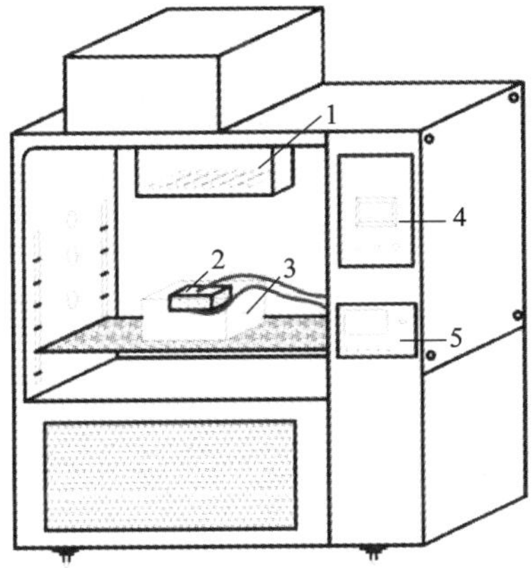

1—氙灯；2—试件；3—箱体；4—光控、温控系统；5—温度采集系统。

(b)调温测定装置模型

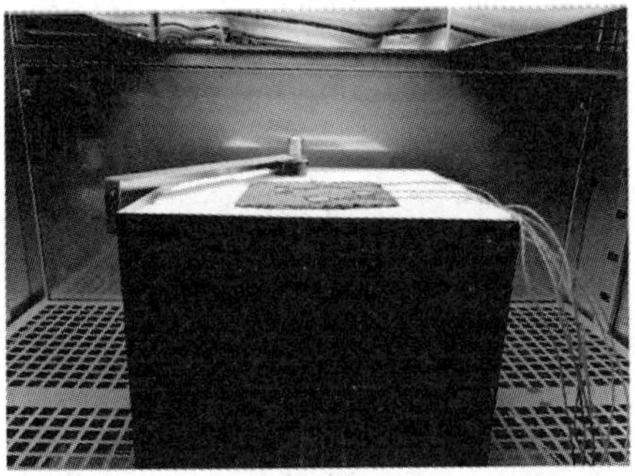

(c)保温箱

(d)路面材料光热性能测定装置

图 2.4　温度测试装置

表 2.7　变光强室内模拟试验控制参数

试验时间段/h	模拟时间段	光照强度/(W·m^{-2})	温度/℃
0~1	5:00~6:00	100	26
1~2	6:00~7:00	250	27
2~3	7:00~8:00	400	28
3~4	8:00~9:00	600	29
4~5	9:00~10:00	700	31
5~6	10:00~11:00	800	32
6~7	11:00~12:00	900	34
7~8	12:00~13:00	1000	35
8~9	13:00~14:00	950	36

2.4.2　高温稳定性能

沥青路面在夏季高温条件下易发生高温车辙，因此高温稳定性的评价对沥青混合料的路用性能至关重要。目前对沥青混合料的高温车辙有多种评价方法，为了使调温沥青混合料的高温稳定性指标更加贴近路面的实际情况，本书综合考量选用汉堡车辙试验对其进行评价测试，汉堡车辙是国际上常用的车辙试验方法之一，试验环境可以选用空气浴和水浴两种不同的模式，温度范围最高可达到 70℃，对汉堡车辙试验的温度目前没有统一的标准，根据不同地区的实际情况提出切合实际情况的评价温度，国内长安大学研究成果表明改性沥青的试验温度建议为 60℃，而 A、B 级基质沥青分别为 50℃、45℃，据国际权威规范 AASHTO T324—2014 规定汉堡车辙的结束条件为最大车辙深度 20 mm 或荷载作用次数 20000 次[65, 66]。综合考虑，本书采用汉堡车辙试验模式，采用空气浴，结束条件参考规范 AASHTO T324—2014，温度为 50℃，荷载加载采用 52±2 次/min。

2.4.3　低温抗裂性能

沥青路面在低温环境中易发生开裂，低温条件下调温沥青混合料的抗裂性能是影响其大面积推广应用的主要条件之一。为评价调温沥青混合料的低温抗裂性对其应用过程中的影响，本书采用万能试验机对调温沥青混合料进行三点弯曲试验评价其低温抗裂性，根据规范制备车辙板试件，并切割成标准尺寸的小梁试件，采用四个平行试件进行测试以减少误差。根据试验可测的试件破坏时的最大荷载 $P_B(N)$ 及跨中挠度 d(mm)，将其代入式 2.1 及 2.2 中，即可计算出调温沥青混合料的抗弯拉强度(R_B)，梁底弯拉应变(ε_B)，如式 2.3 所示两者的比值即为弯曲劲度模量(S_B)。

$$R_B = \frac{3LP_B}{2bh^2} \tag{2.1}$$

$$\varepsilon_B = \frac{6hd}{L^2} \tag{2.2}$$

$$S_B = \frac{R_B}{\varepsilon_B} \tag{2.3}$$

式中：R_B——棱柱体试件破坏时的抗弯拉强度，MPa；

ε_B——试件的最大弯拉应变；

S_B——试件破坏时的弯曲劲度模量，MPa；

P_B——试件破坏时的最大荷载，MPa；

d——试件破坏时的跨中挠度，mm；

b——试件跨中截面宽度，取 30 mm；

h——试件跨中截面高度，取 35 mm；

L——试件跨径，取 200 mm。

2.4.4　水稳定性能

沥青路面在实际使用过程中经常会受到水的侵蚀，导致沥青与集料间的黏附性降低，在荷载作用下水会进一步渗透到沥青与集料间，使其松散剥落。本书采用浸水马歇尔稳定度试验对各掺量下调温沥青混合料水稳定性进行评价。根据规范制备标准马歇尔试件，采用 4 个平行试件取平均值的方法进行测定，马歇尔试件放入 60℃水浴中 30 min 后，测定得出马歇尔稳定度(MS_1)，将马歇尔试件放入 60℃水浴中恒温 48 h 后测出稳定度(MS_2)，最后代入式 2. 4 计算出浸水残留稳定度。

$$MS_0=\frac{MS_2}{MS_1} \tag{2.4}$$

第 3 章　相变改性沥青性能研究

3.1　相变改性沥青性能研究

将相变材料直接掺入基质沥青中会影响沥青的各项性能，从而会影响到沥青胶浆以及沥青混合料的路用性能。为了探究将相变材料直接掺入基质沥青对沥青性能的影响，本节选取 EGD、PEG 6000、PA、SA 作为相变材料，将这四种相变材料均以 5%、10%和 15%三种掺量加入 70#基质沥青中，制备了 12 种相变沥青，研究相变改性沥青的各项性能，并对各材料进行比选。本节首先通过三大指标、DSR、BBR，接触角试验来测试沥青的物理性能、高温性能、低温性能与抗水损害性能，再通过 FT-IR 来分析两者的结合状态，最后通过 DSC 来测试沥青的热学性能。

3.1.1　相变材料对沥青三大指标的影响

测定了四种相变材料三种掺量相变沥青和基质沥青共 13 种沥青的三大指标，结果如图 3.1 所示；其中相变材料 5%表示相变材料的质量分数为相变沥青的 5%。

由图 3.1(a)可知：以软化点为指标，四种材料对基质沥青的软化点都有影响，PA 的加入会使基质沥青的软化点降低，但随着掺量的增加，降低幅度逐渐降低。SA 和 EGD 的加入会使基质沥青的软化点增大，但增幅不大，PEG 的加入会使 70#沥青的软化点升高，而且掺量越大软化点增加越多。综上，使 70#沥青高温稳定性增加的最多的为 PEG15%，其次为 PEG10%，第三为 SA10%。

由图 3-1(b)可知：以延度为指标，四种材料对基质沥青的延度均有影响，基本上都会降低沥青的延度，降低幅度最小的是 PEG，PEG5%甚至对延度有少许增加，其次是 SA，但是 PA 与 EGD 对 70#沥青的延度降低程度都较大。

由图 3-1(c)可知：以 25℃针入度为指标，针入度反映的是沥青的低温性能，因为相变材料的分子量比较小，在实验温度范围内黏度比 70#沥青小。针入度的增大有助于增加沥青的低温抗裂性，这四种相变沥青，针入度增幅最大的为 PEG，其次为 PA，第三为 SA，EGD 改性的增幅最小。

综合上述分析可知：相变材料的直接掺入均或多或少影响了基质沥青的三大指标，相比较而言，PEG10%对沥青三大指标的影响是最有利的。

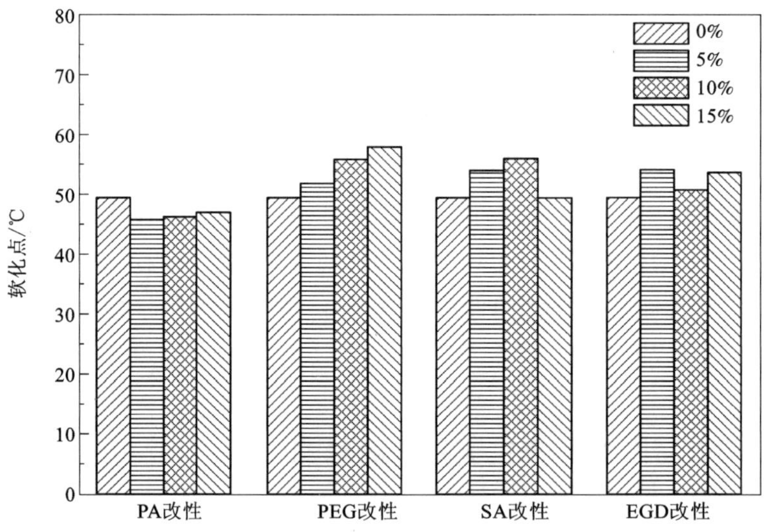

(a)不同掺量相变材料的相变沥青的软化点

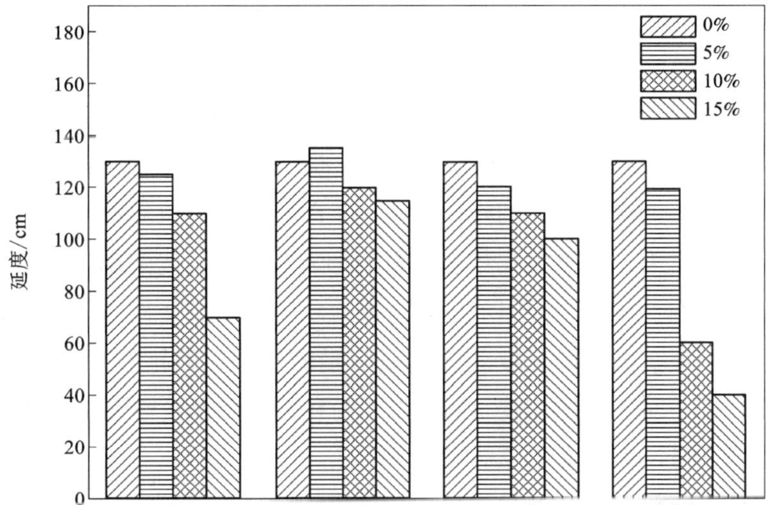

(b)不同掺量相变材料的相变沥青的延度

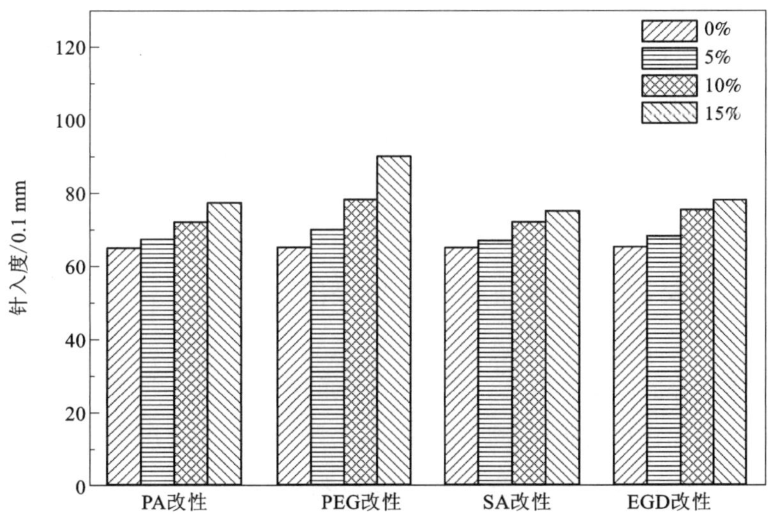

(c)不同掺量相变材料的相变沥青的针入度

图 3.1　相变沥青的三大指标

软化点一般用于评价沥青的高温稳定性。由图 3.1(a)可知，除了 PA 外，其他三种相变材料的掺入都会不同程度提高基质沥青的软化点。因为四种相变材料的相变温度均在60℃左右，当温度在60℃以下时，四种相变材料均为固态，当相变材料含量较少时，此时固态分散的相变材料在沥青中处于分散孤岛分布状态，还未出现搭接或者形成“网络”结构，导致软化点升高的程度不大；随着相变材料掺量的增大，相变材料之间的“网络”作用逐渐发挥，“网络”作用逐渐增强，所以随着相变材料掺量的增加，沥青的软化点会逐渐增大[50]。

延度是衡量沥青内聚力的指标，是当沥青受到外力拉伸作用时，所能承受塑性变形的总能力。通过观察相变材料的加入对沥青延度的影响，优选出对延度影响最有利的。可能的原因如下：沥青的延度与其流变性能、化学成分和胶体结构密切相关。沥青的延度会随其蜡含量的增加以及饱和酚(芳香酚)含量的增大而降低。对于上述相变材料，饱和酚和芳香酚含量增大是由于相变沥青中相变材料含量增大，故延度不同程度降低。

针入度是评价沥青稠度的一种指标，针入度的增大可以改善沥青的低温性能。从图3.1(c)可以看出对于四种相变材料而言，随着相变材料含量的增大，针入度会逐渐增大。分析原因：在条件相同的情况下，沥青中饱和酚含量与稠度呈负相关，与针入度呈正相关。相变材料中饱和酸和不饱和酸含量较高，沥青中有5%掺量的相变材料，饱和酚的含量增大。此时相变材料含量低且稳定，所以针入度会增大，并且随相变材料含量增加(10%，15%)，针入度也随之增大[67]。

3.1.2 相变材料对沥青高温流变性能的影响

沥青是微分散体系的主体，沥青混合料的路用性能与沥青性能有很大的联系。根据美国SHRP的研究，沥青对高温车辙、疲劳和温度裂缝的贡献率分别约为29%、52%和87%。本节所用相变材料的转变温度在50℃到65℃之间(“温域”)，相变前、中、后材料的高温特性差异很大。因此采用DSR通过热扫描确定沥青的相关参数，并对沥青的高温特性进行评价。

其中四种相变材料掺量为5%、10%和15%。温度扫描结果如图3.2所示。

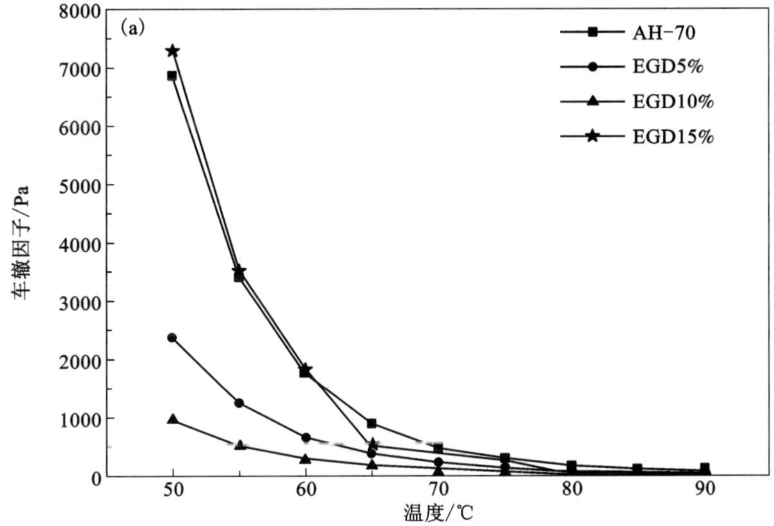
(a)
AH-70
EGD5%
EGD10%
EGD15%
车辙因子/Pa
温度/℃
0
1000
2000
3000
4000
5000
6000
7000
8000
50
60
70
80
90

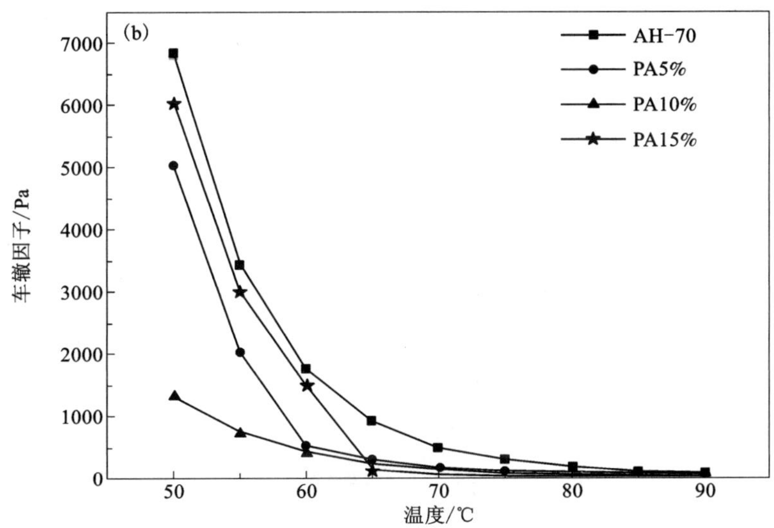
(b)
AH-70
PA5%
PA10%
PA15%
车辙因子/Pa
温度/℃
0
1000
2000
3000
4000
5000
6000
7000
50
60
70
80
90

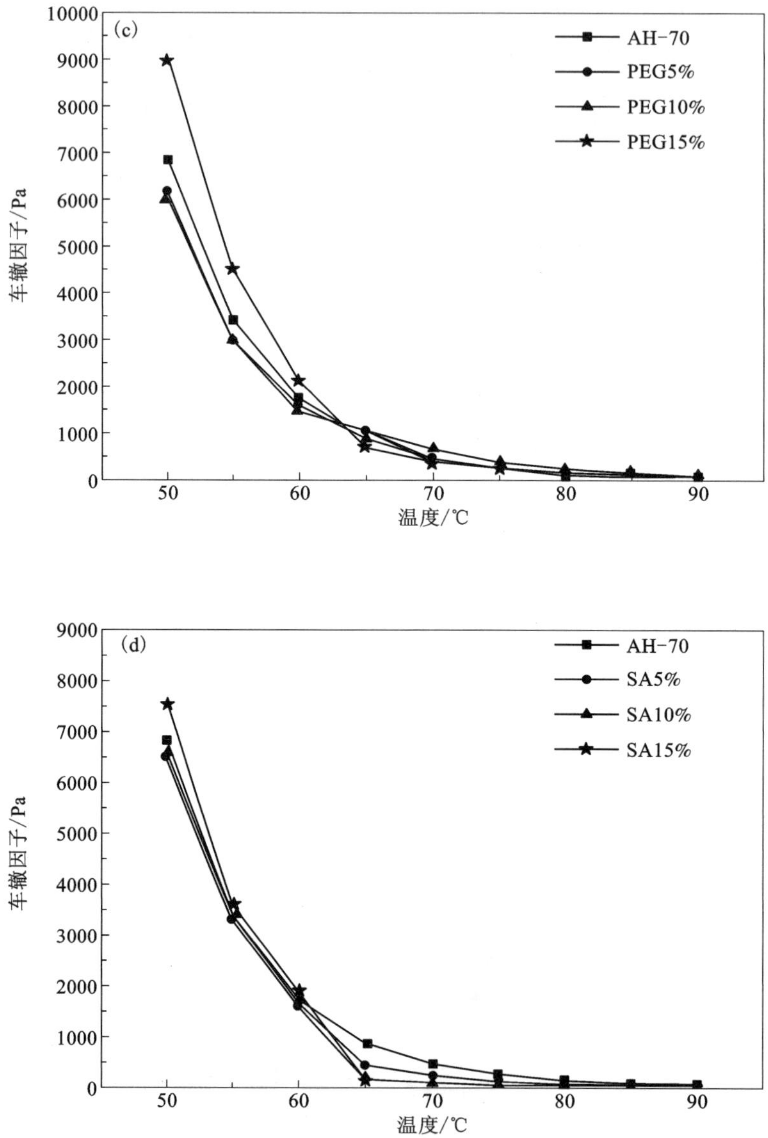

图 3.2　四种相变改性沥青的车辙因子

从图 3.2 可以看出，除了 PEG 对基质沥青的车辙因子有小幅度改善，其他三种相变材料对于基质沥青的车辙因子都有不同程度的降低或者增幅不大。从图 3.2(c)中可知，温度上升时，不同相变沥青的车辙因子由大到小逐渐降低，后趋于平缓。从点数据分析，60℃之前，车辙因子的排序由大到小为 PEG15%，70#，PEG10%，PEG5%，说明相变沥青的高温抗车辙能力比 70#沥青要好，高温性能得到提高，而 60℃之后，沥青的车辙因子排序由大到小为 70#，PEG5%，PEG10%，PEG15%，因为当温度达到 60℃附近时，相变材料发生相变，并且液态相变材料复合模量比沥青低、黏度小，相当于沥青被“稀释”了，从而相变沥青和基质沥青的性能相近，甚至降低。总之，PEG10%掺量对沥青的高温性能改善是最明显的。

3.1.3　相变材料对沥青低温流变性能的影响

由图 3.3 可知：对于同种相变改性沥青来说，-18℃时的劲度模量 S 比 -12℃时的大，而劲度模量变化率 m 较小，这是由于在低温条件下，沥青分子链被冻结，导致其移动或重新取向减慢，这种现象在温度越低时越显著，导致 S 增大，m 减小；同种相变沥青在不同温度下，S 值和 m 值的差值不同，表明不同种类的沥青对于温度的敏感程度不同[68]。

而在低温条件下，S 值越大，m 值越小，材料越呈现脆性，应力松弛性能减小。若材料的抗裂性差，在温度降低很快时，沥青容易产生低温开裂现象。在低温条件下，相变沥青 S 越小，m 越大，其低温抗裂性能越好。因此，通过对图 3.3(e)、(f)分析可知，基质沥青与 PEG 改性沥青在-12℃时，随着 PEG 掺量的增加，S 值增大而 m 值减小，表明 PEG 改性沥青内部的应力增大，低温柔性减弱，低温黏弹性降低，低温性能下降，因而容易发生低温脆性破坏，这可能是由于 PEG 的加入使得沥青组分中的轻质油分所占比例过小，在低温环境下使得沥青变得脆硬[69]，因而 PEG15% 掺量的改性沥青低温性能最差，PEG10%次之。通过分析图 3.3(a)、(b)，图 3.3(c)、(d)，图 3.3(g)、(h)发现另外三种相变沥青有着与 PEG 相同的规律。故根据上述四种材料的分析，可以得出相变材料的加入会降低基质沥青的低温性能，并且掺量越多，降低得越明显。

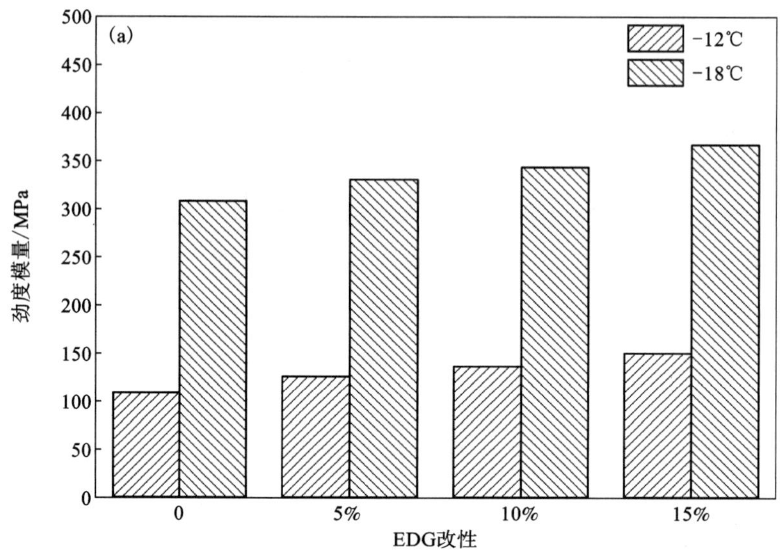
500
450
400
350
300
250
200
150
100
50
0
(a)
-12℃
-18℃
劲度模量/MPa
0
5%
10%
15%
EDG改性

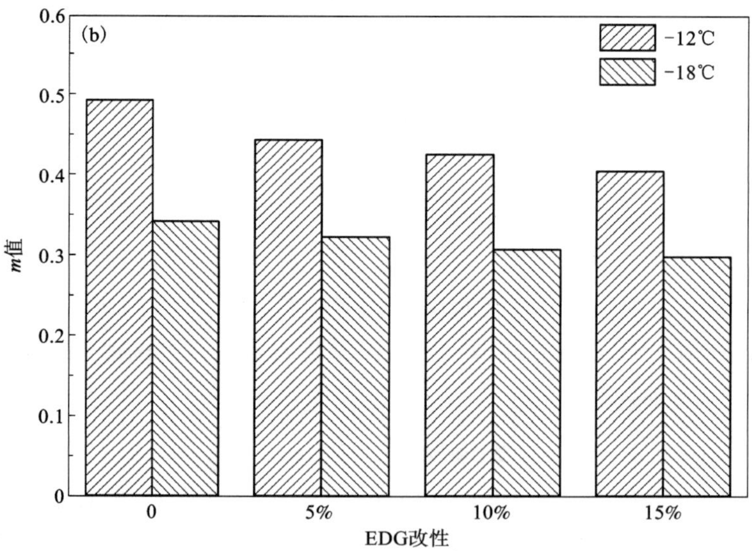
0.6
0.5
0.4
0.3
0.2
0.1
0
(b)
-12℃
-18℃
m值
0
5%
10%
15%
EDG改性

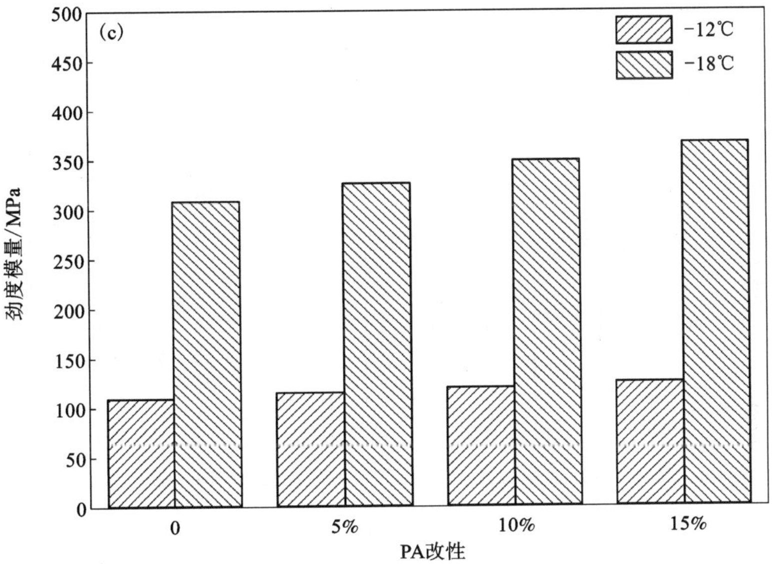
(c)
−12℃
−18℃
劲度模量/MPa
500
450
400
350
300
250
200
150
100
50
0
0
5%
10%
15%
PA改性

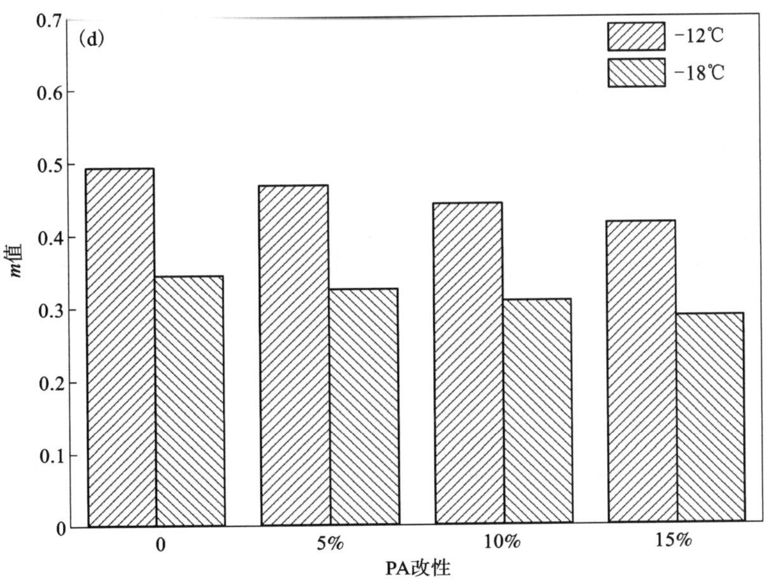
(d)
−12℃
−18℃
m值
0.7
0.6
0.5
0.4
0.3
0.2
0.1
0
0
5%
10%
15%
PA改性

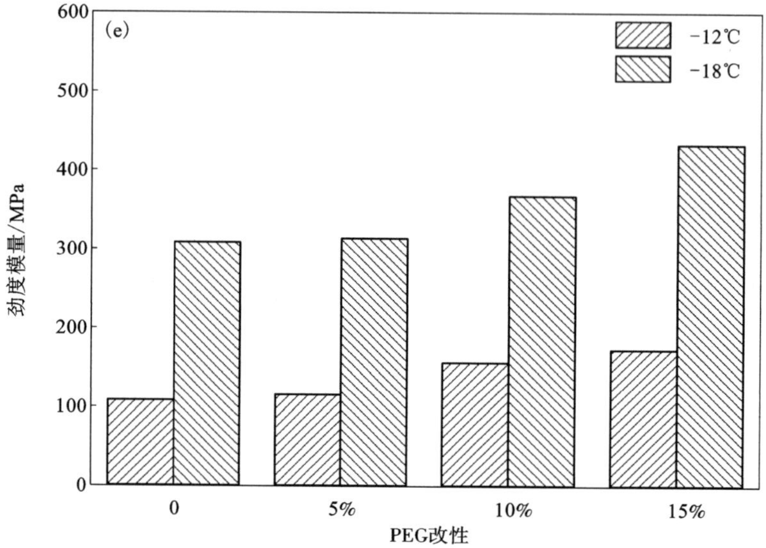
(e)
−12℃
−18℃
劲度模量/MPa
600
500
400
300
200
100
0
0
5%
10%
15%
PEG改性

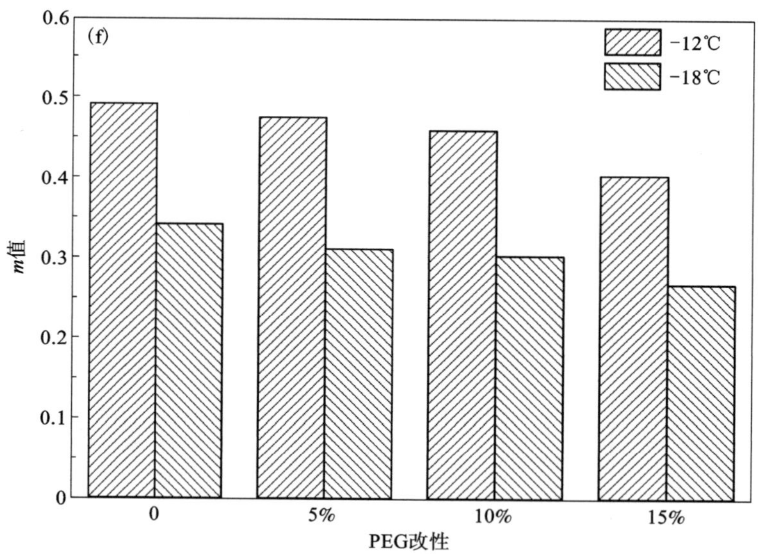
(f)
−12℃
−18℃
m值
0.6
0.5
0.4
0.3
0.2
0.1
0
0
5%
10%
15%
PEG改性

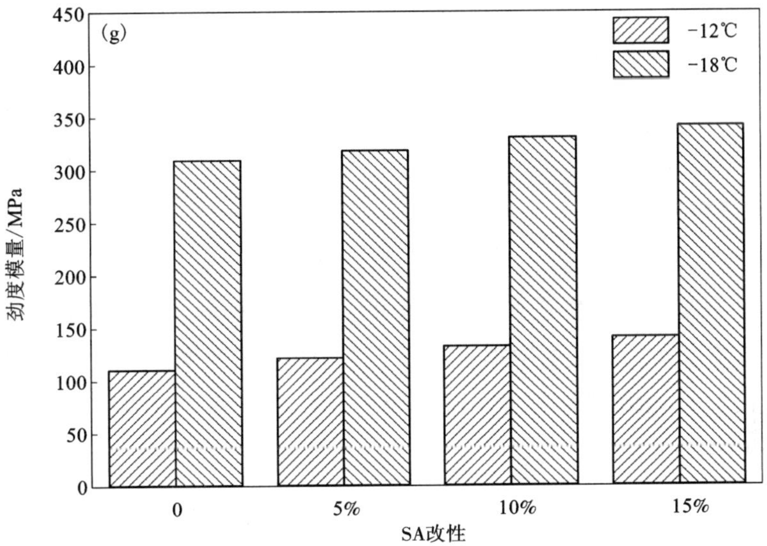

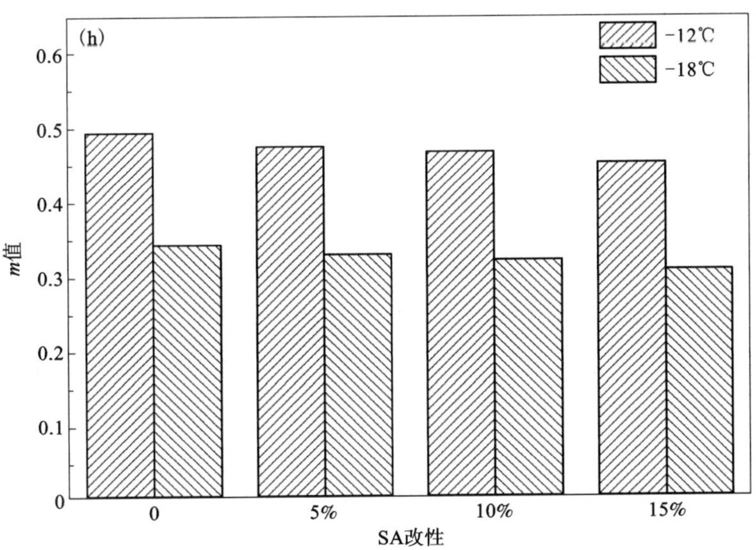

图 3.3　各相变改性沥青低温蠕变劲度 S 与低温蠕变劲度变化率 m

3.1.4 相变材料对沥青抗水损害性能的影响

对此，本节应用接触角试验方法，测量水、乙二醇和甲酰胺三种液体在沥青表面的接触角，计算沥青表面自由能，并结合矿料表面能数据分析计算剥落型破坏中各阶段的黏聚功等的变化，分析相变材料的加入对70#基质沥青水稳定性能的影响。

(1)相变材料对接触角与表面自由能的影响

本节采用座滴法测量了水、乙二醇和甲酰胺三种液体与沥青的接触角，每种液体滴5次，多次测试的数据去除不正常值后，取平均值将其作为接触角测试结果。根据OWRK方法可知，液体的表面自由能分为极性分量(γ^{p})与色散分量(γ^{d})两部分，数值上有：

$$\gamma_i=\gamma_i^{p}+\gamma_i^{d} \tag{3.1}$$

式中：i表示任意材料。

固液两相界面自由能(γ_{sl})与固液两者极性分量和色散分量的关系如下：

$$\gamma_{sl}=\gamma_l+\gamma_s-2(\gamma_l^{d}\gamma_s^{d})^{1/2}-2(\gamma_l^{p}\gamma_l^{p})^{1/2} \tag{3.2}$$

式中：下标l，s分别表示液体和固体。

根据Young方程：

$$\cos\theta=\frac{\gamma_s-\gamma_{sl}}{\gamma_l} \tag{3.3}$$

则有

$$\frac{\gamma_l(1+\cos\theta)}{2(\gamma_l^{d})^{1/2}}=(\gamma_s^{d})^{1/2}+(\gamma_s^{p})^{1/2}\left(\frac{\gamma_l^{p}}{\gamma_l^{d}}\right)^{1/2} \tag{3.4}$$

根据上式，可得如果测试液体已知γ、γ^{p}和γ^{d}，并测量其在固体表面的接触角，并采用上式，以$\frac{\gamma_l(1+\cos\theta)}{2(\gamma_l^{d})^{1/2}}$为纵坐标，以$\left(\frac{\gamma_l^{p}}{\gamma_l^{d}}\right)^{1/2}$为横坐标作图，可得直线的斜率为$(\gamma_s^{p})^{1/2}$，纵截距为$(\gamma_s^{d})^{1/2}$，可算出液体表面自由能。

测试结果如表3.1所示，在基质沥青中，四种相变材料的加入对水的接触角都有不同程度的提高，说明相变材料的添加增强了基质沥青的疏水性。其中四种相变材料的加入对水的接触角都呈现出先上升后下降的趋势，在10%掺量之前，沥青和水的接触角随着相变材料含量的升高而增大，在 10%掺量之后沥青和水的接触角随着相变材料含量的升高而减小。另外，这四种相变材料对于乙二醇、甲酰胺的接触角也有类似的影响情况。

表 3.1　各相变改性沥青接触角测试结果 %

	纯水	甲酰胺	乙二醇
基质沥青	94.27	91.85	80.93
EGDS 5%	106.89	105.17	99.4
EGDS 10%	107.11	103.99	95.07
EGDS 15%	105.84	106.34	94.59
PA 5%	101.53	93.03	93.76
PA 10%	108.71	109.83	117.05
PA 15%	105.23	106.69	93.91
PEG 5%	104.3	116.41	94.76
PEG 10%	112.5	104.01	104.99
PEG 15%	106.62	96.13	115.23
SA 5%	108.75	103.72	96.2
SA 10%	112.82	108.12	103.56
SA 15%	104.83	104.31	93.42

表面能是指某种材料在真空中产生单位面积的新界面所需要做的功。本节采用 OWRK 法计算得到各种沥青样品的表面自由能及其分量，结果如图 3.4 所示。

四种相变沥青和基质沥青的测量结果表明，少量相变材料(小于 10%)能显著改善改性沥青表面自由能色散成分，但极性成分含量稍有下降。

综合两者后，可以看出掺入相变材料可提高改性沥青的表面自由能。然而，随着掺量的增大，当相变材料的掺量大于 10%时，改性沥青的色散分量会急剧下降，其主要原因可能与相变材料的分散不均有关。另外，对比四种相变材料，PEG 改性沥青相对于基质沥青的表面自由能的提升幅度是最大的，其次是 PA 改性沥青，EGD 改性沥青的提升幅度最小。

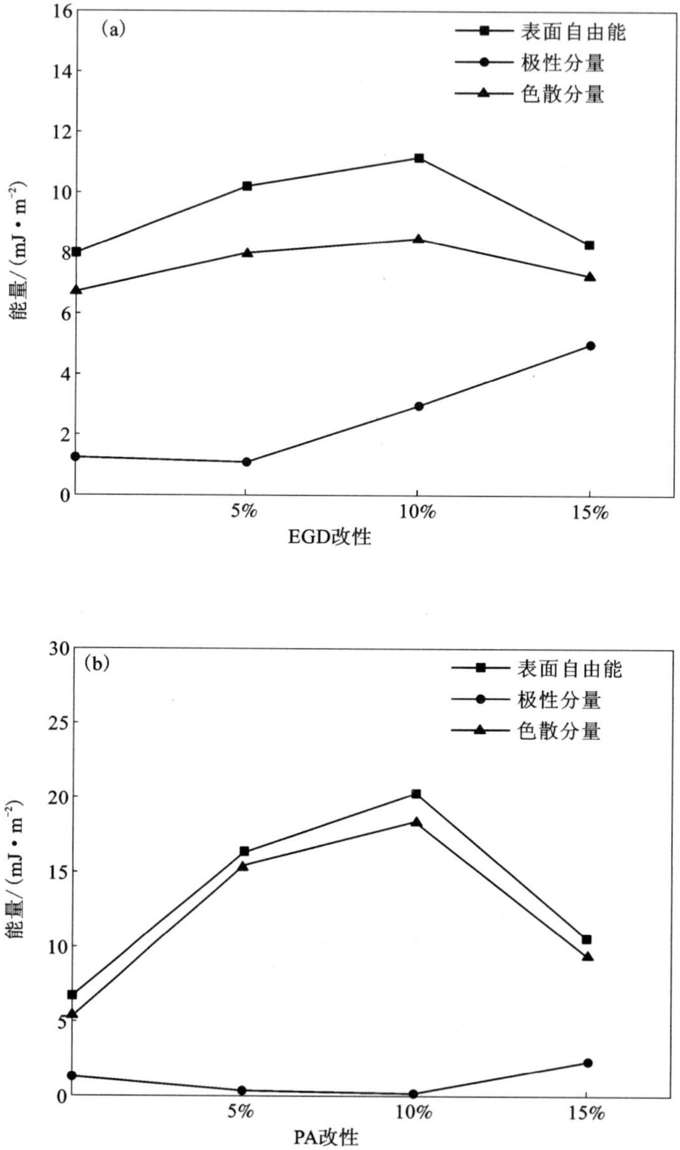

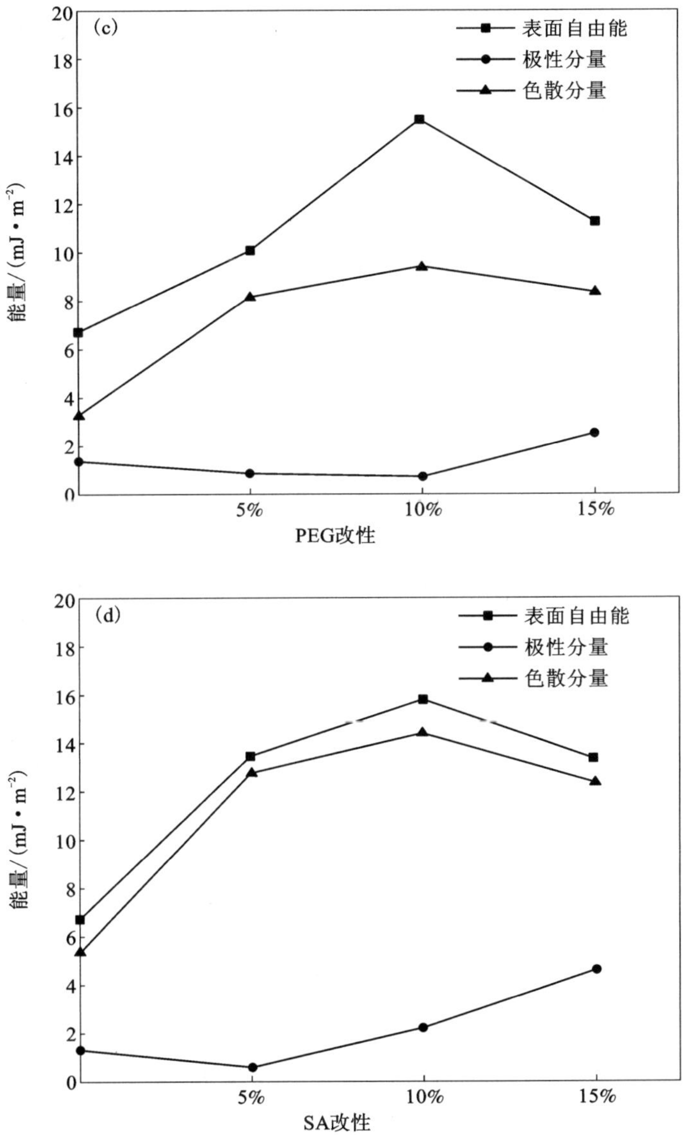

图 3.4　不同相变沥青的表面自由能

(2)相变材料对黏聚功的影响

黏聚功 $W_{cohesion}$ 是表征沥青黏聚性能的指标，又被称为撕裂功，是指当外力撕裂包裹在集料表面的沥青时，产生单位面积的破裂面所需要的能量，同时，可用它表征沥青薄膜抵抗水入侵的能力。

在热力学中，材料的表面能指在真空下增加单位面积所需的能量。沥青单位面积黏聚破坏将产生 2 个单位面积增量，因此黏聚功为表面能的 2 倍，沥青表面能越大，黏聚性越强：

$$W_{\text{cohesion}} = 2\gamma_{\text{a}} \tag{3.5}$$

各沥青样品的黏聚功如表 3.2 所示。在相变材料的掺量为 10%之前，沥青的黏聚功是随着相变材料含量的增大而增大的，超过 10%之后，沥青的黏聚功会减小。其中 PEG10%的黏聚功是最大的，它相对于基质沥青的黏聚功提升了 202%。很明显，因为黏聚功的大小为表面自由能的两倍，所以黏聚功的变化趋势与表面自由能的变化趋势一致。

表 3.2　各相变改性沥青的黏聚功 mJ/m²

掺量	0%	5%	10%	15%
EGD 改性	13.42	20.44	22.44	16.6
PA 改性	13.42	26.78	31.56	26.58
PEG 改性	13.42	32.62	40.62	21.08
SA 改性	13.42	20.14	30.9	22.44

(3)相变材料对黏附功与剥落功的影响

沥青对矿料的黏附力可用黏附功 W_{as} 表示，表达式为：

$$W_{\text{as}} = \gamma_{\text{a}} + \gamma_{\text{s}} + \gamma_{\text{as}} \tag{3.6}$$

可得：

$$W_{\text{as}} = 2(\gamma_{\text{a}}^{\text{d}}\gamma_{\text{s}}^{\text{d}})^{1/2} + 2(\gamma_{\text{a}}^{\text{p}}\gamma_{\text{s}}^{\text{p}})^{1/2} \tag{3.7}$$

式中：a——沥青；

s——矿料。

并且黏附功越大，沥青与集料黏附性越强，抗水损性能越好。

水进入沥青膜与矿料接触后，沥青开始剥落，结合现有研究与表面能理论，可知剥落功为：

$$W_{\text{asw}} = \gamma_{\text{aw}} + \gamma_{\text{sw}} - \gamma_{\text{as}} \tag{3.8}$$

代入式：

$$W_{asw}=2[\gamma_w+(\gamma_a^d\gamma_s^d)^{1/2}+(\gamma_a^p\gamma_s^p)^{1/2}-(\gamma_a^d\gamma_w^d)^{1/2}-(\gamma_a^p\gamma_w^p)^{1/2}-(\gamma_s^d\gamma_w^d)^{1/2}-(\gamma_s^p\gamma_w^p)^{1/2}] \tag{3.9}$$

式中：下标 w 表示水。

黏附功可作为表征沥青在干燥状态下与集料黏附性能的指标，黏附功的大小与两者结合后的抗水损害能力成正相关。本节引用中国石油大学测试的矿料表面自由能(表 3.3)，计算沥青与矿料的黏附功，其结果如图 3.5 所示。

表 3.3　矿料的表面能[70]　mJ/m²

矿料类型	表面自由能 γ	色散分量 γ^d	极性分量 γ^p
石灰岩	43.44	21.67	21.77

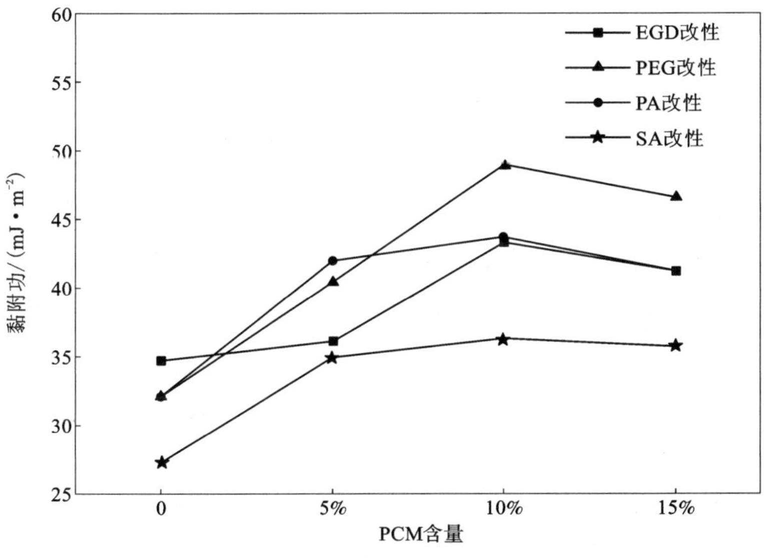

图 3.5　不同相变沥青的表面自由能

从图 3.5 中可以看出，相变材料的掺量小于 10%时，黏附功的值随着相变材料含量的增大而增加，其中 PEG10%的黏附功的值最大，表明 PEG10%改性沥青与集料的黏附性最好，抗水损性能也最好。

当水入侵到沥青与矿料的接触表面之后，沥青-集料界面被水-集料界面和水-沥青界面置换，导致包裹矿料的沥青开始剥落。沥青与矿料分别具有疏水性和亲水性，当水取代沥青包裹矿料时，吉布斯自由能变为负值，剥落将自发进行。剥落功 W_{asw} 可用来表示自发剥落的速率。

对沥青混合料而言，剥落功越大，抗剥落性能越差，集料表面的沥青剥落得越快，即水稳定性越差。剥落功可按公式计算，如表 3.4 所示。

表 3.4　各改性沥青与矿料的剥落功

掺量	0%	5%	10%	15%
EGD 改性	31.75	32.32	31.00	29.80
PA 改性	31.56	35.67	30.05	29.97
PEG 改性	31.56	34.34	32.00	31.20
SA 改性	31.16	33.16	33.60	29.53

通过对比矿料与不同质量分数的改性沥青的剥落功可以得出，对于不同的改性沥青样品，黏附功较高，其剥落功也较高。故需应用配伍率来进行进一步优选。

(4)配伍率

Bhasim 提出采用配伍率评估水对沥青与集料体系黏附敏感性的影响，配伍率越高，敏感性越低，抗水损性能越强，如已知沥青与集料表面能及其分量，可根据式计算配伍率：

$$CR=\frac{W_{as}}{W_{asw}} \tag{3.10}$$

通过黏附功和剥落功的计算结果，结合公式可计算出配伍率的大小，其值与沥青—集料体系的水稳定性正相关。如表 3.5 所示。

从分析的配伍率及其图像可知，EGD 和 PEG 这两种相变材料的配伍率在 10%掺量之前，随着掺量的增加而增加，当掺量大于 10%时，配伍率下降；而 PA 和 SA 这两种相变材料随着掺量的增加而增加。其中 PEG10%与矿料组合的沥青混合料的水稳定性最好，它的配伍率相对于基质沥青提高了 47%。

表 3.5　各改性沥青与矿料的配伍率

掺量	0%	5%	10%	15%
EGD 改性	1.09	1.12	1.4	1.38
PEG 改性	1.01	1.18	1.48	1.49
PA 改性	1.01	1.17	1.45	1.37
SA 改性	0.88	1.05	1.12	1.21

3.1.5　红外分析

各相变沥青样品的红外光谱曲线如图 3.6 所示，在基质沥青的图谱中，波数为 2919 cm^{-1} 和 2851 cm^{-1} 的特征峰来源于—CH_2 和—CH_3 官能团的伸缩振动，—CH_2 中的 C—H 共振振动和—CH_3 官能团的对称弯曲振动引起的特征峰出现在 1463 cm^{-1} 和 1375 cm^{-1} 处。波数为 1740 cm^{-1} 附近的峰值是由于 C ═O 键伸缩振动引起的。在 PEG 的图谱中，1095 cm^{-1}，1108 cm^{-1} 和 1146 cm^{-1} 处的吸收峰是由 C—O—C 基团伸缩振动而产生的三重特征峰。由 C—O—C 键、—CH_2 官能团的伸缩振动以及由 PEG 晶体引起的特征峰可在 840 cm^{-1}、960 cm^{-1} 和 2886 cm^{-1} 处观察到。另外，在峰位为 3448 cm^{-1} 处可观察到 O—H 官能团伸缩振动引起的特征峰。在 EGD 图谱中，1739 cm^{-1} 处的特征峰由 C ═O 键伸缩振动引起，2848 cm^{-1} 和 2920 cm^{-1} 处的特征峰归因于—CH_3 和—CH_2 官能团的伸缩振动；峰位为 1467 cm^{-1} 和 1386 cm^{-1} 处的特征峰分别属于—CH_2 中的 C—H 共振振动和—CH_3 官能团的对称弯曲振动；在 1180 cm^{-1} 处的特征峰归因于 C—O—C 键反对称弯曲振动。在 718 cm^{-1} 处的峰值解释为亚甲基的面内摆动振动。同时分析 PA 和 SA 的红外光谱图，也有一样的规律。基质沥青与各相变材料的特征峰均出现在各掺量相变沥青 FT-IR 图谱中相应位置，且未出现新的峰。

总之，从 FT-IR 图谱分析可知，相变材料在与基质沥青的复合过程中，并没有发生化学反应。两者之间的作用主要是由简单的氢键和物理作用引起的。因此，可通过直掺法将相变材料成功加入基质沥青中并不影响沥青结构。

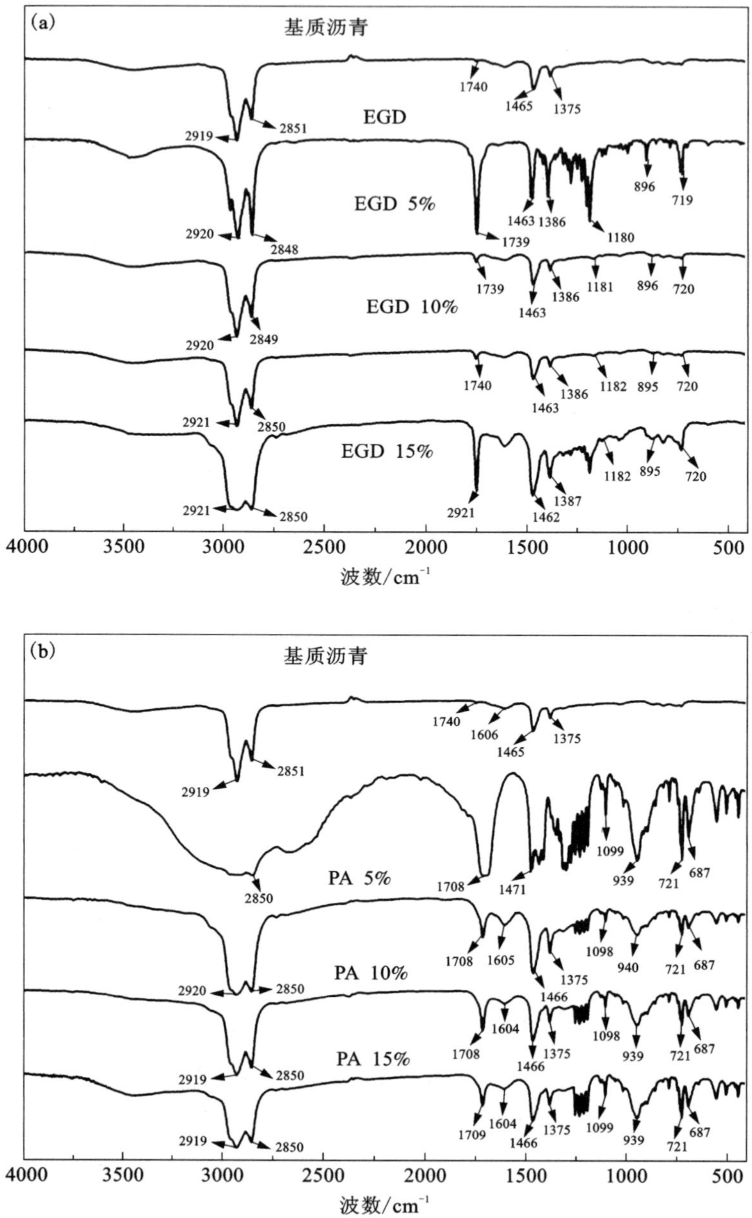
(a)
基质沥青
1740
1465
1375
2919
2851
EGD
2920
2848
1739
1463 1386
1180
896
719
EGD 5%
2920
2849
1739
1463
1386
1181
896
720
EGD 10%
2921
2850
1740
1463
1386
1182
895
720
EGD 15%
2921
2850
2921
1462
1387
1182
895
720
4000
3500
3000
2500
2000
1500
1000
500
波数/cm⁻¹
(b)
基质沥青
1740
1606
1465
1375
2919
2851
2850
1708
1471
1099
939
721
687
PA 5%
1708
1605
1375
1466
1098
940
721
687
2920
2850
PA 10%
1708
1604
1466
1375
1098
939
721
687
2919
2850
PA 15%
1709
1604
1466
1375
1099
939
721
687
2919
2850
4000
3500
3000
2500
2000
1500
1000
500
波数/cm⁻¹

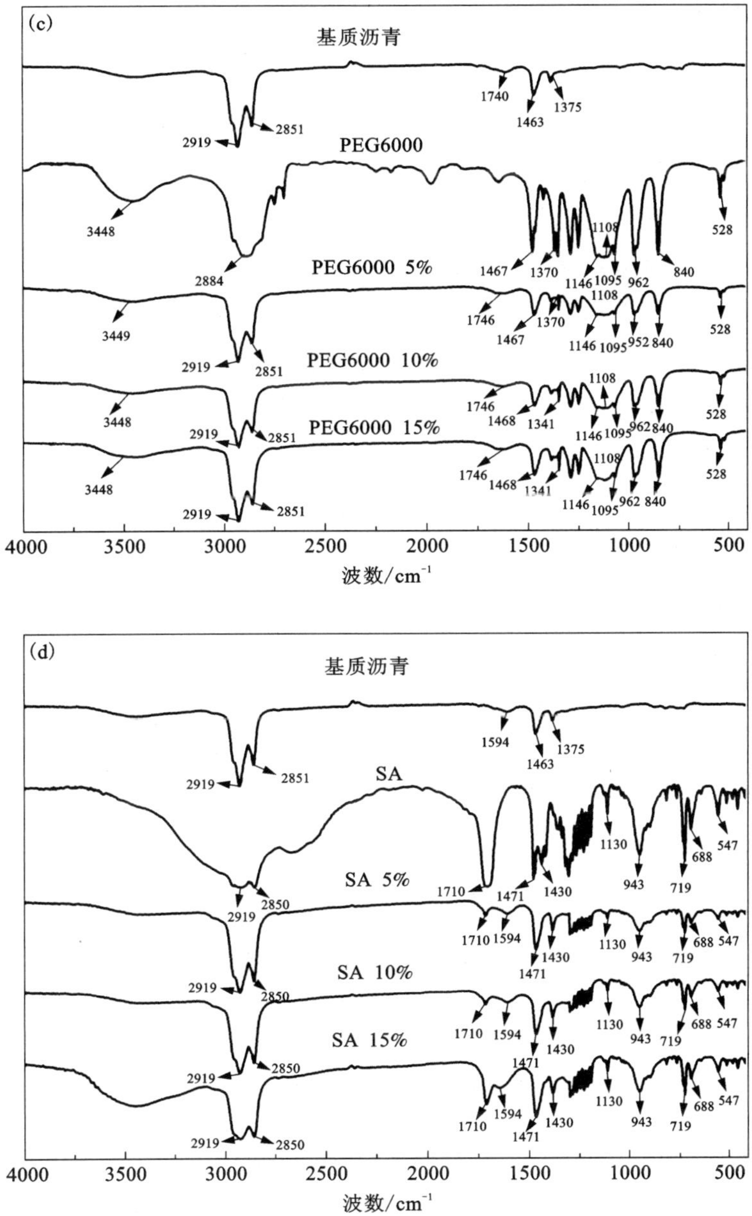

图 3.6　不同相变改性沥青的 FT-IR 图谱

3.1.6 热物性分析

图3.7为不同相变改性沥青的DSC图，相变改性沥青的储热性能取决于相变材料的含量，相变焓随相变材料含量的增加而增大，但均比理论相变焓要低，且相变焓损失率随相变材料的增加而减少。相变材料作为提供储热能力的功能物质，相变材料含量越高，相变改性沥青的储热能力就越大。当PEG的含量为15%时，相变改性沥青的相变焓达到了21.5 J/g，损失率仅为20%。在相变改性沥青中，沥青是影响相变材料发挥相变功能的杂质存在，将相变材料分子分隔开来，使相变材料结晶微相区减小，导致相变材料分子无法有效凝聚成晶体，相变材料结晶度降低，从而导致相变改性沥青中功能组分相变材料没发挥应有的相变储热能力，使得测试相变焓低于理论相变焓[49]。

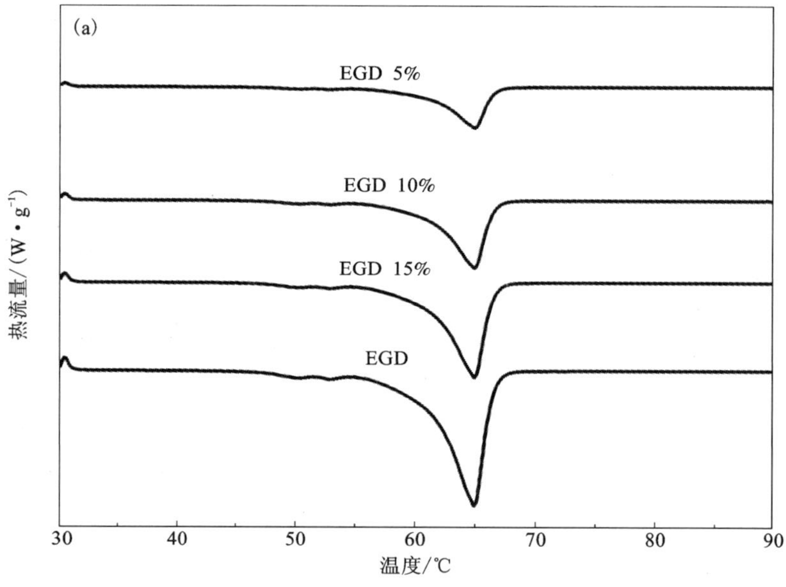

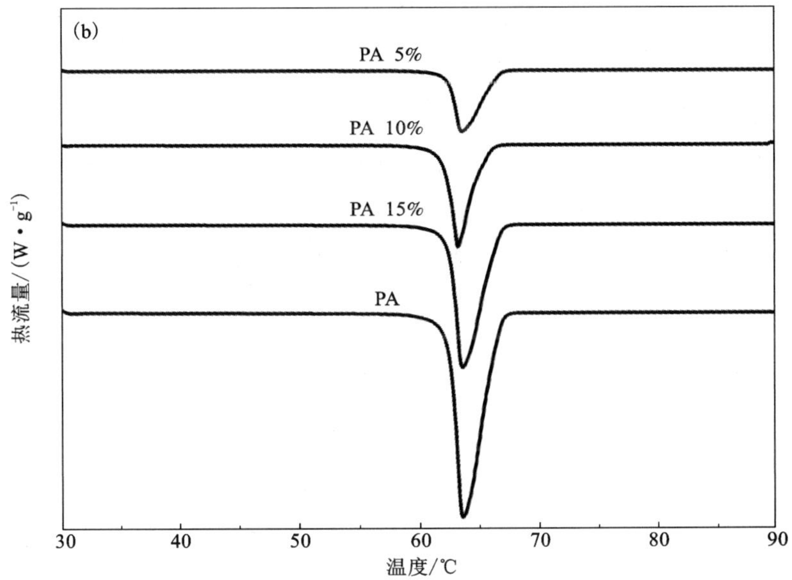
(b)
PA 5%
PA 10%
PA 15%
PA
热流量/(W·g⁻¹)
30
40
50
60
70
80
90
温度/℃

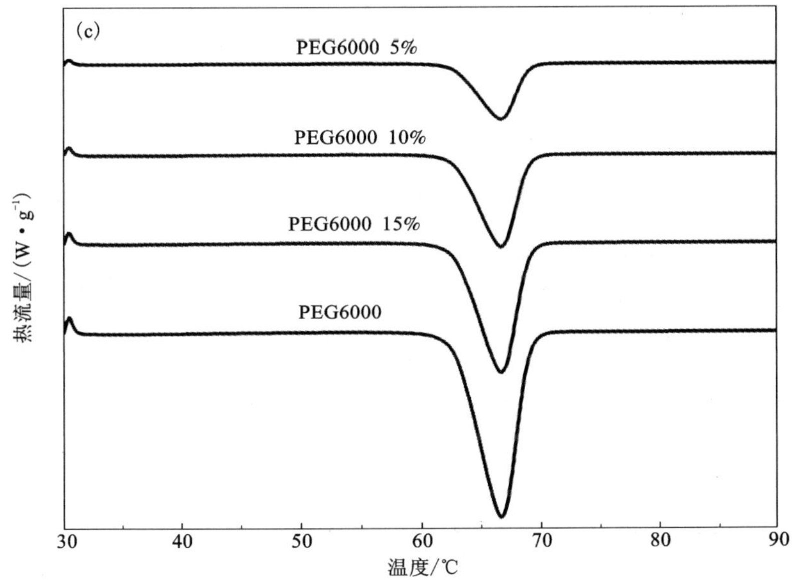
(c)
PEG6000 5%
PEG6000 10%
PEG6000 15%
PEG6000
热流量/(W·g⁻¹)
30
40
50
60
70
80
90
温度/℃

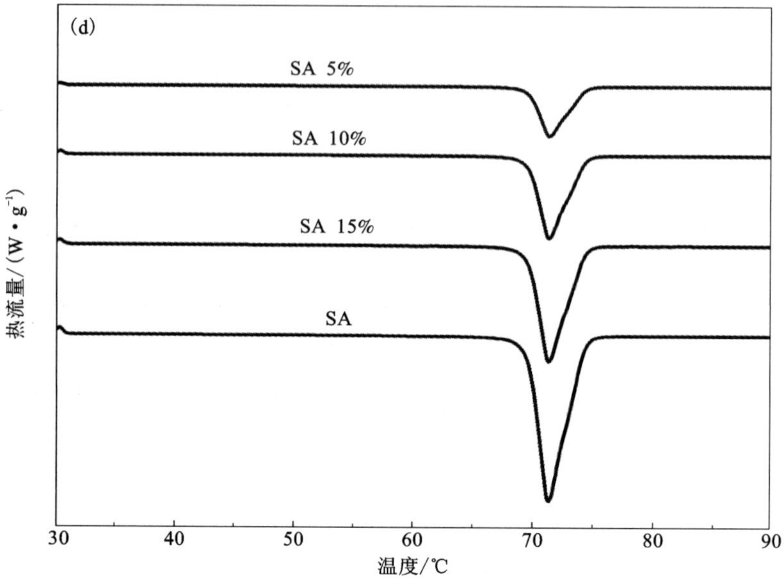

图 3.7　不同相变改性沥青的 DSC 图谱

3.2　相变沥青胶浆性能研究

沥青胶浆的性能对研究其路用性能有密切的联系，对了解沥青路面的性质至关重要。本节将所制备的定形相变材料 PEG/ER 以 5%、10%、15%、20%四种不同掺量以熔融共混的方式加入基质沥青中，探究其对沥青胶浆体系的路用性能产生的影响。选取单一相变材料 PEG 做对比分析，对相变沥青胶浆的分散性、流变性、温度敏感性及抗老化性等进行测试分析，着重研究老化后相变沥青胶浆的各相关性能，采用不同老化指数对其进行评价，并对老化前后的热物性进行分析，探究老化对相变沥青胶浆热物性的影响。最后对相变沥青胶浆的微观状态进行研究。

3.2.1　相变沥青胶浆微观表征

图 3.8 为纯相变材料及定形复合相变材料在沥青中的微观形态分布。图 3.8(a)为基质沥青的荧光显微镜图，不会在荧光的激发作用下反射明亮的光

斑。而相变材料在荧光的激发作用下反射出明亮的亮斑，如图 3.8(b)所示，PEG10%相变改性沥青中出现较为明显的亮斑，亮斑的直径从几微米到几十微米大小不一，而且亮斑的分散程度不均匀，表明相变材料在基质沥青中的分散性不理想，存在于沥青组分之外。如图 3.8(c)所示，经过封装定形的复合相变材料以相同掺量加入基质沥青中，图像中未有明显的亮斑，说明游离在沥青中的相变材料含量较少，几乎没有。随着 PEG/ER 在沥青中掺量的增加，相变沥青胶浆中逐渐出现微弱的亮斑，掺量为 20%时，亮斑的直径达到几微米，且分散程度不均。说明相变材料几乎都被环氧树脂包裹，但经破碎后有部分相变材料裸露在环氧树脂表面，在高温状态下，PEG/ER 掺入到沥青中，此时黏附在环氧树脂表面的这部分相变材料发生相变液化，游离在基质沥青中，导致掺量越大时，荧光显微镜下反射的亮斑会逐渐增多，但远小于相变材料直接掺入沥青中的亮斑数量。

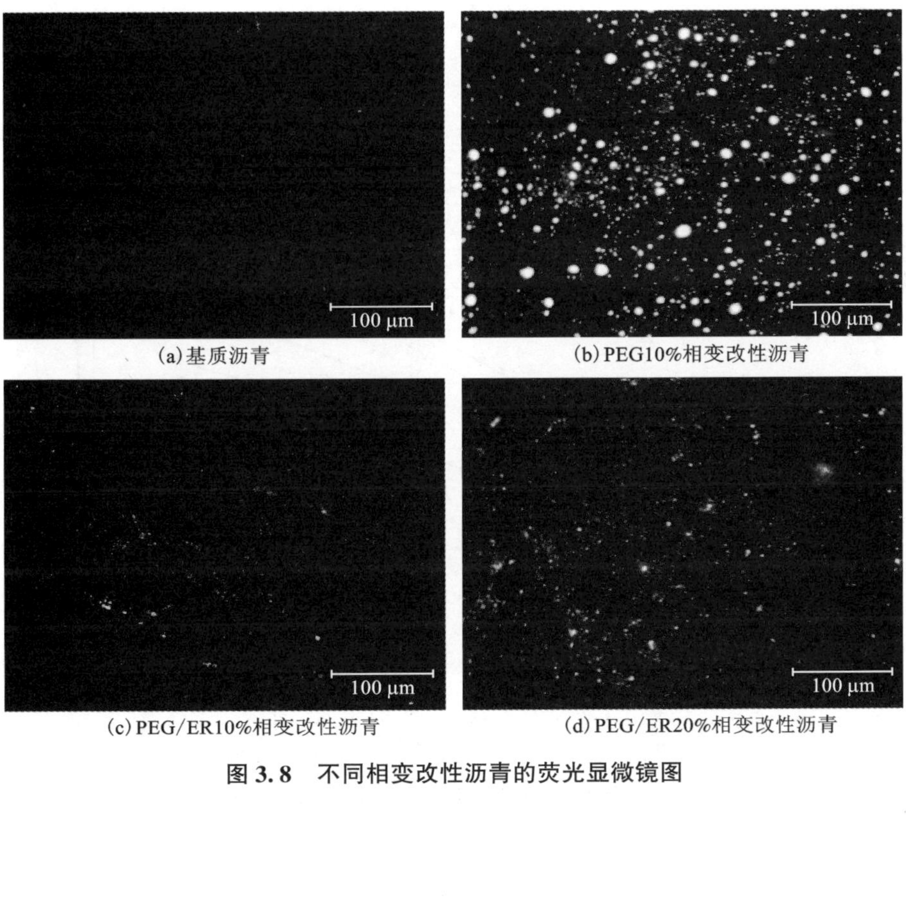

(a)基质沥青　(b)PEG10%相变改性沥青

(c)PEG/ER10%相变改性沥青　(d)PEG/ER20%相变改性沥青

图 3.8　不同相变改性沥青的荧光显微镜图

3.2.2 相变沥青胶浆高温流变性能

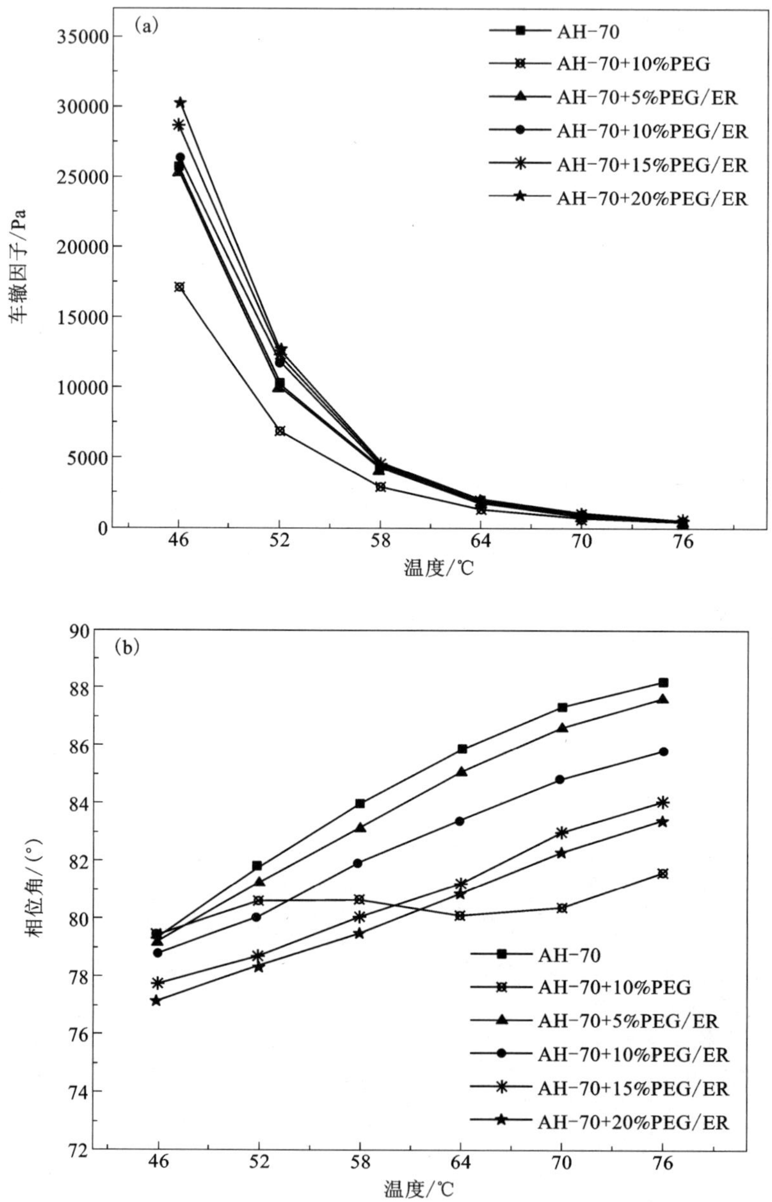

图 3.9 各 PEG/ER 相变沥青胶浆温度扫描结果

从图 3.9(a)可以看出，纯相变材料加入沥青中，在高温状态下发生相变，从固态逐渐转变为液态，流动性增加抗车辙性降低，而此时基质沥青抗车辙性能比相变材料大，两者复合后的相变沥青会介于相变材料和基质沥青之间，这导致相同温度下相变材料在沥青中会提高其流动性但降低抗车辙性[71]。在相同比例下的 PEG/ER 相变沥青胶浆的车辙因子得到提升，改善了沥青的高温抗车辙性能，并随着温度的升高而降低，逐渐变差。在相同的测试温度下，随着定形相变材料 PEG/ER 比例的增加，相变沥青胶浆的 $|G^*|/\sin\delta$ 逐渐上升，表明定形相变材料掺量的增加对提高抗车辙性能有一定的改善。当 PEG/ER 的掺量为 5%时，相变沥青胶浆的车辙因子没有明显的增加，造成这种现象的原因可能是破碎后的 PEG/ER 表面附着在环氧树脂表面的 PEG，在高温状态下发生相变液化，游离在基质沥青中。如图 3.9(b)所示，随着温度的升高，相位角逐渐增大，表明样品中黏性部分所占比例逐渐增大。随着 PEG/ER 掺量的增加，相位角逐渐减小，相同温度下的弹性部分所占比例较大，流动性降低，但是对比组 PEG 相变沥青胶浆在发生相变前后相位角出现逐渐减小随后继续增大的现象，可能与高温下 PEG 的液化有关[67]。总体来说，经定形后的复合相变材料在沥青中对其高温性能提高明显，减少了 PEG 液化对沥青性能造成的影响。

3.2.3　相变沥青胶浆低温流变性能

由图 3.10 可以看出，PEG 的加入会使沥青的劲度模量增大，蠕变速率减小，导致沥青的低温性能降低。这是由于在低温条件下，沥青转化为玻璃态，沥青分子链移动过程中受到温度的限制，脆性增加；PEG 的晶体结构对沥青的脆性产生了不利影响，导致 PEG 相变沥青有较大的劲度模量和较小的 m 值，低温抗裂性变差[71]。各沥青胶浆样品的测试结果均表现出相同的变化趋势，即劲度模量随着温度的降低而逐渐增加，m 值随温度的降低而逐渐减小，说明温度对沥青的性能有很大的关系，沥青的脆性会随着温度的降低而增大。随着 PEG/ER 掺入量的增加劲度模量逐渐增大，m 值逐渐减小，说明 PEG/ER 的加入增加了沥青内部的应力，降低了沥青的柔性，不利于沥青的应力松弛和低温抗裂性。这主要是由于 PEG/ER 的加入改变了轻质油分所占的比例，使沥青变

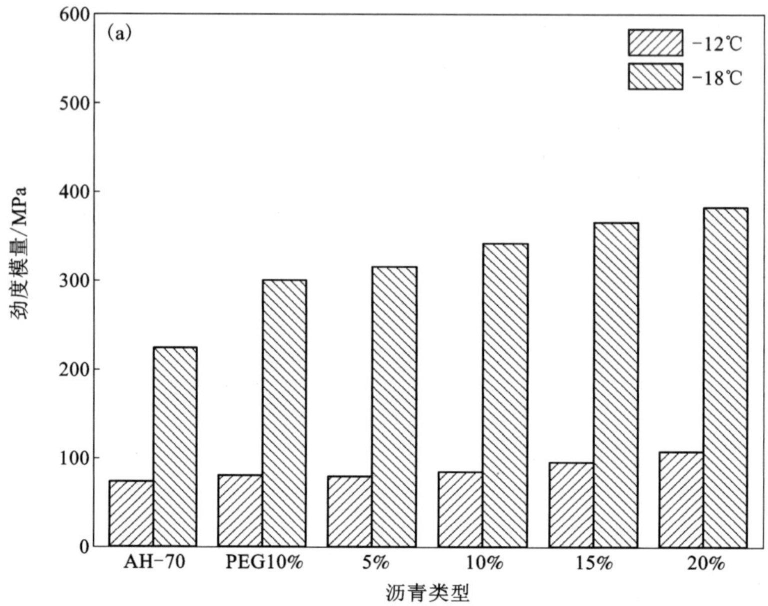

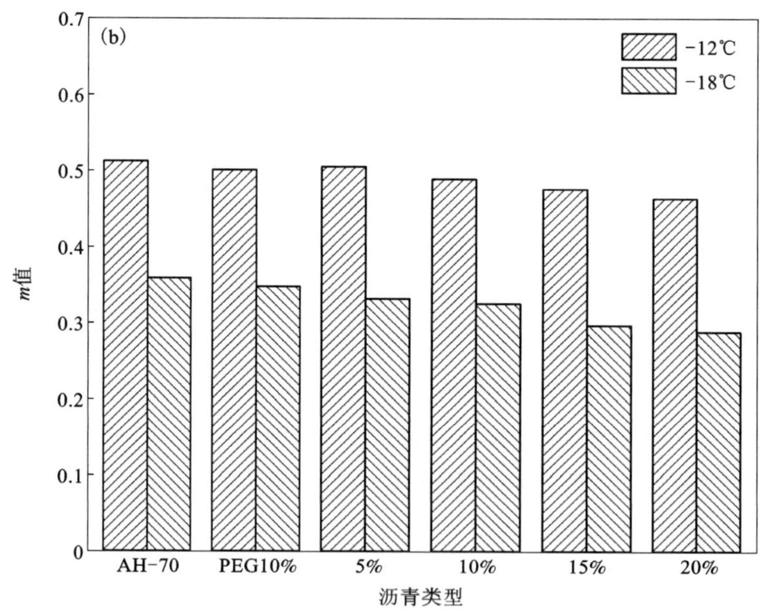

图 3.10　各 PEG/ER 相变沥青胶浆低温劲度模量 *S* 与蠕变速率 *m*

得脆硬[69]。根据 SHRP 计划中低温下对沥青抗裂性的要求，当测试温度为-12℃时，各样品的劲度模量均小于 300 MPa，$m>0.3$，测试温度为-18℃时，基质沥青的劲度模量和 m 值分别为 225 MPa 和 0.358，加入 PEG/ER 后各相变沥青胶浆的劲度模量均不满足小于 300 MPa 的要求。一方面是由于 PEG/ER 表面游离的 PEG 对沥青造成的不利影响，另一方面是由于经过封装的 PEG/ER 以微小颗粒存在于沥青中，当受到外部作用力时在 PEG/ER 易产生应力集中。

3.2.4　相变沥青胶浆黏度性能分析

沥青黏度是表征沥青在特定温度下流变特性的重要指标，是沥青材料在外力作用下沥青内部分子产生相互位移的抵抗剪切变形的能力。沥青黏弹性与温度的变化有很高的相关性，温度越高，黏度就越小，对指导沥青混合料的施工温度的控制有十分重要的工程意义。SHRP 在沥青结合料路用性能规范中采用布什黏度表征道路石油沥青的黏滞性，以 135℃下的黏度评价沥青的施工性能。因此采用 135℃下的布什黏度评价 PEG/ER 对沥青黏滞性的影响，测试结果如图 3.11 所示。基质沥青在 135℃下的黏度为 401 mPa·s，PEG 及 PEG/ER 的加入均会使沥青的黏度增大。在相同掺量的情况下，PEG/ER 对沥青的黏度提升更大，对提高沥青的抗车辙性能更明显，出现这种现象的原因是 PEG 在高温状态下转化为液相，降低了自身的机械强度，而 PEG/ER 外部有环氧树脂裹覆，内部的 PEG 转化为液相但不与沥青接触，颗粒状的 PEG/ER 阻碍了沥青在高温下的流动。并且沥青胶浆的黏度随着 PEG/ER 掺量的增大而增大，与基质沥青相比分别提升了 11.5%、27.9%、37.1%、50.9%。主要是由于沥青中 PEG/ER 掺量的增加，黏附在 PEG/ER 表面的沥青形成的结构沥青增多，自由流动的沥青相对减少，导致沥青分子间的相互作用力增强，稠度增大，抗剪切能力变强[72]。

沥青的感温性能是指沥青材料性能随温度变化的感应性，目前道路工程中普遍采用的评价指标有针入度指数 *PI*、针入度黏度指数 *PVN*、复数模量指数 *GTS* 和黏温度指数 *VTS*。本节中采用的黏温指数 *VTS* 是采用 100℃、135℃和 175℃与沥青黏度之间的关联性并经回归分析计算得到的，反映沥青黏度随温度的变化程度，用以表征沥青在高温时的温度敏感性。沥青黏温指数 *VTS* 如式

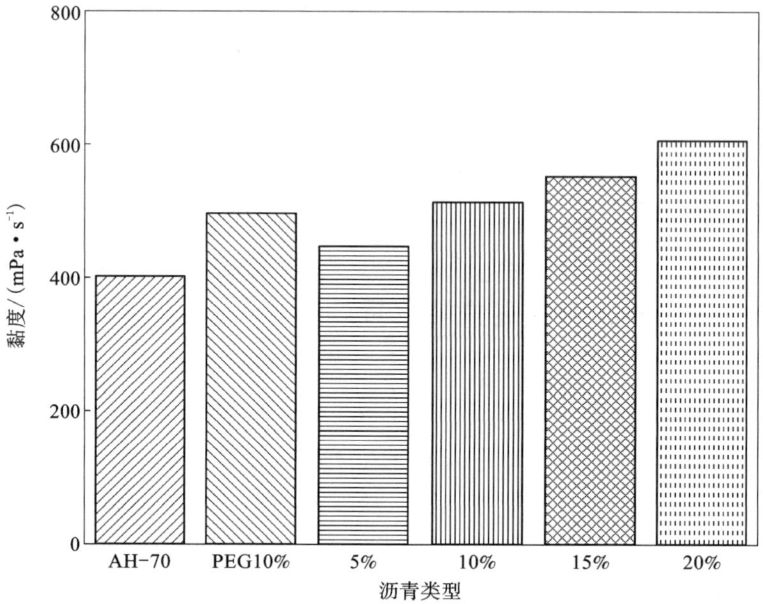

图 3.11 各 PEG/ER 相变沥青胶浆的黏度

3.11 所示，通常来说，*VTS* 越大，沥青的温度敏感性越强。

$$VTS=\frac{\lg\eta_1-\lg\eta_2}{\lg T_2-\lg T_1} \tag{3.11}$$

式中：η_1——沥青温度为 T_1℃时的黏度，Pa·s；

η_2——沥青温度为 T_2℃时的黏度，Pa·s。

表 3.6 是通过式 3.11 计算得到的各相变沥青胶浆黏温指数及其黏温方程，从表中可以看出各样品间在不同温度下进行回归分析得到的拟合相关系数基本都高于 0.997，可靠度较高。相同掺量下的黏温指数 *VTS* PEG10%<AH-70<PEG/ER10%，温度敏感性依次升高，PEG 导热性差，分散在沥青中降低了相变沥青胶浆整体的温度敏感性。由于 PEG/ER 中含有膨胀石墨具有较高的导热性，在 PEG/ER 中充当传热网络，改善了相变沥青胶浆的感温性能，并且随着掺量的增大而增加，但随后增加的趋势并不算明显，虽然有膨胀石墨在沥青相中充当传热网络提高感温性，但是具有低导热性的环氧树脂及 PEG 同样存在于沥青相中使感温性的提升受到一定的限制。

表 3.6　各相变沥青胶浆黏温指数及其黏温方程

沥青类型	黏温方程	黏温指数 *VTS*	相关系数 R^2
基质	$\lg\eta=-7.04044\lg T+14.59689$	7.04044	0.99964
PEG 10%	$\lg\eta=-6.91726\lg T+14.89813$	6.91726	0.99836
PEG/ER 5%	$\lg\eta=-7.26211\lg T+15.16349$	7.26211	0.99827
PEG/ER 10%	$\lg\eta=-7.27138\lg T+15.23047$	7.27138	0.99914
PEG/ER 15%	$\lg\eta=-7.28835\lg T+15.31344$	7.28835	0.99801
PEG/ER 20%	$\lg\eta=-7.30413\lg T+15.39745$	7.30413	0.99708

3.2.5　相变沥青胶浆抗老化性能分析

沥青路面在受到热、氧、光、水等因素的影响下会发生老化，使沥青性能发生明显的劣化，进而会对沥青路面产生不利影响。因此对研究相变沥青胶浆的抗老化性尤为重要，一方面可以了解 PEG/ER 在老化过程中对沥青所产生的影响，另一方面也可以得到老化过程中 PEG/ER 在沥青中存活率及储热能力的变化。本节采用沥青薄膜烘箱加热试验（TFOT）和压力老化仪加速沥青老化试验（PAV）用以模拟沥青短期老化及长期老化，并借助于 DSR 试验、BBR 试验、黏度试验及 DSC 试验分析定形相变沥青的耐老化性，最后对相变沥青的内部基团的变化情况进行分析。

（1）老化对相变沥青胶浆高温流变性能的影响

对老化前后的沥青样品进行 DSR 试验，并采用车辙因子老化指数（*RAI*）来评价相变沥青胶浆的耐老化，*RAI* 值越小说明沥青样品的耐老化性能就越好，反之耐老化性能就越差，能够很好地反映出老化对沥青样品高温流变性的变化。按照式 3.12 分别计算出短期老化和长期老化后的样品沥青 *RAI* 值，计算结果如图 3.12 和图 3.13 所示。

$$\text{车辙因子老化指数}(RAI)=\frac{(G*/\sin\delta)_{\text{aged}}-(G*/\sin\delta)_{\text{fresh}}}{(G*/\sin\delta)_{\text{fresh}}} \tag{3.12}$$

式中：aged 代表老化后，fresh 代表老化前。

如图 3. 12 所示，经过短期老化后相变沥青胶浆的 *RAI* 值都高于基质沥青，其中 PEG 相变沥青胶浆的 *RAI* 值在刚开始阶段最高，随着温度的升高 *RAI* 值降低，可能是由于短期老化所经历的高温使其蒸发，导致短期老化后在相变沥青中 PEG 产生液化时抵抗剪切变形能力变强。PEG/ER 相变沥青胶浆的 *RAI* 值随着掺量的增大而增大，可能是随着掺量的增大附着在 PEG/ER 的 PEG 发生液化游离在沥青中更多，高温蒸发掉的数量变多，但总体未超过 PEG 相变沥青胶浆，在 52℃时的 *RAI* 值明显低于其他温度，可能与此时的相变材料产生液化有关。同时高温状态下颗粒状的 PEG/ER 增加了相变沥青胶浆的弹性，蒸发掉的 PEG 使沥青中的黏性成分降低，老化后的相变沥青胶浆抗剪切能力变强，呈现在 *RAI* 中会比基质沥青高，单从 *RAI* 指数来看相变沥青胶浆的老化程度较基质沥青高，但并不意味着 PEG/ER 加速了基质沥青的老化。

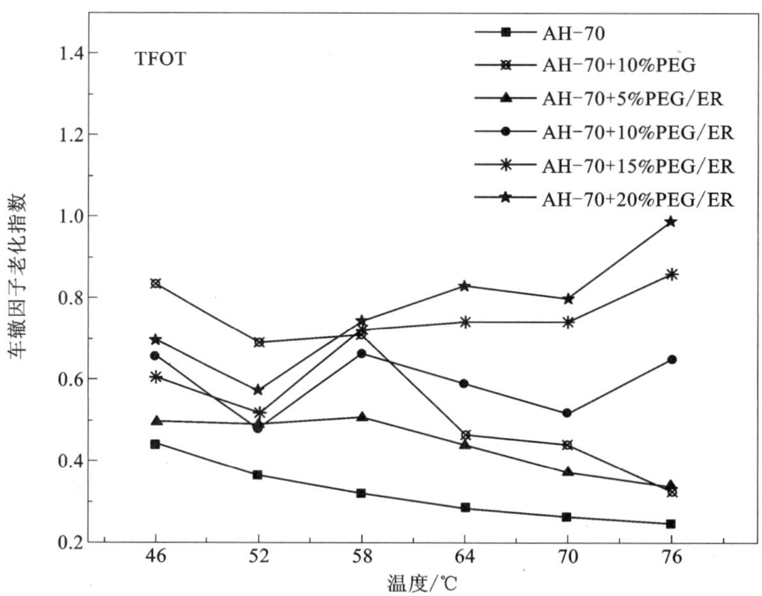

图 3. 12　各 PEG/ER 相变沥青胶浆短期老化车辙因子老化指数

如图 3. 13 为长期老化后的相变沥青胶浆的 *RAI* 值，从图中可以看出 PEG 相变沥青胶浆的 *RAI* 仍然最大，由于长期老化处于高温高压状态游离在沥青中的 PEG 仍会继续发生蒸发损失的现象，导致老化后相变沥青胶浆在整体水平下抗剪切能力增加，表现出整体的老化现象明显。与短期老化有所不同的是随着掺量的增加，PEG/ER 相变沥青胶浆的 *RAI* 值呈现出减小的趋势，一方面游离的 PEG 高温蒸发造成沥青中弹性成分比例的增加，另一方面 PEG/ER 表面裹覆的 PEG 游离到沥青中，而沥青中的轻质组分受到分子力等物理作用力的影响向 PEG/ER 表面移动，减缓了轻质组分的挥发，延缓了沥青的热氧老化[73]。由于 PEG 材料在 250℃以下蒸发损失量始终有限，而在沥青中 PEG/ER 颗粒随着掺量的增加而增加，吸附轻质组分的比例也在增大，所以就导致随着 PEG/ER 掺量的增大相变沥青胶浆的抗老化性也随之增加。

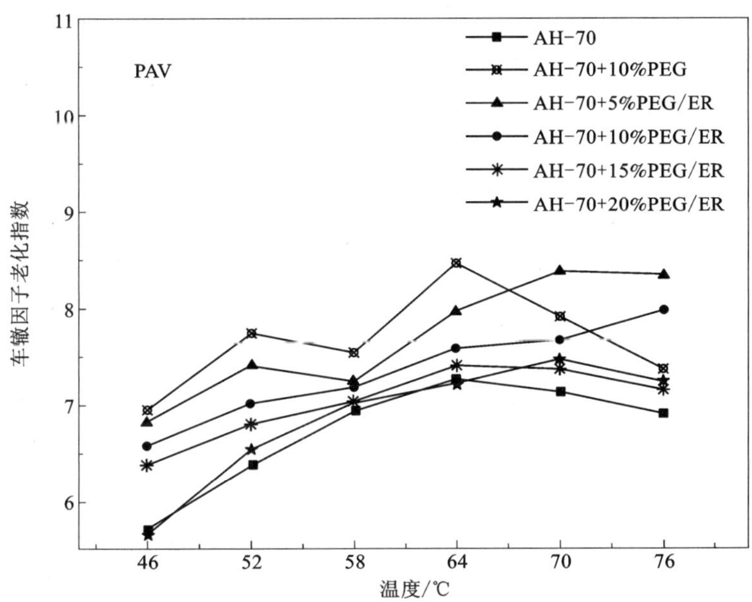

图 3.13　各 PEG/ER 相变沥青胶浆长期老化车辙因子老化指数

(2)老化对相变沥青胶浆低温流变性能的影响

为研究老化对相变沥青胶浆的低温流变性能的影响，本节采用 TFOT 及 PAV 老化后的各沥青样品进行 BBR 试验，测定各样品的弯曲蠕变劲度模量和 *m* 值，并按式 3.13 和 3.14 分别计算其劲度模量老化指数 *SAI* 和蠕变速率老化指数 *mAI*，其中计算结果如图 3.14 和图 3.15 所示。

$$SAI=\frac{S_{\text{aged}}}{S_{\text{fresh}}} \tag{3.13}$$

$$mAI=\frac{m_{\text{aged}}}{m_{\text{fresh}}} \tag{3.14}$$

式中：aged 代表老化后，fresh 代表老化前。

如图 3.14 所示，对比不同相变沥青胶浆短期老化前后的 *SAI* 及 *mAI* 值可知，在测试温度为-12℃和-18℃下基质沥青的 *SAI* 均为样品中最大值，表明老化前后的劲度模量变化较大，抗老化性较差。同种掺量下的 PEG 相变沥青胶浆和 PEG/ER 相变沥青胶浆的 *SAI* 分别为 1.201 和 1.135，PEG/ER 相变沥青胶浆的劲度模量在老化前后均有较小的变化，PEG/ER 相变沥青胶浆的抗老化性较基质沥青有所改善。*mAI* 的变化规律与其相反，基质沥青的 *mAI* 在测试样品中最小，蠕变速率变化最大，其余样品的 *mAI* 均比基质沥青大，蠕变速率的变化有所改善。总体来说，PEG/ER 相变沥青胶浆的低温性能在老化前后的变化较小，抗老化性能在低温流变性中表现较好。

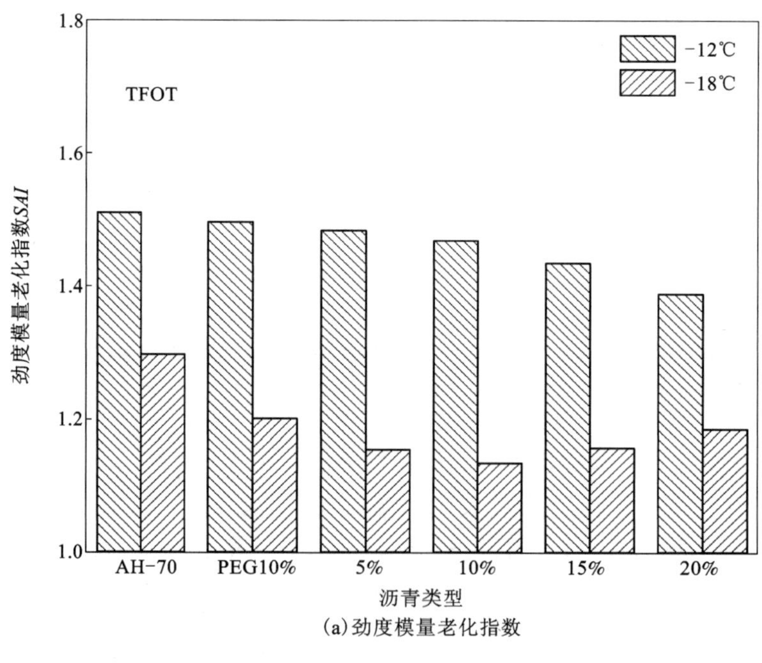

(a)劲度模量老化指数

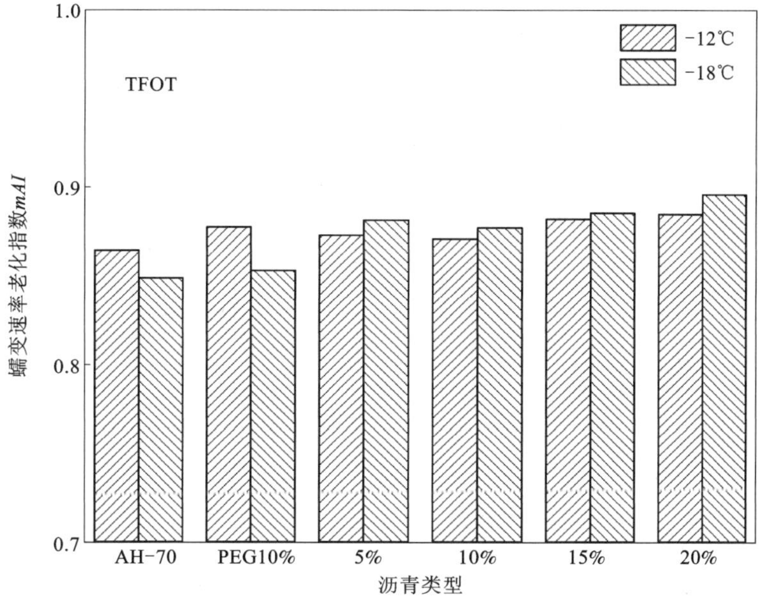

(b)蠕变速率老化指数

图 3.14　各 PEG/ER 相变沥青胶浆短期老化

长期老化后的各沥青样品的老化指数如图 3.15 所示，从图中可以看出，*SAI* 指数在-12℃时均比-18℃高，变化速率更为明显，说明长期老化对-12℃下的各样品流变性的影响较-18℃大。对比相同温度下的 *SAI* 值可知，各相变沥青胶浆的劲度模量变化均小于基质沥青，其中 PEG/ER 相变沥青胶浆的 *SAI* 相差不大。对于 *mAI* 值，-12℃下的各样品流变性变化较低，掺入 PEG/ER 的沥青胶浆的 *mAI* 值整体大于基质沥青，蠕变速率变化较小。综合分析，长期老化与短期老化相同的是 PEG/ER 相变沥青胶浆的低温流变老化指数随掺量增大抗老化性增强，宏观来看 PEG/ER 的掺入，限制了整体的低温流变性能的变化。

(3)老化对相变沥青胶浆黏度性能的影响

本节采用 135℃下沥青样品老化前后的黏度变化来评价其抗老化性能，通过式 3.15 计算得到的黏度老化指标 *VAI* 来反映各沥青样品的受老化影响程度。*VAI* 值越小，其抗老化性能就越好；反之则沥青样品的抗老化性能就越差。各

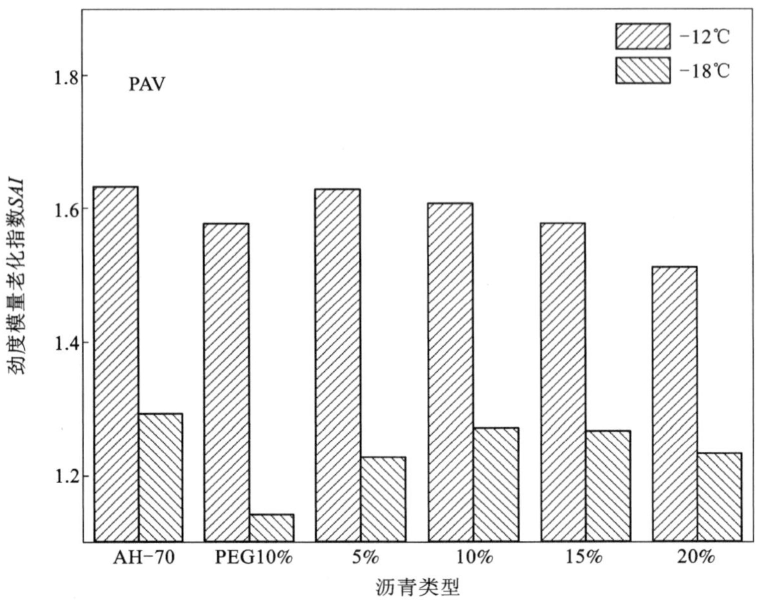

(a)劲度模量老化指数

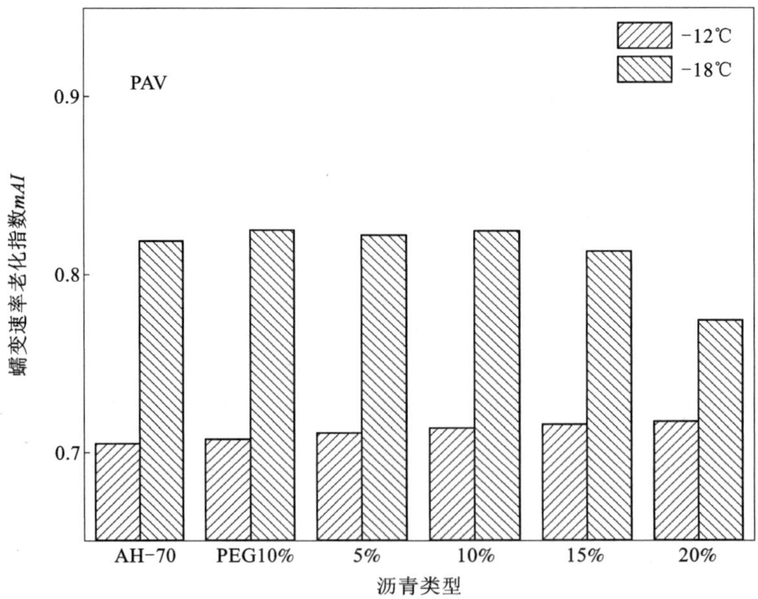

(b)蠕变速率老化指数

图 3.15　各 PEG/ER 相变沥青胶浆长期老化

沥青样品经过短期老化和长期老化后的黏度参数如图 3. 16 和图 3. 17 所示。

$$VAI=\frac{V_{\text{aged}}}{V_{\text{fresh}}} \tag{3.15}$$

式中：aged 代表老化后；fresh 代表老化前。

短期老化后的黏度和 *VAI* 值分别如图 3. 16(a)和图 3. 16(b)所示，短期老化后的基质沥青、PEG 相变沥青胶浆、PEG/ER 相变沥青胶浆(5%、10%、15%、20%)的黏度分别为 613 mPa・s、763 mPa・s、676 mPa・s、765 mPa・s、820 mPa・s、885 mPa・s，相同掺量下，掺量 PEG 和 PEG/ER 的黏度增加量基本一致，但是随着 PEG/ER 掺量的增加，其黏度随之增加。从图 3. 16(b)可以看到 PEG 相变沥青胶浆的 *VAI* 值在测试样品中最大，其次为基质沥青，各掺量下的 PEG/ER 相变沥青胶浆的 *VAI* 值均比基质沥青小，分别下降了 3. 1%、7. 1%、7. 7%、12. 5%。从数据上看 PEG/ER 相变沥青胶浆的抗老化性能较好，而且随掺量的增加改善明显。

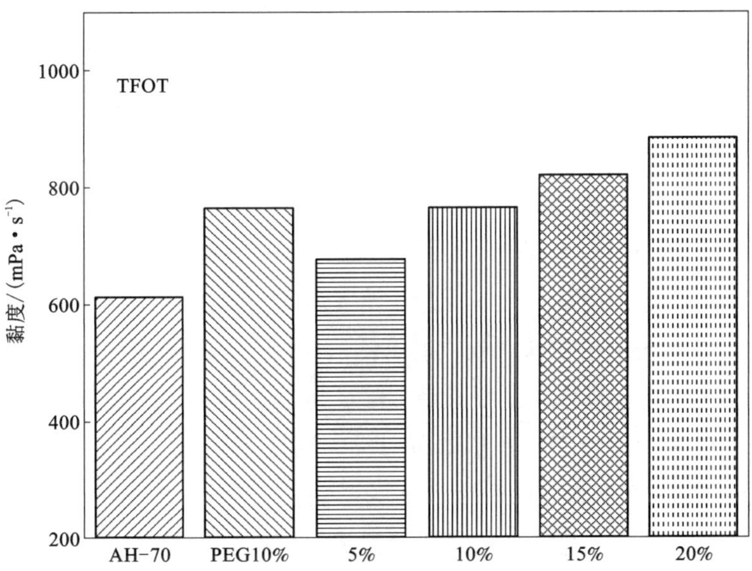

(a)黏度

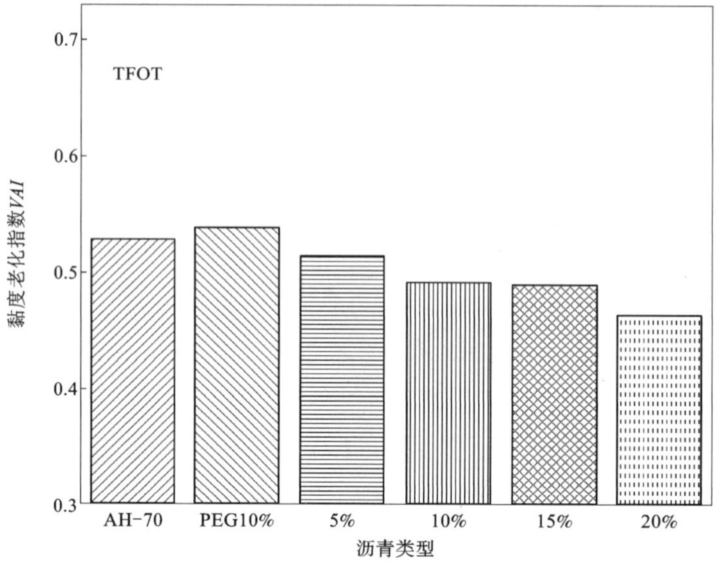

(b)黏度老化指数

图 3.16　各 PEG/ER 相变沥青胶浆短期老化

图 3.17 所示为长期老化后的各沥青样品黏度参数，从图 3.17(a)中可以看出各样品的黏度变化趋势与短期老化后基本一致，长期老化后基质沥青、PEG 相变沥青胶浆、PEG/ER 相变沥青胶浆(5%、10%、15%、20%)的黏度分别为 1406 mPa · s、1761 mPa · s、1563 mPa · s、1730 mPa · s、1825 mPa · s、2004 mPa · s，沥青经过长期老化后黏度增大是因为在高温有氧状态下会使含氧官能团和含硫化合物发生化学反应，导致沥青黏稠度升高[74]。从图 3.17(b)中可以看出 PEG/ER 相变沥青胶浆的 *VAI* 值相对于基质沥青来说呈现出下降的趋势，并且随着掺量的增加逐渐下降，掺量为 15%时，下降幅度最大为 4.3%。表明 PEG/ER 减缓了相变沥青整体所造成的热氧老化。

(4)老化对相变沥青胶浆黏度性能的影响

由上述分析可知，老化对相变沥青胶浆的高低温稳定性及黏度均产生不同程度的影响，同时老化对相变沥青胶浆中的相变材料也产生了一定的影响。为探究老化对相变沥青胶浆的储热性能以及老化过程中相变材料的存活率，本节采用老化前后的 10% PEG 相变沥青胶浆和 10% PEG/ER 相变沥青胶浆进行 DSC 测试，结果如图 3.18 所示。

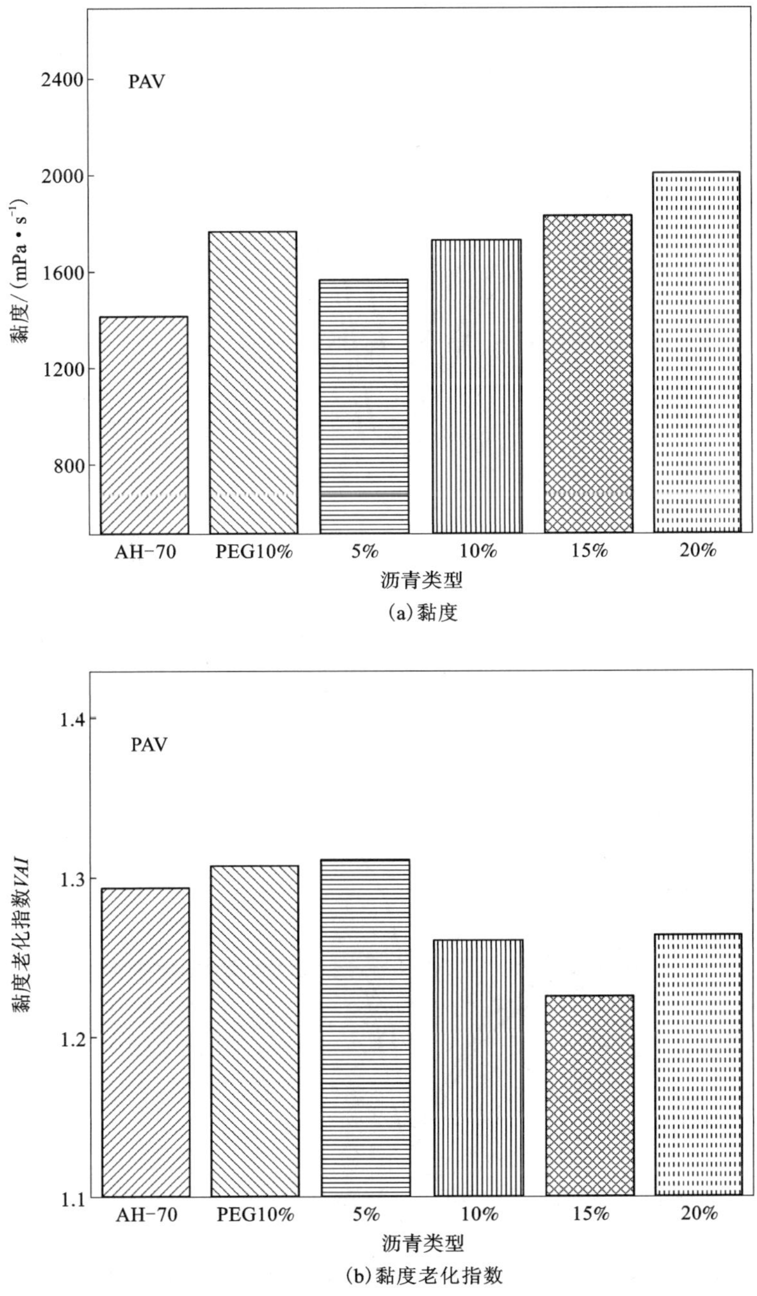

图 3.17　各 PEG/ER 相变沥青胶浆长期老化

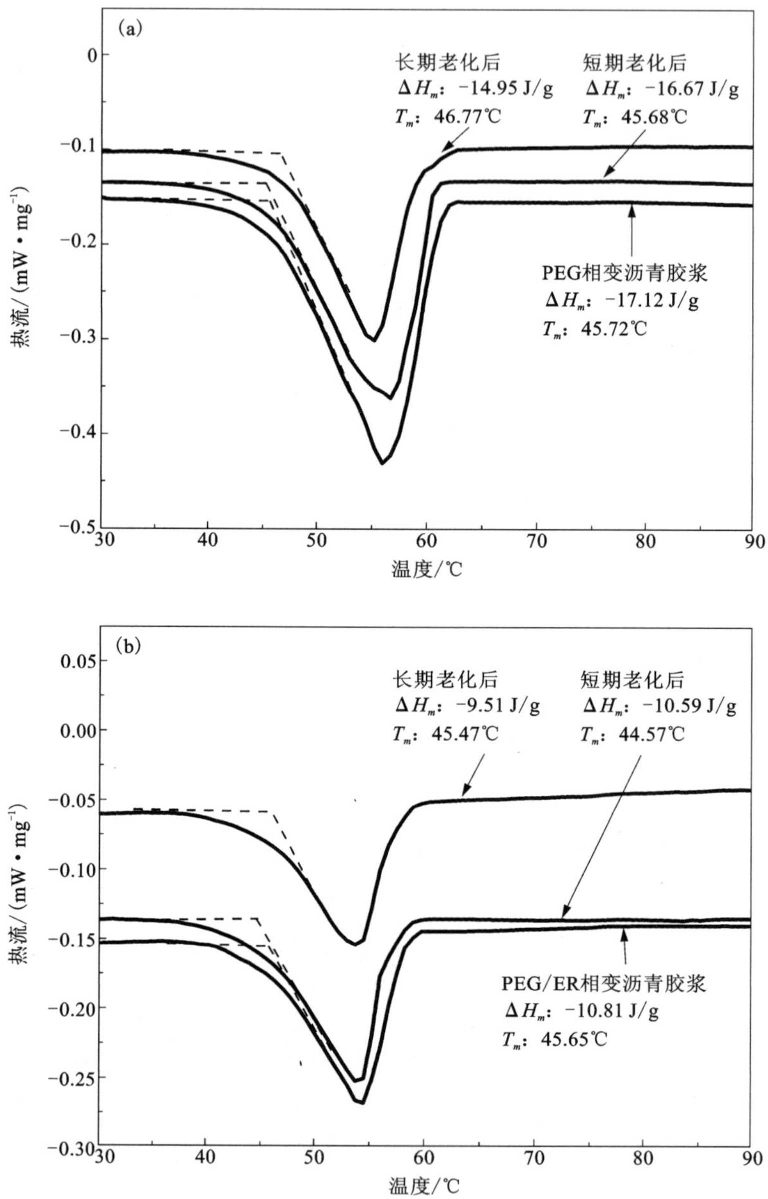

图 3.18 各 PEG/ER 相变沥青胶浆老化前后 DSC 图

由图 3. 18(a)和图 3. 18(b)可知，未老化的 PEG 相变沥青胶浆和 PEG/ER 相变沥青胶浆的相变焓分别为 17. 12 J/g 和 10. 81 J/g，低于理论计算得出的相变焓值，主要是在制备相变沥青过程中高温下部分相变材料的损失以及部分相变材料分子被沥青分子分割开来，导致部分相变材料分子未发挥相应的储热能力[50]。各相变沥青胶浆样品经过 TFOT 和 PAV 老化后的相变焓均出现明显降低，TFOT 老化后的剩余的相变焓分别为 97. 4%和 98. 0%，PAV 老化后剩余的相变焓分别为 87. 3%和 88. 0%。可以看出定形封装后的相变材料在沥青中的剩余相变焓有明显提升，封装后附着在环氧树脂表面的相变材料在沥青中处于游离状态，相同掺量下的 PEG/ER 相变沥青胶浆处于游离的相变材料相对较少，损失量减弱。老化后相变焓降低的原因一部分可归于模拟老化过程中产生的高温，使游离在沥青中的 PEG 分子扩散造成蒸发，导致老化后的相变焓降低；另一部分可认为分子间存在各种复杂的物理作用力使相变材料流动性受阻，结晶过程中受到干扰[72]。

(5)相变改性沥青老化前后红外光谱分析

沥青样品在热氧老化过程中含氧官能团发生化学反应，引发高分子内化学键的热分解断裂，使沥青变得脆硬。傅立叶红外光谱(FT-IR)通过共价键的振动可以识别出沥青内部官能团及化学结构的变化情况，以此来评价沥青老化性能。本节采用 FT-IR 对基质沥青、10%PEG 相变改性沥青和 10%PEG/ER 相变改性沥青进行定性及定量分析，定性分析结果如图 3. 19 所示。以反映沥青老化程度的羰基和亚砜基指数作为定量分析的主要参数，羰基指数(CI)和亚砜基指数(SI)分别按照公式 3. 16 和公式 3. 17 所得：

$$CI=\frac{A_{C=O}}{A_{ref}} \tag{3.16}$$

$$SI=\frac{A_{S=O}}{A_{ref}} \tag{3.17}$$

式中：$A_{C=O}$——羰基(1700 cm^{-1})中 C ═O 键对应的特征峰面积；

$A_{S=O}$——亚砜基(1027 cm^{-1})中 S ═O 键对应的特征峰面积；

A_{ref}——甲基(1376 cm^{-1})和亚甲基(1456 cm^{-1})对应的特征峰面积的总和。

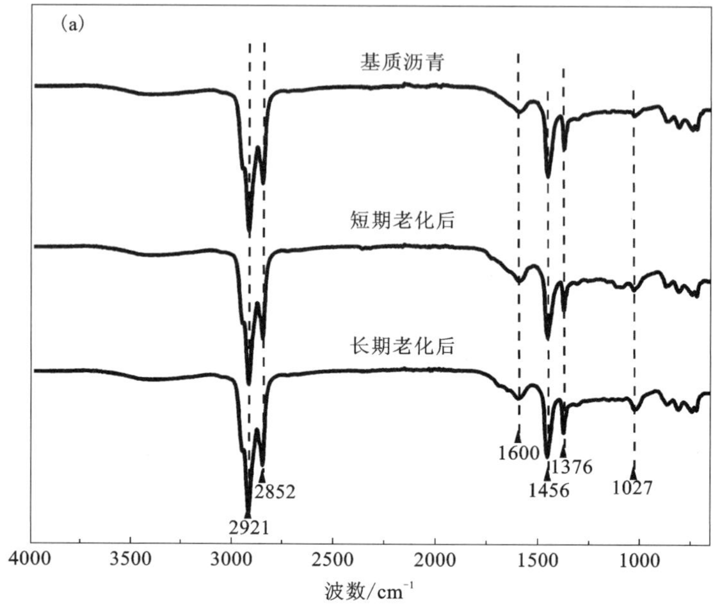
(a)
基质沥青
短期老化后
长期老化后
1600
1376
1456
1027
2852
2921
4000
3500
3000
2500
2000
1500
1000
波数/cm⁻¹

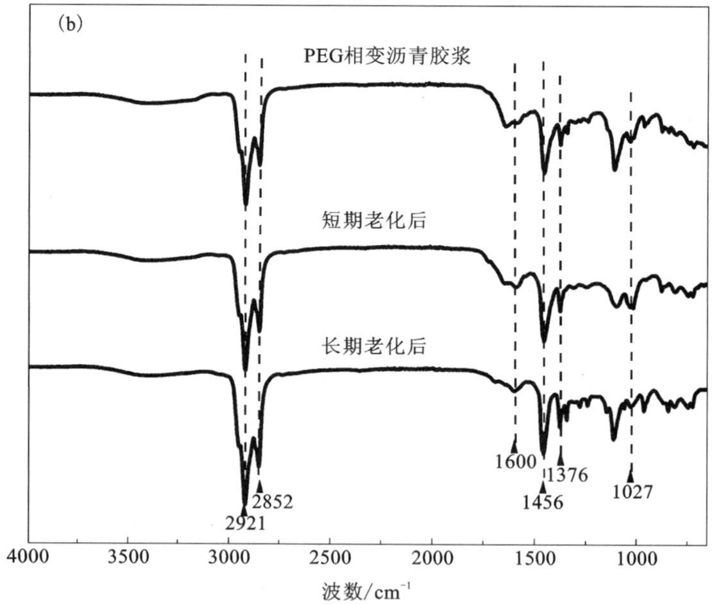
(b)
PEG相变沥青胶浆
短期老化后
长期老化后
1600
1376
1456
1027
2852
2921
4000
3500
3000
2500
2000
1500
1000
波数/cm⁻¹

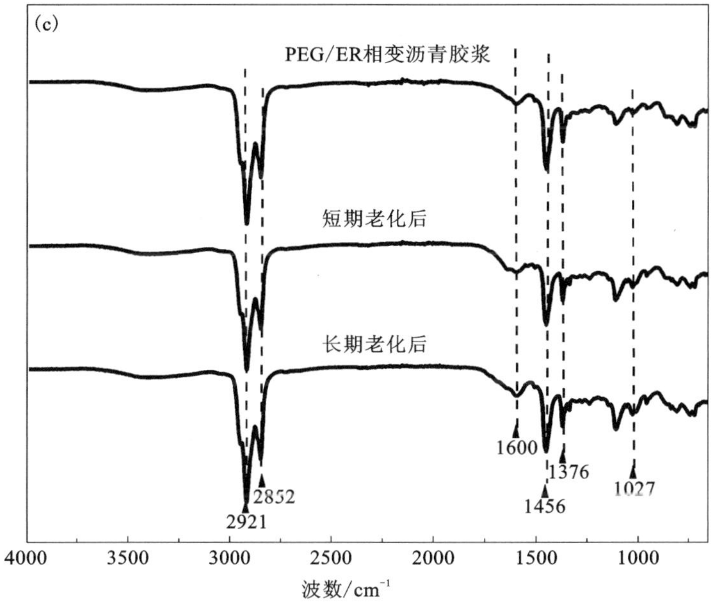

图 3.19　老化前后相变改性沥青胶浆 FT-IR 图

沥青在与氧气接触过程中发生氧化反应，导致沥青产生老化。图 3.19 为各相变改性沥青老化前后的 FT-IR 图，从中可看出，1027 cm^{-1} 处的特征峰面积随着老化程度的加深而增大，此处为亚砜基中的 S ═O 键，是由硫元素与氧气的反应而产生的，是评价沥青老化的主要特征峰之一[75]。1376 cm^{-1} 和 1456 cm^{-1} 处的特征峰由脂肪族化合物—CH_3 官能团的对称弯曲振动及 C—H 键的共振振动引起，据相关文献所述[76, 77]，沥青中脂肪族化合物不会随着老化程度的变化而发生变化，因此这两处对应的特征峰面积之和作为下文定量分析的基础。1600 cm^{-1} 处的特征峰随着老化程度的加深而明显增强，主要是在老化过程中发生了脱氢型氧化，并产生了新的不饱和键。1700 cm^{-1} 处的特征峰为羰基中的 C ═O 键，是沥青产生在高温下不饱和碳链与氧气发生反应的主要产物。2852 cm^{-1} 和 2921 cm^{-1} 处的特征峰分别属于—CH_3 官能团的伸缩振动和—CH_2 官能团中 C—H 键的拉伸振动。除沥青老化过程中产生的特征峰位外，未见有其他明显的特征峰位的产生，说明在老化过程中相变材料没有发生化学反应，仅是在高温下分子运动造成的蒸发。

虽然定性分析出各样品间代表沥青老化的两个吸收峰有明显的增强，但是由于各样品间的试验很难维持统一，因此本节选用老化前后羰基和亚砜基的特征峰吸收面积变化量与参考面积的比值来表征各样品的抗老化性能，从而定量分析各相变改性沥青的老化程度，结果见表 3.7。

表 3.7　相变改性沥青的羰基指数和亚砜基指数

沥青类型	老化状态	Ac=o	As=o	Aref	*CI*	*SI*
基质沥青	原样	0.0000	0.2186	4.1088	0.0000	0.0532
	TFOT	0.0033	0.3473	4.0168	0.0008	0.0865
	PAV	0.1015	0.8769	3.8721	0.0262	0.2265
PEG 相变改性沥青	原样	0.0005	0.1762	3.4692	0.0001	0.0508
	TFOT	0.0099	0.4324	4.1320	0.0024	0.1046
	PAV	0.1262	0.9569	3.5891	0.0352	0.2666
PEG/ER 相变改性沥青	原样	0.0012	0.2387	3.6268	0.0003	0.0658
	TFOT	0.0026	0.3621	3.1597	0.0008	0.1146
	PAV	0.0859	0.7380	3.7970	0.0226	0.1944

从表中可以看出，未老化时各样品的 *CI* 和 *SI* 指数较为接近，相变材料的加入，增加了部分基团数量，导致 *CI* 和 *SI* 指数的不同。经过老化后，各沥青样品的 *CI* 和 *SI* 指数明显增加，并出现明显差异。相比基质沥青，长期老化后的 PEG 相变改性沥青 *CI* 和 *SI* 指数分别上升了 34.2%和 17.7%，而 PEG/ER 相变改性沥青 *CI* 和 *SI* 指数分别下降了 13.7%和 14.2%。说明纯相变材料 PEG 的加入对相变改性沥青整体的老化产生不利影响，主要是 PEG 的加入降低了基质沥青的含量加速了老化过程以及 PEG 的高温蒸发降低了参考特征峰的面积；而 PEG/ER 的加入对相变沥青胶浆的老化有抑制作用，主要是 PEG/ER 以颗粒状存在于沥青相中，阻碍了氧气分子进入，同时也与沥青质吸附在 PEG/ER 表面有关。

3.3　本章小结

(1)相变材料加入沥青中仍能发挥其储热特性，相变改性沥青在温度升高或降低过程中会出现温度平台，减缓了温度的变化速率；相变改性沥青的相变焓会随相变材料含量的增多而增大，损失率会减小。

(2)过直掺法将相变材料加入基质沥青中并不影响沥青结构，但分散性不理想，经包裹的相变材料在沥青中泄漏量较少。

(3)相变材料加入沥青中会降低高温抗车辙性，对低温抗裂性也会产生不利影响。经包裹的相变材料则可以提高沥青的高温抗车辙能力，并且随着掺量的增加而增大。

(4)经过短期老化和长期老化后，相变改性沥青的老化程度会受到影响，相变材料在高温状态下发生蒸发造成损失导致老化后的相变沥青胶浆弹性成分增大，黏性成分减小，但从整体来看，PEG/ER 的加入可以提高沥青的抗老化性，并且随着掺量的增大而增大。

(5)经过长期老化后的相变改性沥青仍具有较高的相变焓，相变材料在沥青中的存活率达到 87.3%，封装后的相变材料的存活率可达 88.0%，具有良好的抗老化性能。各相变改性沥青在老化过程中仅是沥青中的组分发生的氧化反应，相变材料本身不发生化学反应。相比基质沥青，PEG/ER 相变改性沥青的 *CI* 和 *SI* 指数分别下降了 13.7%和 14.2%，经包裹的相变材料可提高沥青的抗老化性能。

第4章　矿物复合相变细集料及其沥青混合料研究

4.1　PEG类矿物复合相变细集料

PEG类相变材料，分子式为$HO(CH_2CH_2O)_nH$，根据聚合度不同，形成相对分子质量从200~20000不等的聚合物，随分子质量不同，其性质也有差异，从黏稠液体至蜡状固体，具有合适的相变温度、相变潜热高、过冷度小、相变过程体积变化小等优点。

研究表明，非金属矿物在经过适当纳米化加工处理后，可形成具有纳米结构的新型矿物材料。这些天然矿物的纳米结构，在吸附固定有机相变材料、改善液相触变性、热量传输等方面有天然优势，可以解决相变材料实际应用面临的难题，有望发挥独特的作用。本书提出利用非金属矿物的结构特性(图4.1)，通过发掘矿物的储热特性来构筑高性能矿物基相变复合材料，利用毛细孔力及表面张力固定相变材料，使其达到微观固—液、宏观固—固相变形态。

图 4.1　矿物基体材料：硅藻土、膨胀珍珠岩以及膨胀蛭石

4.1.1　结构与形貌表征

对硅藻土、膨胀珍珠岩、膨胀蛭石及其复合相变材料进行微观形态分析，结果如图 4.2 所示。能够清晰辨别材料的外观形貌与结构特征，三种材料均具有明显孔隙结构，表明其高孔隙比与大比表面积。其中图 4.2(a)为原样硅藻土，呈现圆盘多孔结构，负载聚乙二醇后[图 4.2(b)]，圆盘表面多孔结构被填充；图 4.2(c)为膨胀珍珠岩原样材料，呈絮状鳞片结构，孔隙不规则，边缘尖锐明显，浸渍相变材料后[图 4.2(d)]，材料表面及孔隙中附着有大量的聚乙二醇，其边缘变得平滑圆润。图 4.2(e)可明显观察膨胀蛭石材料的片层结构，其孔隙不均匀，复合后的 PEG/EVM 孔隙明显减小，层间被相变材料大量填充，电镜扫描图初步表明复合成功。矿物基体的这种微观孔结构为复合相变材料提供了力学耐久性，并且由于表面张力和毛细管的作用从而防止熔融的 PEG 渗漏。

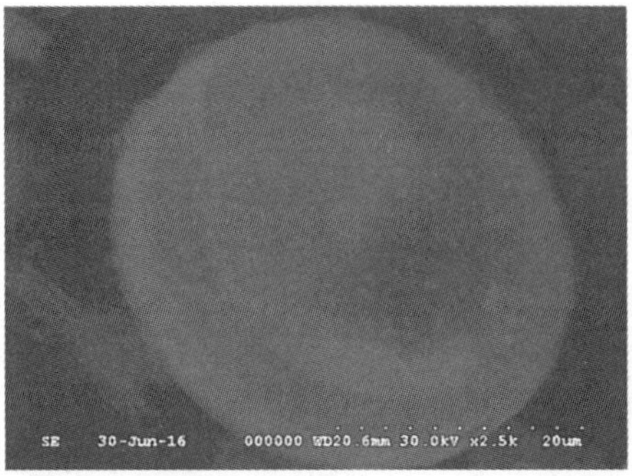

(a) DI

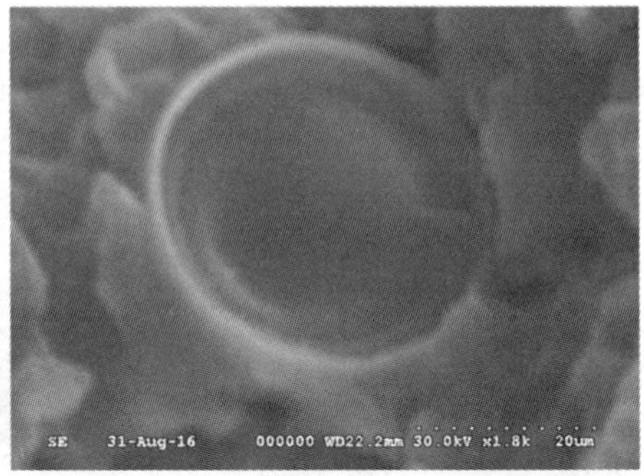

(b) PEG/DI

(c) EP

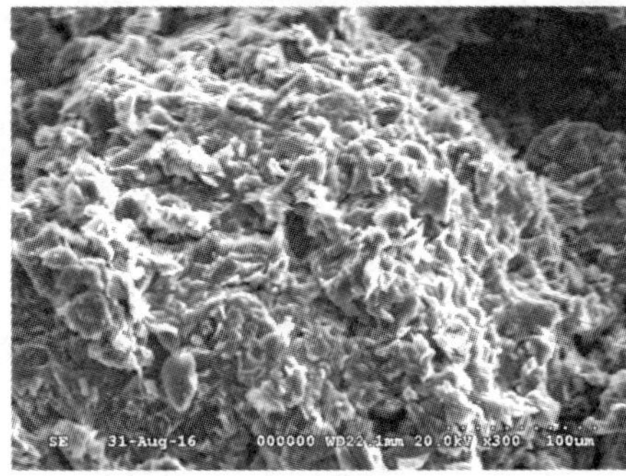

(d) PEG/EP

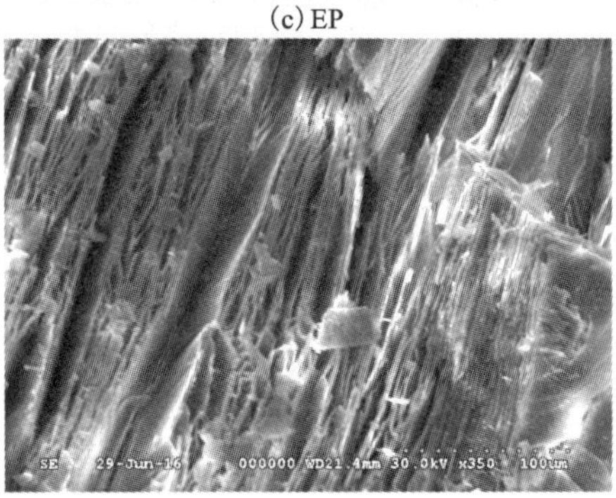

(e) EVM

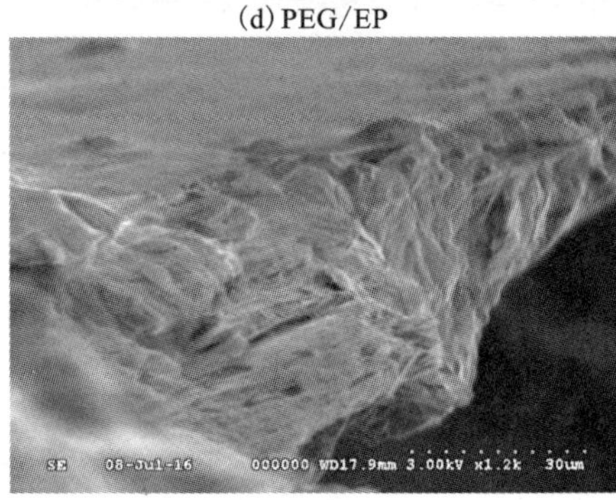

(f) PEG/EVM

图 4.2　矿物基体负载聚乙二醇前后 SEM 图

4.1.2　物相及红外分析

图 4.3 为材料的晶体结构图与红外光谱图，图 4.3(a)、(c)表明硅藻土与膨胀珍珠岩具有典型的非晶体结构，图 4.3(e)中，膨胀蛭石出现 2θ=8.9°、26.7°和 45°的特征衍射峰。三种多孔矿物在浸渍聚乙二醇后，其晶体结构未发生明显变化，载体基质与相变材料的特征衍射峰分别出现在对应的复合相变材料中。

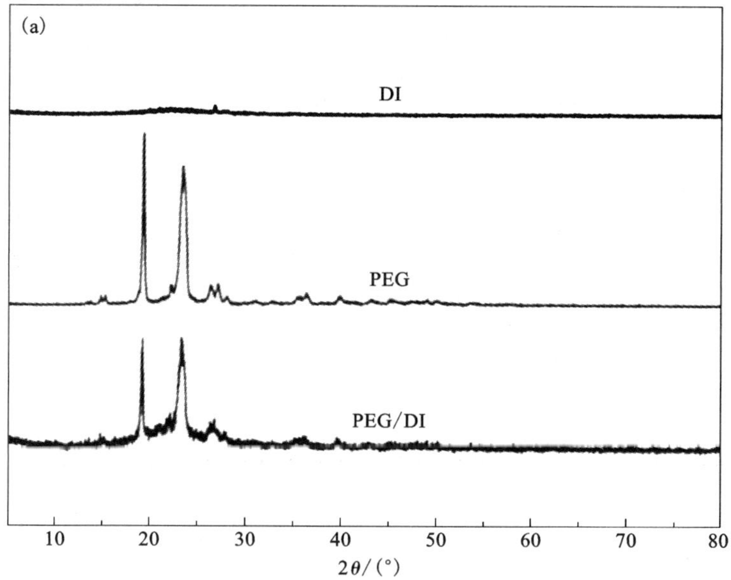
(a)
DI
PEG
PEG/DI
10
20
30
40
50
60
70
80
2θ/(°)

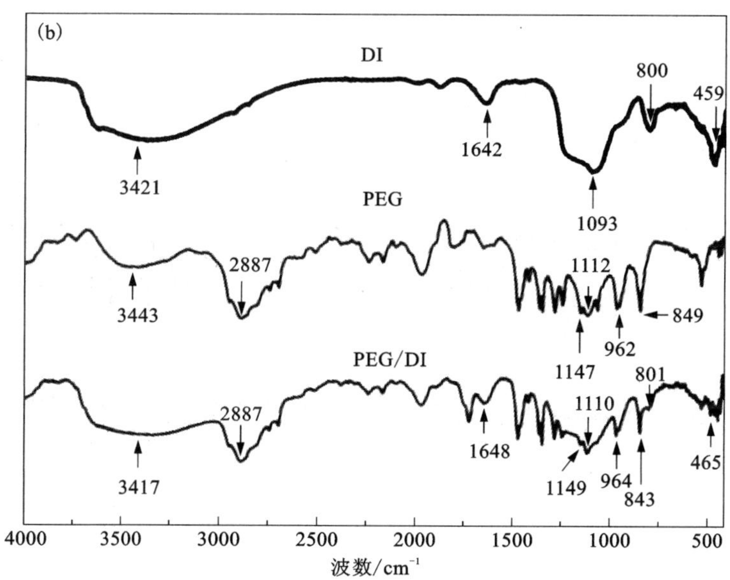
(b)
DI
800
459
1642
3421
1093
PEG
2887
1112
3443
849
962
1147
PEG/DI
801
1110
2887
1648
3417
1149
964
843
465
4000
3500
3000
2500
2000
1500
1000
500
波数/cm⁻¹

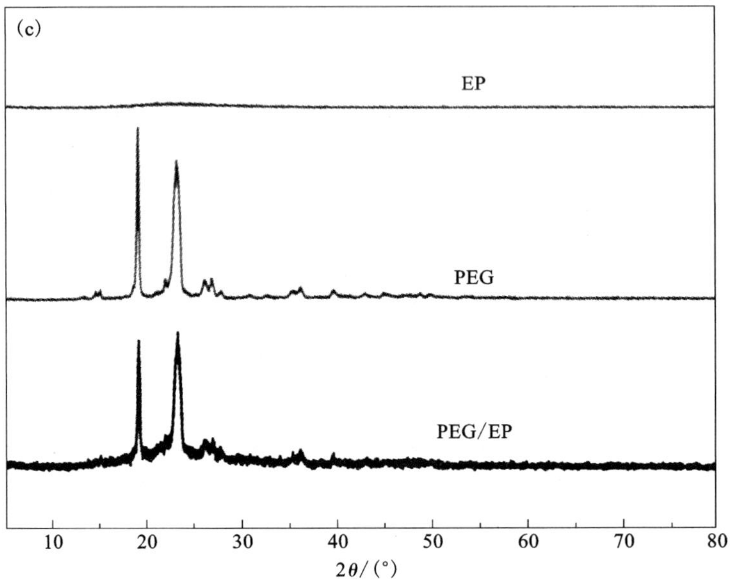
(c)
EP
PEG
PEG/EP
10
20
30
40
50
60
70
80
2θ/(°)

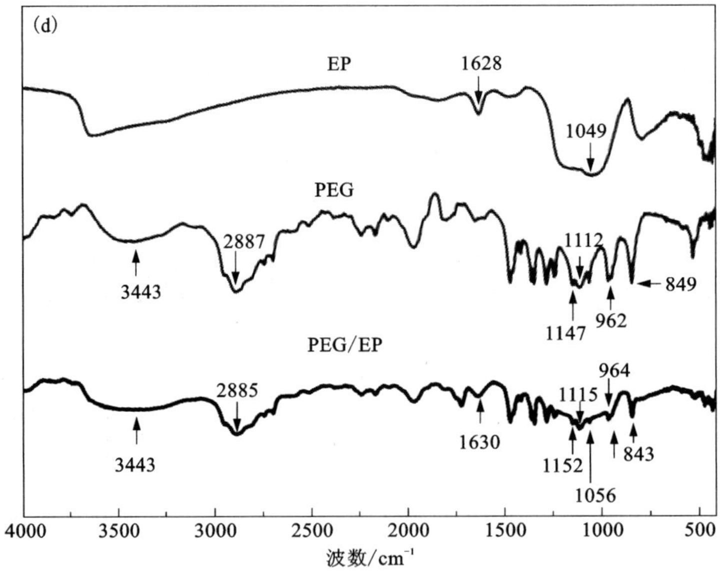
(d)
EP
1628
1049
PEG
2887
1112
3443
849
1147
962
PEG/EP
964
2885
1115
3443
1630
1152
843
1056
4000
3500
3000
2500
2000
1500
1000
500
波数/cm⁻¹

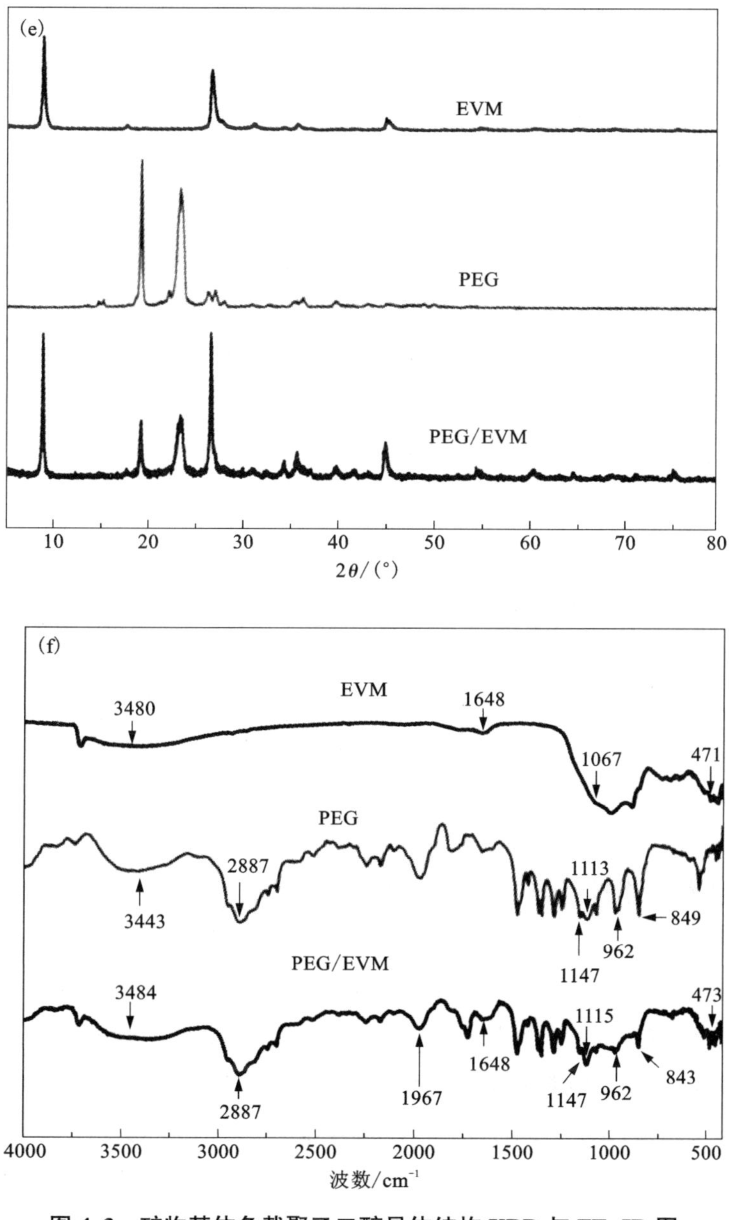

图 4.3　矿物基体负载聚乙二醇晶体结构 XRD 与 FT-IR 图

图 4.3(b)、(d)、(f)分别为 PEG/DI、PEG/EP 及 PEG/EVM 的红外光谱分析图，均显示了聚乙二醇的对应红外吸收峰。1112 cm^{-1} 和 1147 cm^{-1} 处吸收峰解释为 C—O—C 的伸缩振动三重峰，2887 cm^{-1}、962 cm^{-1} 及 849 cm^{-1} 处吸收峰归咎于—CH_2 官能团、PEG 晶体峰及 C—C—O 键的伸缩振动，3443 cm^{-1} 附近的吸收峰由 O—H 官能团的伸缩振动引起。图 4.3(b)硅藻土光谱中，459 cm^{-1} 处的峰表示 Si—O 的弯曲振动，在 800 cm^{-1} 处的峰值由 SiO—H 基团的振动产生，1093 cm^{-1} 附近的吸收峰属于硅氧烷(—Si—O—Si—)基团的伸缩振动，1642 cm^{-1} 和 3421 cm^{-1} 处的吸收峰则解释为单键—OH 官能团的伸缩振动和弯曲振动。在图 4.3(d)的膨胀珍珠岩光谱图中可观察到，1636 cm^{-1} 附近的红外吸收峰是由于结晶水的弯曲振动，而 1049 cm^{-1} 处的吸收峰归咎于 Si—O—Si 的伸缩振动[78]。图 4.3(f)的膨胀蛭石红外光谱中，3480 cm^{-1} 和 1648 cm^{-1} 呈现的吸收峰分别归因于层间水—OH 键的伸缩振动和弯曲振动，Si—O 键伸缩振动和硅氧烷(—Si—O—Si—)弯曲振动的特征峰分别出现在 1067 cm^{-1} 和 471 cm^{-1} 处。

复合相变材料的 XRD 图和 FT-IR 图谱中同时含有矿物载体基质和聚乙二醇的特征峰，且未观察到显著的新峰，表明载体与聚乙二醇真空浸渍过程中没有化学反应，矿物基体和相变材料之间的作用主要是由氢键和物理相互作用引起的。物相及红外分析结果均表明聚乙二醇已经成功负载至硅藻土、膨胀珍珠岩和膨胀蛭石中。

4.1.3 热稳定性与储热性能分析

图 4.4 为聚乙二醇、三种矿物及其复合相变材料的热重曲线，在 25℃至 200℃范围内没有明显的质量损失和分解反应，在 200℃至 400℃范围内的剧烈质量损失解释为相变材料热分解。它表明了矿物基体定形的复合相变材料可以在 200℃以下重复使用，而沥青路面的施工温度通常低于 200℃，故可保证沥青路面用复合相变材料的热稳定性。图 4.4(a)中，当温度升至最终温度 900℃时，硅藻土、聚乙二醇和 PEG/DI 的质量损失分别为 11.2%、89.5%和 67.6%，解释为矿物脱水和相变材料热分解。根据相应热重分解可以计算出三种矿物基体对聚乙二醇的负载率，吸收到硅藻土中的相变材料最大质量分数为 72.0%

（设相变材料的质量分数为 x，$11.2\%(1-x)+89.5\%x=67.6\%$）。同理，膨胀珍珠岩、膨胀蛭石、PEG/EP 和 PEG/EVM 的质量损失分别为 0.4%、-2.1%、60.1%和 65.3%，计算出膨胀珍珠岩和膨胀蛭石中吸收聚乙二醇的质量分数分别为 67.0%和 73.6%（设膨胀珍珠岩和膨胀蛭石中相变材料的质量分数分别为 y 与 z，则 $0.4\%(1-y)+89.5\%y=67.6\%$，$-2.1\%(1-z)+89.5\%z=65.3\%$）。

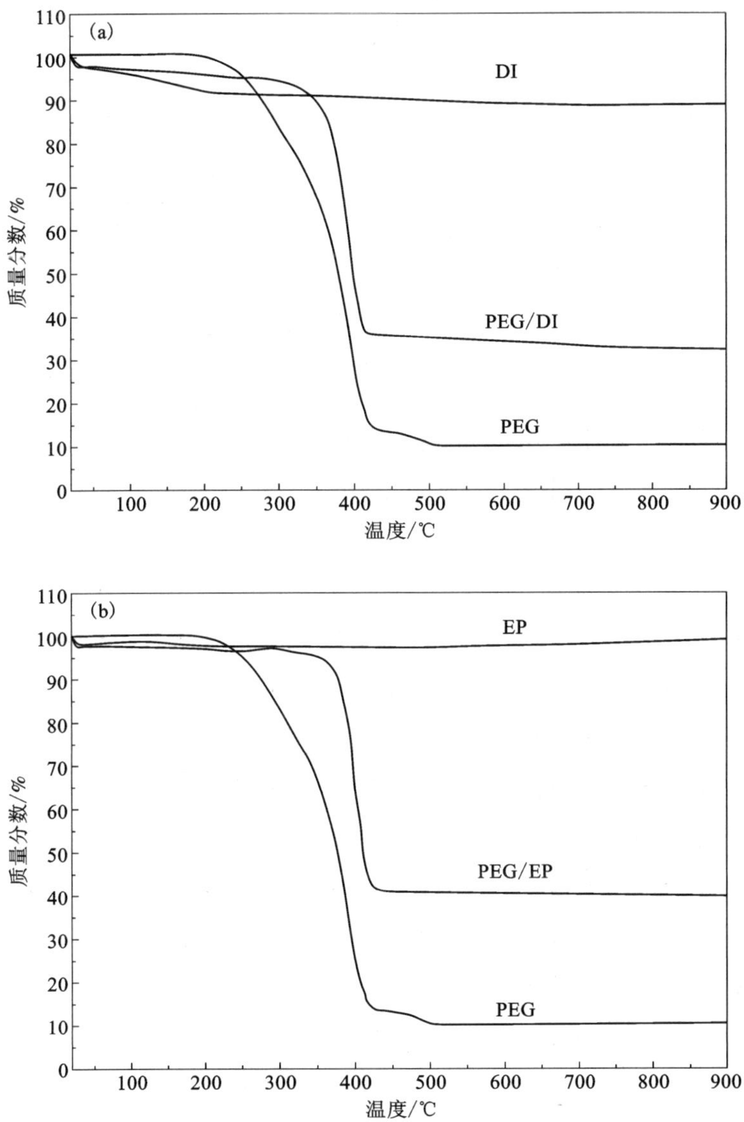

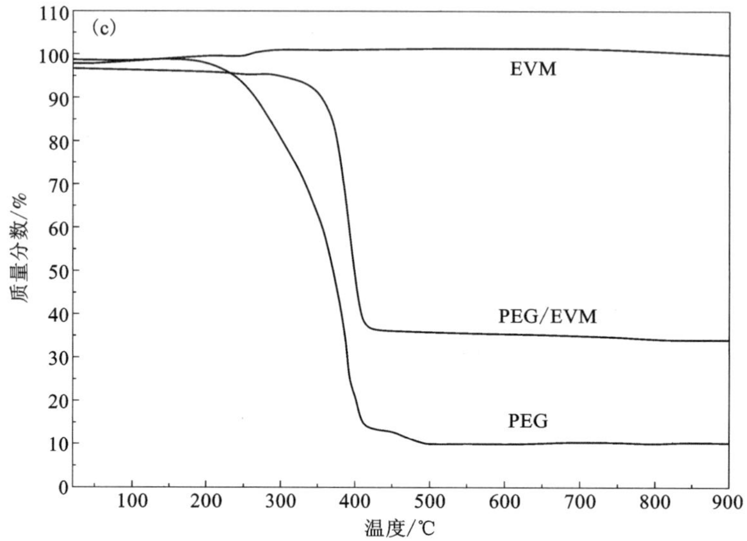

图 4.4 矿物基体负载聚乙二醇热重分析图

图 4.5 为矿物基体负载聚乙二醇的 DSC 曲线图，热效应峰前半沿速率变化最大处切线与基线交点即为相变温度，曲线与基线的积分所得面积即为相变焓，各材料的其他热学参数计算列于表 4.1。聚乙二醇的相变温度（T_m）为 59.85℃，其温度接近沥青的软化点，相变焓（ΔH_m）为 200.7 J/g。相变焓是复合相变材料热学性能的关键因素，显示了材料的储热能力。与聚乙二醇相比，三种矿物基复合相变材料的相变焓均有所下降，PEG/DI 相变焓测定值为 101.9 J/g，PEG/EP 为 114.7 J/g，PEG/EVM 测得的相变焓为 111.0 J/g，均小于相对应理论值（PEG/DI：200.7 J/g×72% = 144.5 J/g；PEG/EP：200.7 J/g×67% = 134.5 J/g；PEG/EVM：200.7 J/g×73.6% = 147.7 J/g）。复合相变材料相变焓的降低不仅归因于相变材料的较低含量，相变材料与载体基质之间的相互作用，阻碍聚乙二醇结晶也是导致其相变焓降低的主要原因[79]。复合相变材料中相变材料的结晶度可通过下式计算：

$$F_C = \frac{\Delta H_{复合材料}}{\Delta H_{纯PEG} \cdot \beta} \tag{4.1}$$

式中：$\Delta H_{复合材料}$——复合相变材料各相变焓；

$\Delta H_{纯PEG}$——纯聚乙二醇的相变焓，取 200.7 J/g；

β——聚乙二醇在各复合相变材料中所占的体积分数。

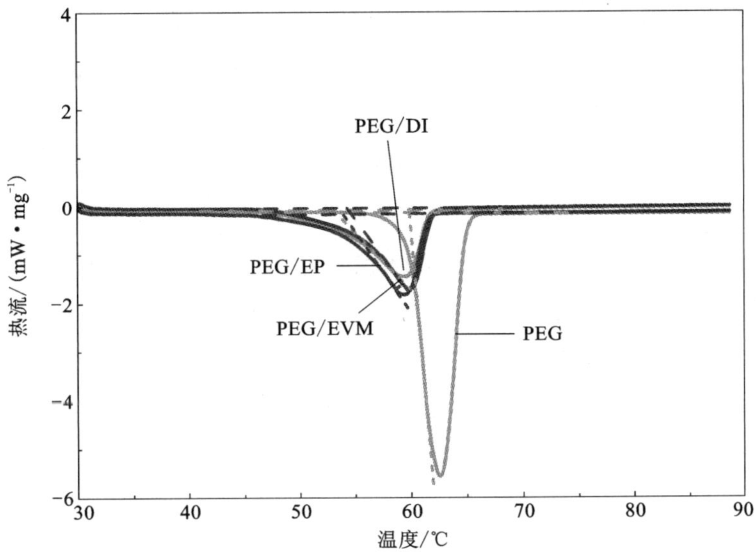

图 4.5　矿物基体负载聚乙二醇的 DSC 曲线图

如表所列，PEG/DI 和 PEG/EVM 中 PEG 的结晶度分别为 70.5% 与 75.2%，而 PEG/EP 中 PEG 的结晶度为 85.3%，明显大于 PEG/DI 与 PEG/EVM 复合相变材料，故而 PEG/EP 即使是有较低的负载率仍呈现更高的相变焓。

表 4.1　聚乙二醇及相应复合相变材料热学性能

材料	PEG 的质量分数 β/%	相变温度 T_m/℃	测量的相变焓 ΔH_m/(J·g^{-1})	理论相变焓 ΔH_t/(J·g^{-1})	PEG 结晶度 F_c/%
PEG	100	59.85	200.7	200.7	100
PEG/DI	72.0	52.91	101.9	144.5	70.5
PEG/EP	67.0	53.86	114.7	134.5	85.3
PEG/EVM	73.6	54.32	111.0	147.7	75.2

4.1.4 热循环稳定性分析

复合相变材料必须具有良好的化学和热学耐久性，其化学结构和热学性能应保证在长期重复热循环使用过程中几乎没有变化。本书通过热循环试验(100 次熔融/冷却循环)测定其化学结构和热性能的变化。热循环前后的复合相变材料的 FT-IR 光谱和 DSC 曲线如图 4.6 所示，从图 4.6(a)、(b)、(c)中可以看出红外光谱的所有特征吸收峰的形状在 100 次热循环后几乎没有变化，这表明在热循环过程中化学结构没有受到影响且无化学反应发生，可以判断复合相变材料在热循环后化学结构稳定。从 DSC 曲线图 4.6(b)、(d)、(f)也可看出，PEG/DI、PEG/EP 和 PEG/EVM 的相变温度变化值分别为 -7.90℃、-0.34℃和 2.64℃，而熔融过程的相变焓分别改变了-11.0%、-1.7%和 8.0%。

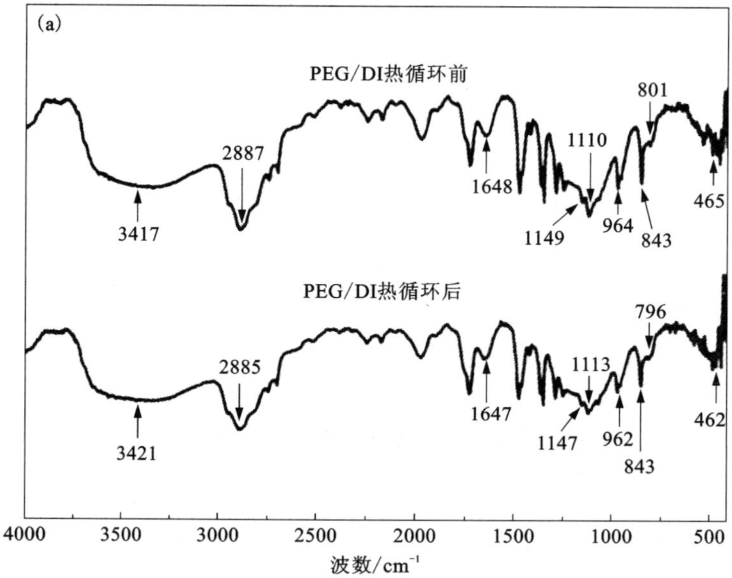

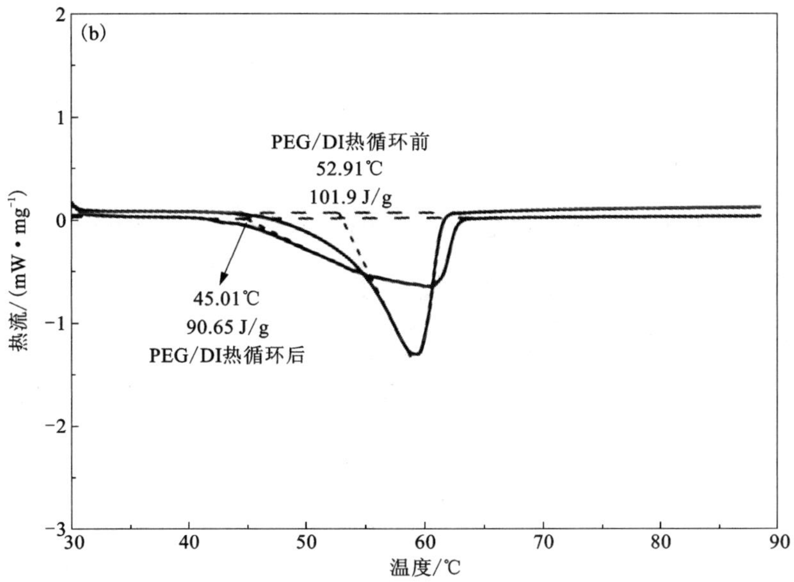
(b)
PEG/DI热循环前
52.91℃
101.9 J/g
45.01℃
90.65 J/g
PEG/DI热循环后
热流/(mW·mg⁻¹)
温度/℃

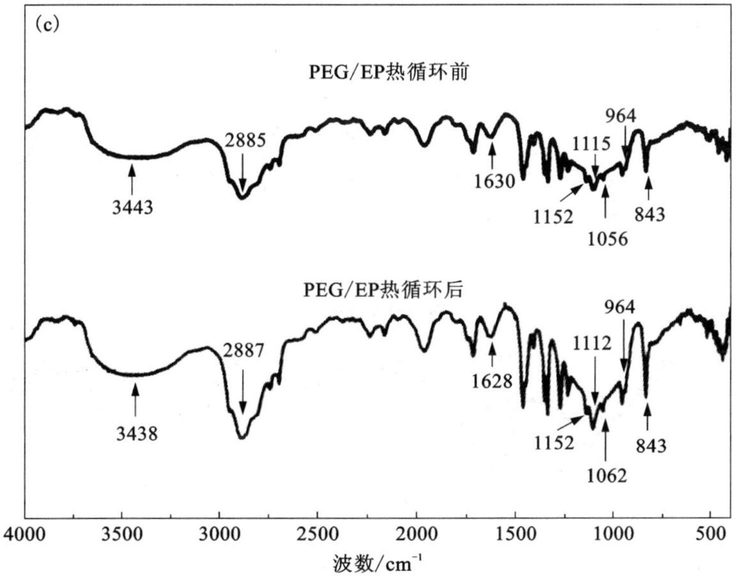
(c)
PEG/EP热循环前
2885
3443
1630
964
1115
1152
1056
843
PEG/EP热循环后
2887
3438
1628
964
1112
1152
1062
843
波数/cm⁻¹

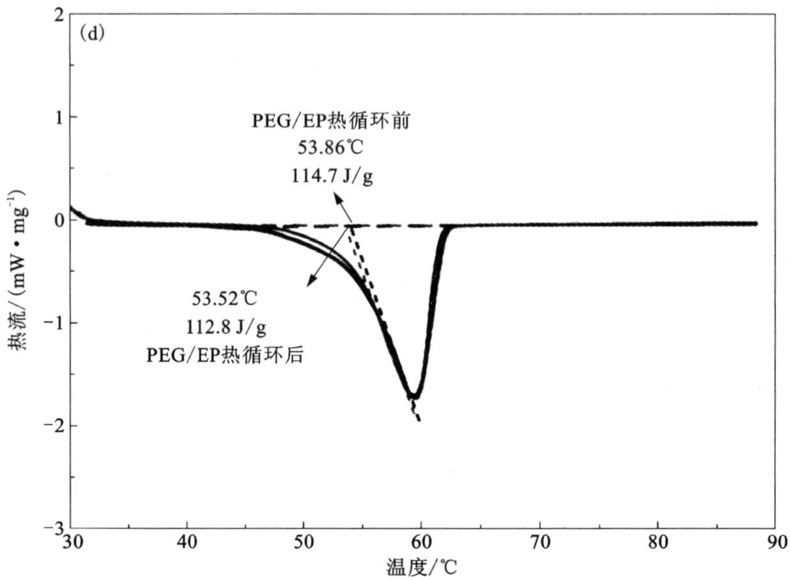
(d)
PEG/EP热循环前
53.86℃
114.7 J/g
53.52℃
112.8 J/g
PEG/EP热循环后
热流/(mW·mg⁻¹)
温度/℃

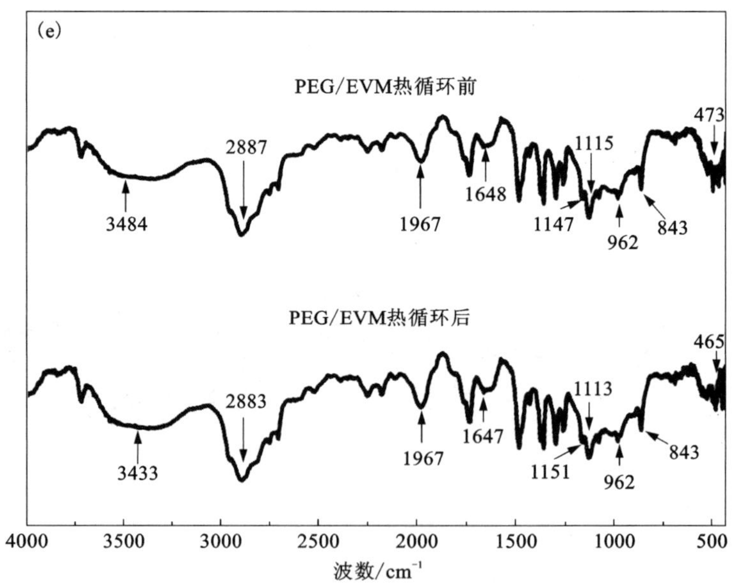
(e)
PEG/EVM热循环前
2887
3484
1967
1648
1115
1147
962
843
473
PEG/EVM热循环后
2883
3433
1967
1647
1113
1151
962
843
465
波数/cm⁻¹

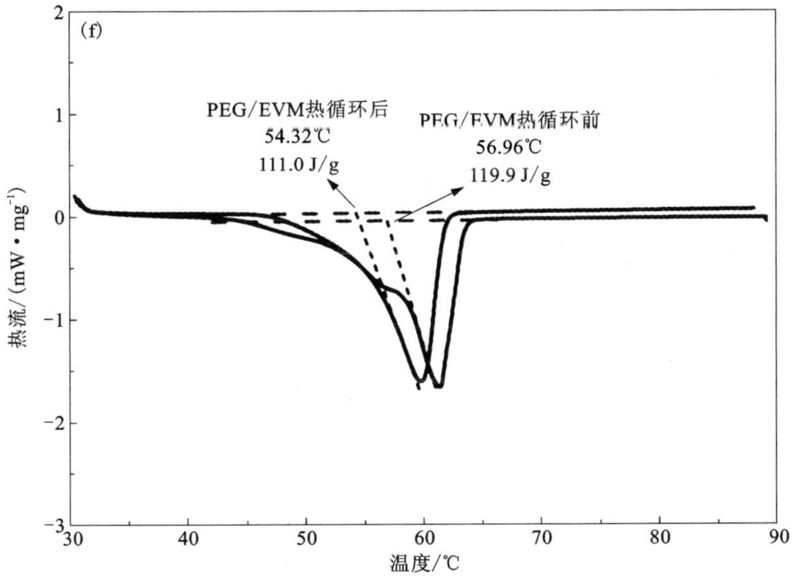

图 4.6　矿物基体负载聚乙二醇热循环前后红外光谱图与 DSC 曲线

4.1.5　材料比较与优选

对三种矿物基体负载聚乙二醇构筑复合相变材料，通过 XRD 及 FI-IR 光谱分析其结构稳定性，结果表明三种复合材料制备成功，再对复合定型相变材料进行比选，结合沥青路面实际工作环境，通过各热学性能比较，以提出最宜负载聚乙二醇的一种矿物基体。

PEG/DI 复合材料具有低的聚乙二醇质量分数，但仍能呈现较高的相变焓，对于沥青路面而言，相变材料的掺入必然导致路用性能的下降。从材料储热性能及结晶度分析来看，PEG/EP 更适合作为沥青路面用聚乙二醇类复合相变材料。

沥青路面每天经历升温—降温循环，尤其在夏季，路表温度极高，沥青路面中掺入的复合定型相变材料每天经历熔融—冷却循环，在对比三种复合材料热循环前后的化学结构与储热性能后，PEG/EP 表现出更好的化学稳定性与热学稳定性。

综合比选三种矿物基复合聚乙二醇构筑复合相变材料，PEG/EP 具有更为优异的热学性能，考虑将其作为沥青路用复合相变材料。

4.2 SA 类矿物复合相变细集料

目前对于路用相变材料的研究多集中于不同分子量的聚乙二醇、石蜡类等，其中石蜡类相变材料虽然有合适的相变温度，但考虑到沥青对蜡含量要求严格，不予考虑将其作为矿物基复合相变材料的原料。

脂肪酸是脂质的主要组成部分，生物脂肪酸通常含有 10 至 20 个碳原子，常见的脂肪酸含有 16 和 18 个碳原子，脂肪酸分为饱和脂肪酸和不饱和脂肪酸，如图 4.7 所示。而硬脂酸是继棕榈酸之后在自然界中发现的最常见的饱和脂肪酸之一，主要用于洗涤剂、肥皂和化妆品的生产，近几年有研究者开始将其作为相变材料与矿物基复合作为新型建筑材料，为开发具有更高相变焓的复合定型相变材料，通过大量调查研究，本节确定硬脂酸作为另一种单元复合相变材料的研究对象。

(a)饱和酸　　(b)不饱和酸

图 4.7　脂肪酸

与制备 PEG 类复合相变材料相同，采用真空浸渍法制备 SA 类复合材料，结合对 PEG 类三种复合相变材料热学性能综合分析，本节不考虑将膨胀蛭石作为硬脂酸的载体基质，仅考虑将硅藻土、膨胀珍珠岩分别与硬脂酸复合，其余制备工艺、时间、温度控制均与前文一致，制备完成后得到产物 SA/DI、SA/EP 即为 SA 类复合相变材料。

4.2.1　结构与形貌表征

将制备后的 SA/DI 与 SA/EP 冷却后磨细，采用电镜扫描观测硅藻土与膨胀珍珠岩负载硬脂酸前后形貌结构，图 4.8 为两种 SA 类复合相变材料电镜扫描图，两种矿物材料均具有孔隙结构，表明其质量、比表面积大、吸附能力强。其中图 4.8(a)为原样硅藻土，呈现圆盘多孔结构，负载硬脂酸后[图 4.8(b)]，圆盘表面孔结构被相变材料填充；图 4.8(c)为膨胀珍珠岩原样材料，呈絮状分布，孔隙不规则，边缘尖锐明显，浸渍后[图 4.8(d)]，材料表面及孔隙裹覆大量的硬脂酸，其边缘变得平滑圆润，电镜扫描图初步表明复合成功。

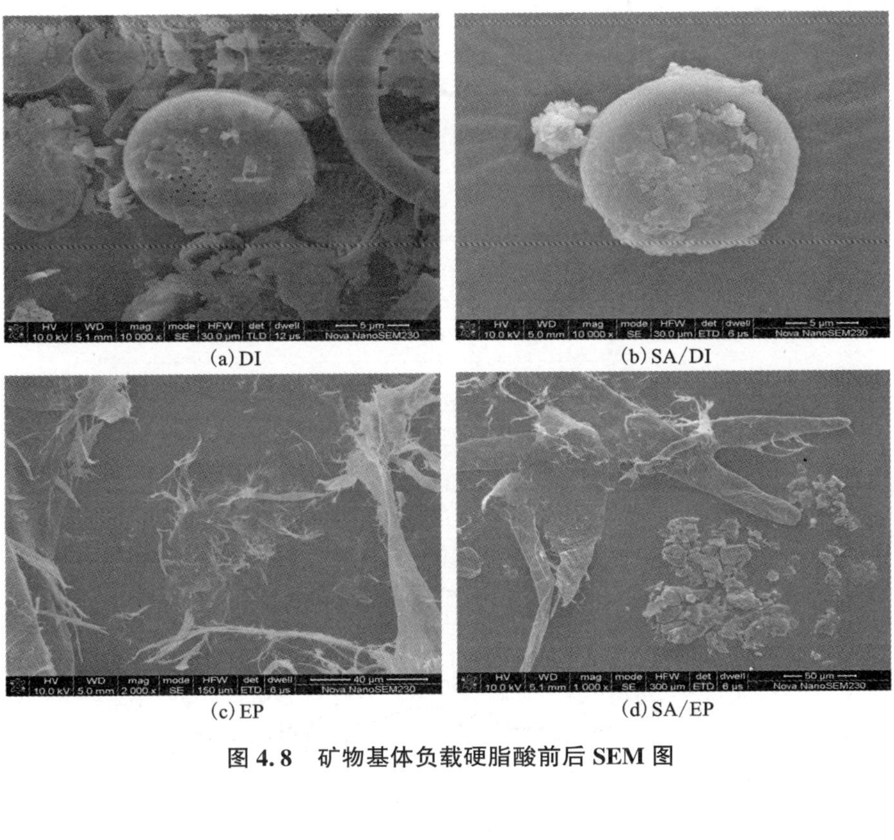

(a) DI　(b) SA/DI　(c) EP　(d) SA/EP

图 4.8　矿物基体负载硬脂酸前后 SEM 图

4.2.2 物相及红外分析

图4.9为SA类复合相变材料的晶体结构图与红外光谱图，图4.9(a)～(c)表明硅藻土与膨胀珍珠岩具有典型的非晶体结构。两种多孔矿物在浸渍硬脂酸后，其晶体结构未发生明显变化，载体基质与相变材料的特征衍射峰分别出现在对应的复合相变材料中。

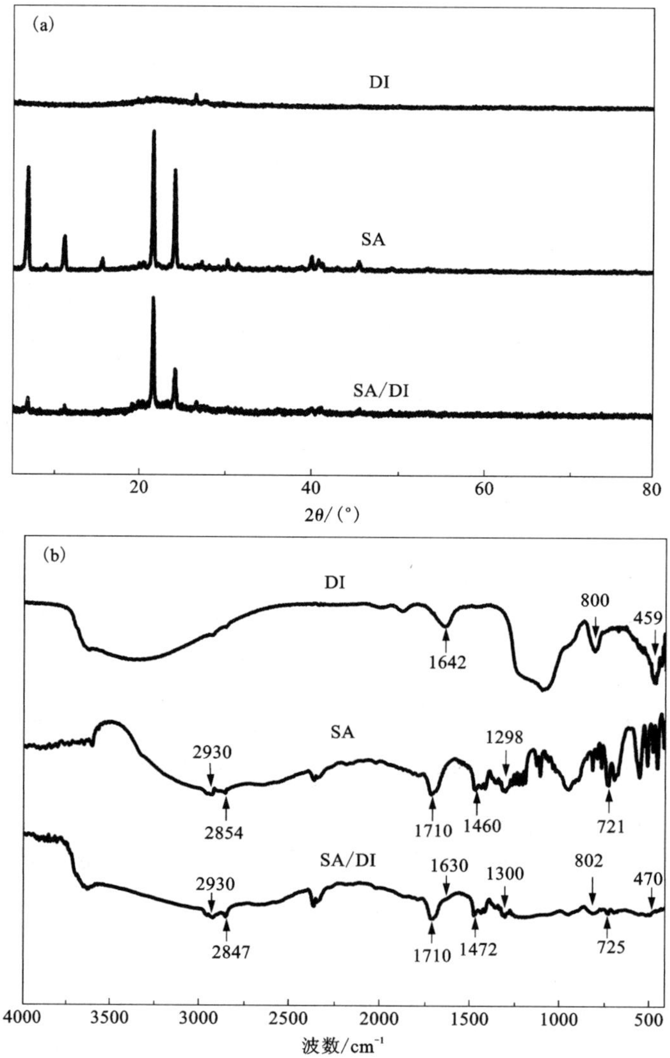

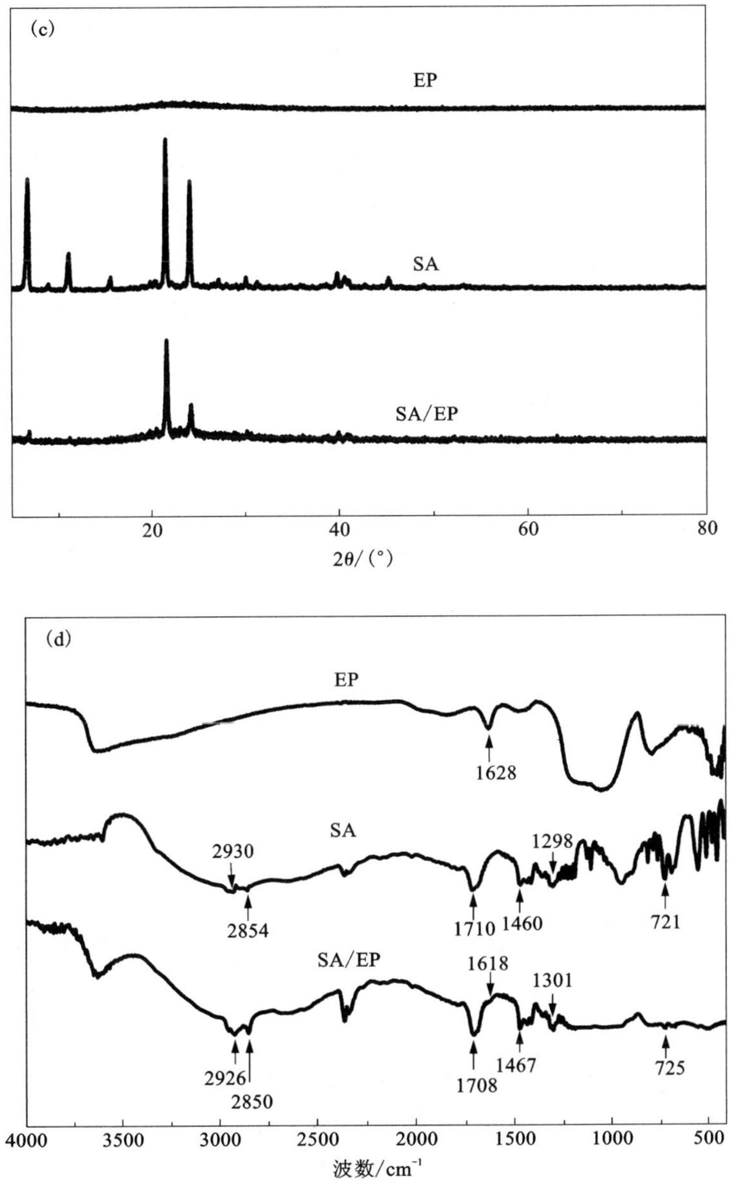

图 4.9　矿物基体负载硬脂酸晶体结构 XRD 与 FT-IR 图

图 4.9(b)、(d)分别为 SA/DI 及 SA/EP 的红外光谱分析图，均显示了硬脂酸的对应红外吸收峰。2930 cm^{-1} 和 2854 cm^{-1} 处吸收峰分别是由—CH_3 和

—CH_2 官能团的对称拉伸振动引起的，1710 cm^{-1} 附近处吸收峰归因于羰基（C ═O）对称伸缩振动，1460 cm^{-1} 和 1298 cm^{-1} 处红外吸收峰解释为—OH 官能团的面外弯曲振动，—OH 官能团的面内摇摆振动特征峰则出现在 721 cm^{-1} 处附近。此外，硅藻土与膨胀珍珠岩光谱分析已于前文完成，此处不再赘述。

复合相变材料的 XRD 图和 FT-IR 图谱中同时含有矿物载体基质和硬脂酸的特征峰，且未观察到显著的新峰，表明载体与硬脂酸真空浸渍过程中没有化学反应，矿物基体和相变材料之间的作用主要是由氢键和物理相互作用引起的。物相及红外分析结果均表明硬脂酸已经成功负载至硅藻土和膨胀珍珠岩中。

4.2.3 热稳定性与储热性能分析

图 4.10 为硬脂酸、两种矿物及其复合相变材料的热重曲线，在 25℃ 至 200℃ 范围内没有明显的质量损失和分解反应，在 200℃ 至 300℃ 范围内的剧烈质量损失解释为相变材料热分解。它表明了矿物基质的复合相变材料可以在 200℃ 以下重复使用，而沥青路面的施工温度通常低于 200℃，故可保证沥青路面用复合相变材料的热稳定性。图 4.10（a）中，当温度升至最终温度 900℃ 时，硅藻土、硬脂酸和 SA/DI 的质量损失分别为 11.2%、94.6% 和 61.4%，解释为矿物脱水和相变材料热分解。根据相应热重分解可以计算出两种矿物基体对聚乙二醇的负载率，吸收到硅藻土中的相变材料最大质量分数为 60.2%（设相变材料的质量分数为 x，$11.2\%(1-x)+94.6\%x=61.4\%$）。同理，根据膨胀珍珠岩和 SA/EP 的质量损失分别为 0.4% 和 54.8%，计算出膨胀珍珠岩中负载硬脂酸的质量分数为 57.8%（设相变材料的质量分数为 y，$0.4\%(1-y)+94.6\%y=54.8\%$）。

图 4.11 为硬脂酸及相应两种复合相变材料的 DSC 曲线图，硬脂酸的相变温度（T_m）为 68.26℃，其温度接近沥青的软化点，相变焓（ΔH_m）为 237.5 J/g，较大于前文 PEG 4000 的相变焓。与硬脂酸相比，两种矿物基复合相变材料的相变焓均有所下降，SA/DI 相变焓测定值为 143.7 J/g，接近其理论值（237.5 J/g×60.2% = 143.0 J/g）；而 SA/EP 测定相变焓为 105.5 J/g，小于相应理论值（237.5 J/g×57.8% = 137.3 J/g）。复合相变材料中相变材料的结晶度可通过式（4.1）计算，并将计算结果列于表 4.2。

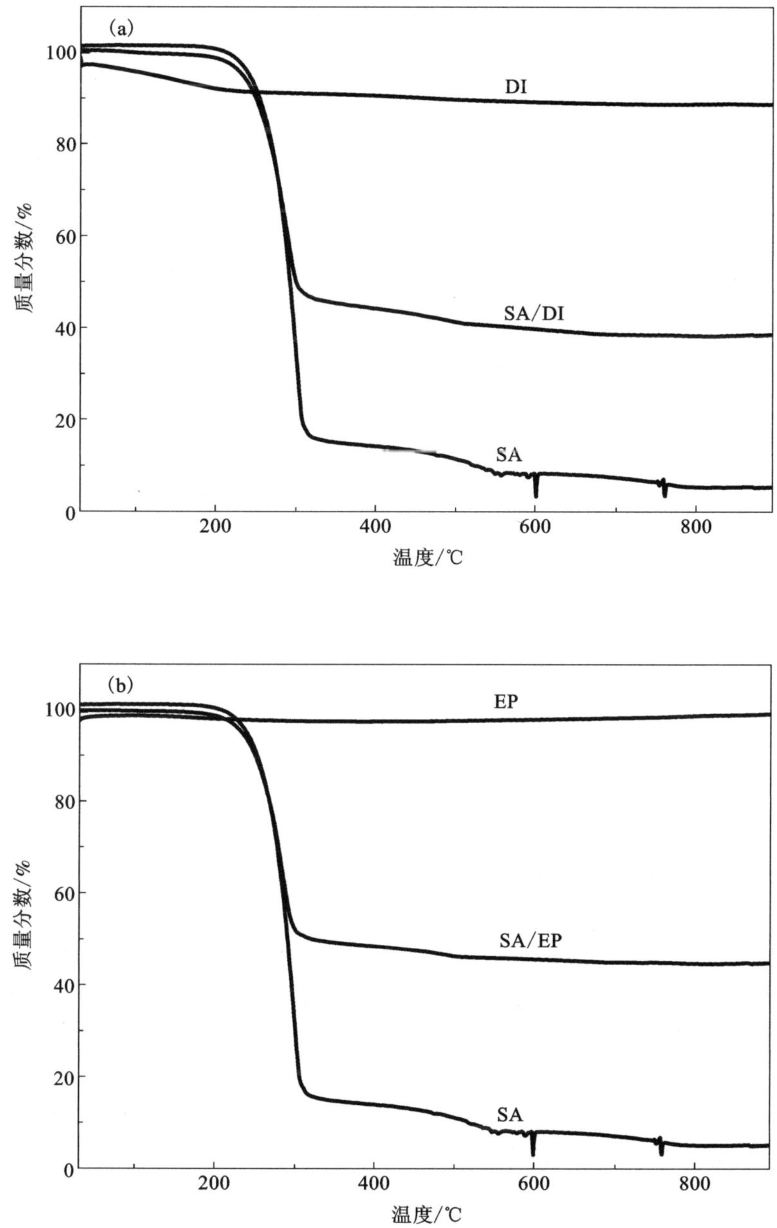

图 4.10　矿物基体负载硬脂酸热重分析图

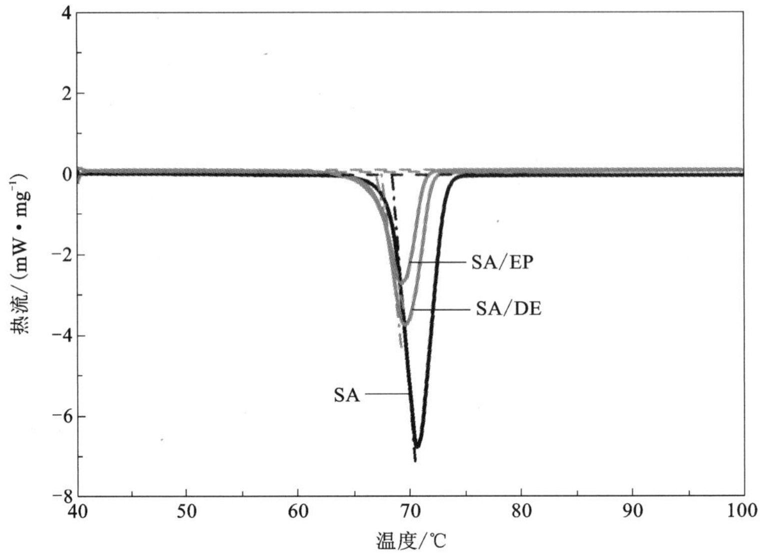

图 4.11 矿物基体负载硬脂酸的 DSC 曲线图

表 4.2 硬脂酸及相应复合相变材料热学性能

材料	SA 的质量分数 β/%	相变温度 T_m/℃	测量的相变焓 ΔH_m/(J·g^{-1})	理论相变焓 ΔH_t/(J·g^{-1})	SA 结晶度 F_c/%
SA	100	68.26	237.5	237.5	100
SA/DI	60.2	67.13	143.7	143	100
SA/EP	57.8	66.77	105.5	137.3	76.8

如表 4.2 所列，SA/EP 中硬脂酸的结晶度为 76.8%，而 SA/DI 中硬脂酸完全结晶，明显大于 SA/EP，故而 SA/DI 与 SA/EP 负载率相近，但仍呈现更高的相变焓。

4.2.4 热循环稳定性分析

热循环前后的 SA 类复合相变材料的 FT-IR 光谱和 DSC 曲线如图 4.12 所示，从图 4.12(a)、(c)中可以看出红外光谱的所有特征吸收峰的形状在 100 次热循环后几乎没有变化，这表明在热循环过程中化学结构未受到影响且无化学反应发生，可以判断制备的复合相变材料在热循环后化学结构稳定。从 DSC 曲线图 4. 12(b)、4. 12(d)也可看出，SA/DI、SA/EP 的相变温度变化值分别为 0. 04℃和-0. 04℃，而熔融过程的相变焓分别改变了 3. 1%和 20%。

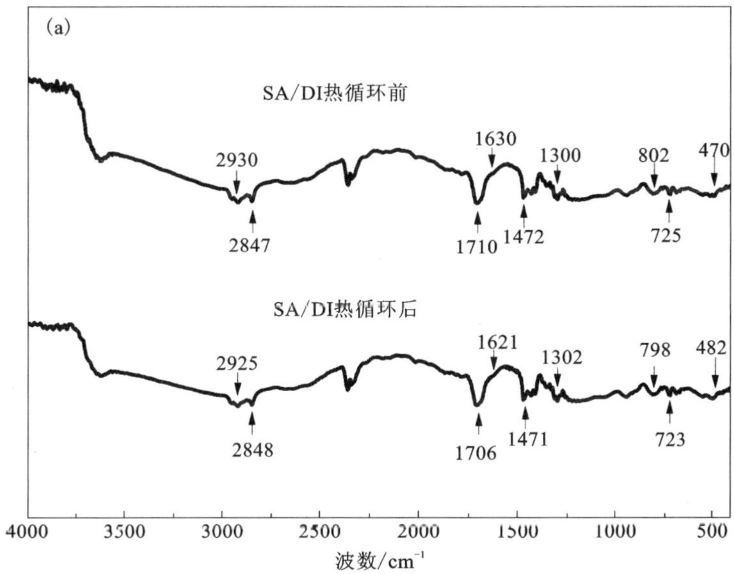

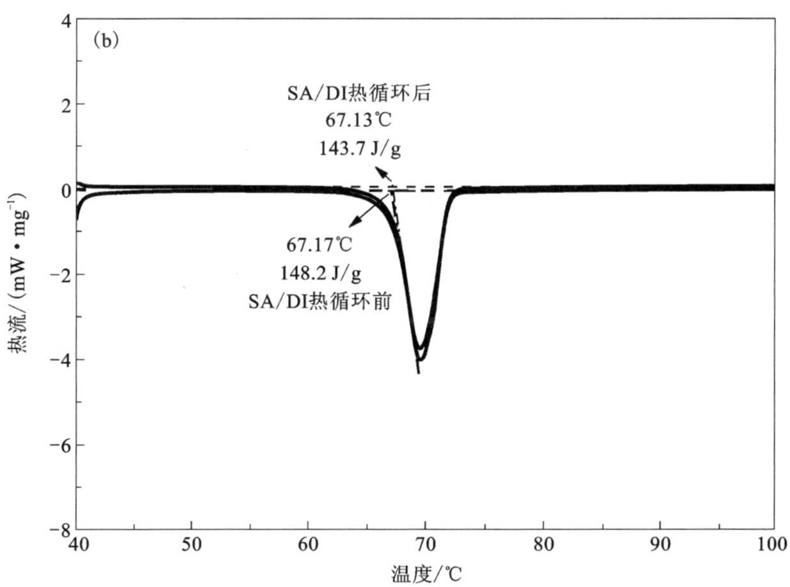

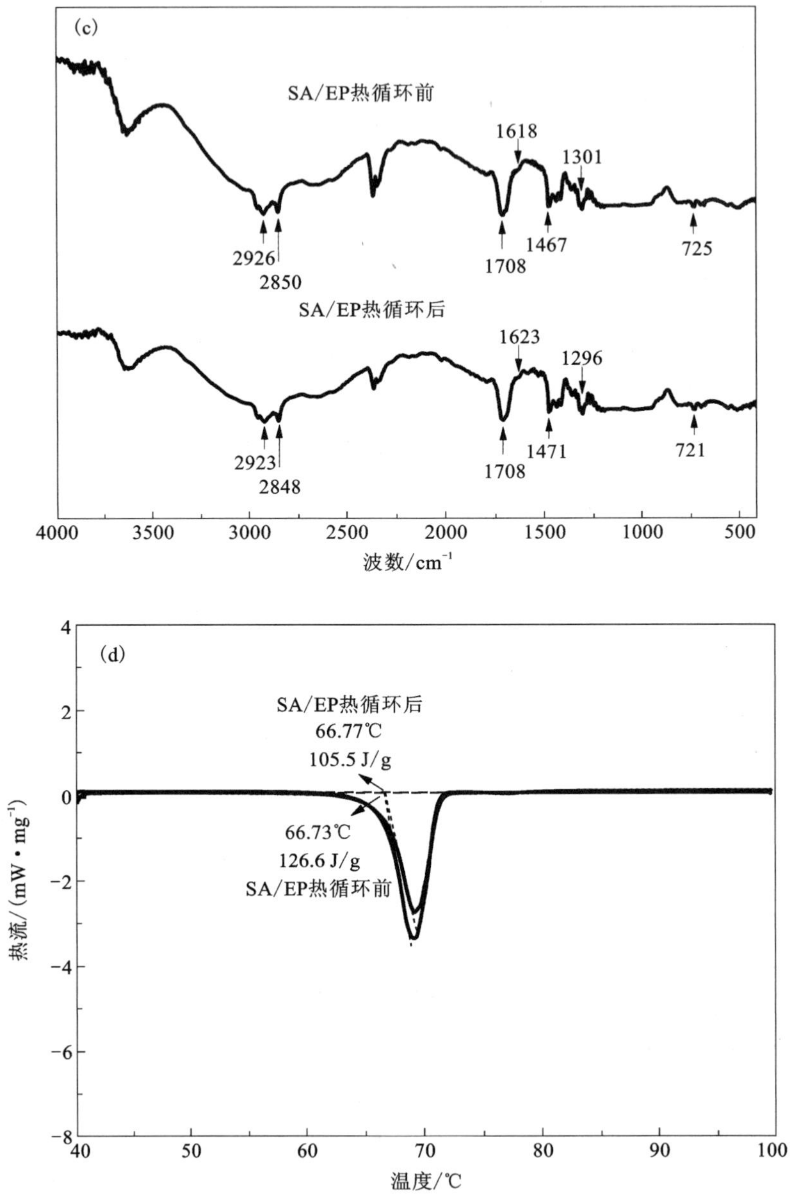

图 4.12　矿物基体负载硬脂酸热循环前后红外光谱图与 DSC 曲线

4.2.5　材料比较与优选

对硅藻土与膨胀珍珠岩负载硬脂酸构筑复合相变材料，通过 XRD 及 FI-IR 光谱分析其结构稳定性，表明复合材料制备成功，再对复合相变材料进行比选，结合沥青路面实际工作环境，通过各热学性能比较，以提出最宜负载硬脂酸的一种矿物基质。

SA/DI 与 SA/EP 负载的硬脂酸质量分数相近，但 SA/DI 仍能呈现较高的相变焓，对于沥青路面而言，相变材料的掺入必然导致路用性能的下降。从材料储热性能及结晶度分析来看，SA/DI 更适合作为沥青路面用 SA 类复合相变材料。

沥青路面中掺入的复合相变材料每天经历熔融—冷却循环，在对比三种复合材料热循环前后的化学结构与储热性能后，SA/DI 的化学稳定性与热学稳定性更佳。

综合比选硅藻土与膨胀珍珠岩复合硬脂酸构筑复合相变材料，SA/DI 具有更为优异的热学性能，考虑将其作为另一种沥青路用单元复合相变材料。

4.3　沥青混合料调温性能评价

图 4.13(a)显示了 PEG/EP 调温沥青混合料与常规沥青混合料上下表面的温度变化。试样上下表面温度随试验环境温度和光照强度变化。PEG/EP 调温沥青混合料上下表面温度 150 min 后总是低于常规沥青混合料的对应温度。图 4.13(b)显示了两个试件上下表面之间的温差，上表面最大降温幅度可达 7.05℃，而在 340 min 处调温试件的下表面最大降温幅度达 4.86℃，表明调温沥青混合料中的复合定型相变材料已经完全相变。当时间达到 530 min 时，两块试件的上下表面温度均达到最大值，调温试件的上表面温度比常规试件的低 2.30℃，下表面温度比常规试件的低 3.26℃。

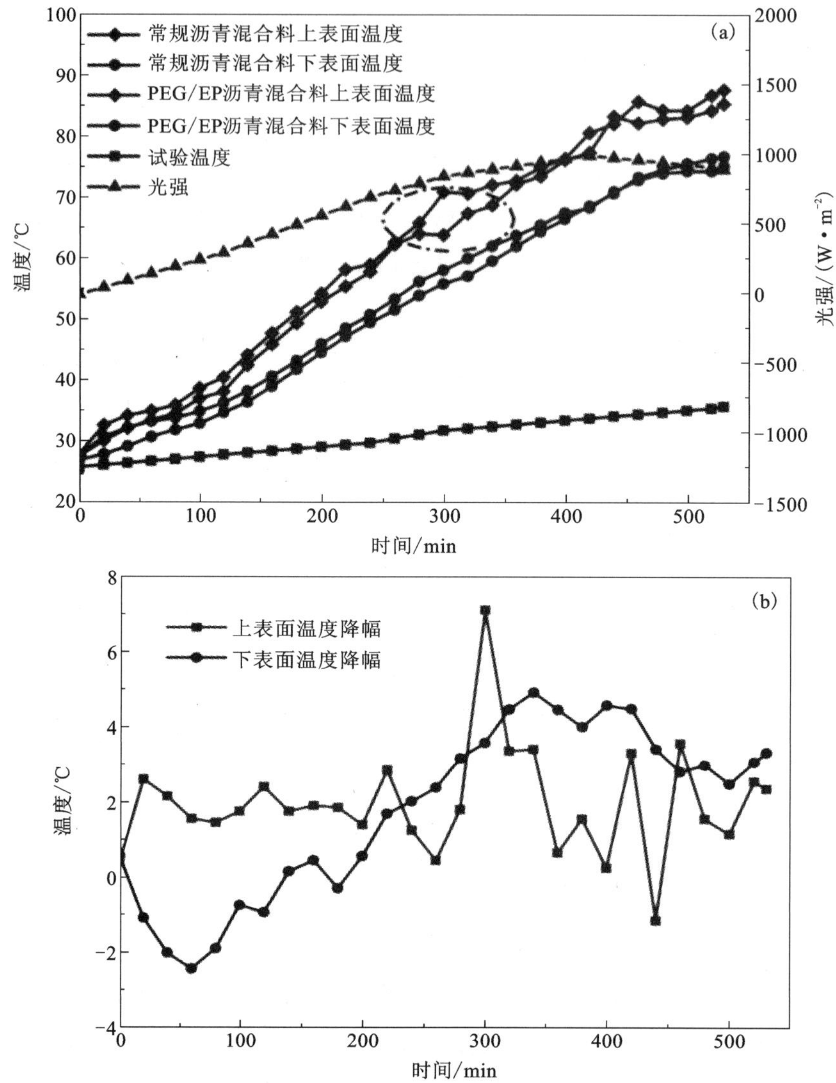

图 4.13　PEG/EP 调温沥青混合料降温效果评价

图 4.14(a)显示了 SA/DI 调温沥青混合料与常规沥青混合料上下表面的温度变化。SA/DI 调温沥青混合料上下表面总是低于常规沥青混合料的对应温度。图 4.14(b)显示了两个试件上下表面之间的温差，在 300 min 时上表面最大降温幅度可达 10.90℃，下表面最大降温幅度达 5.03℃，表明调温沥青混合料中的复合定型相变材料已经完全相变。当时间达到 530 min 时，两块试件的

上下表面温度均达到最大值，调温试件的上表面温度比常规试件的低 3.45℃，下表面温度比常规试件的低 2.77℃。

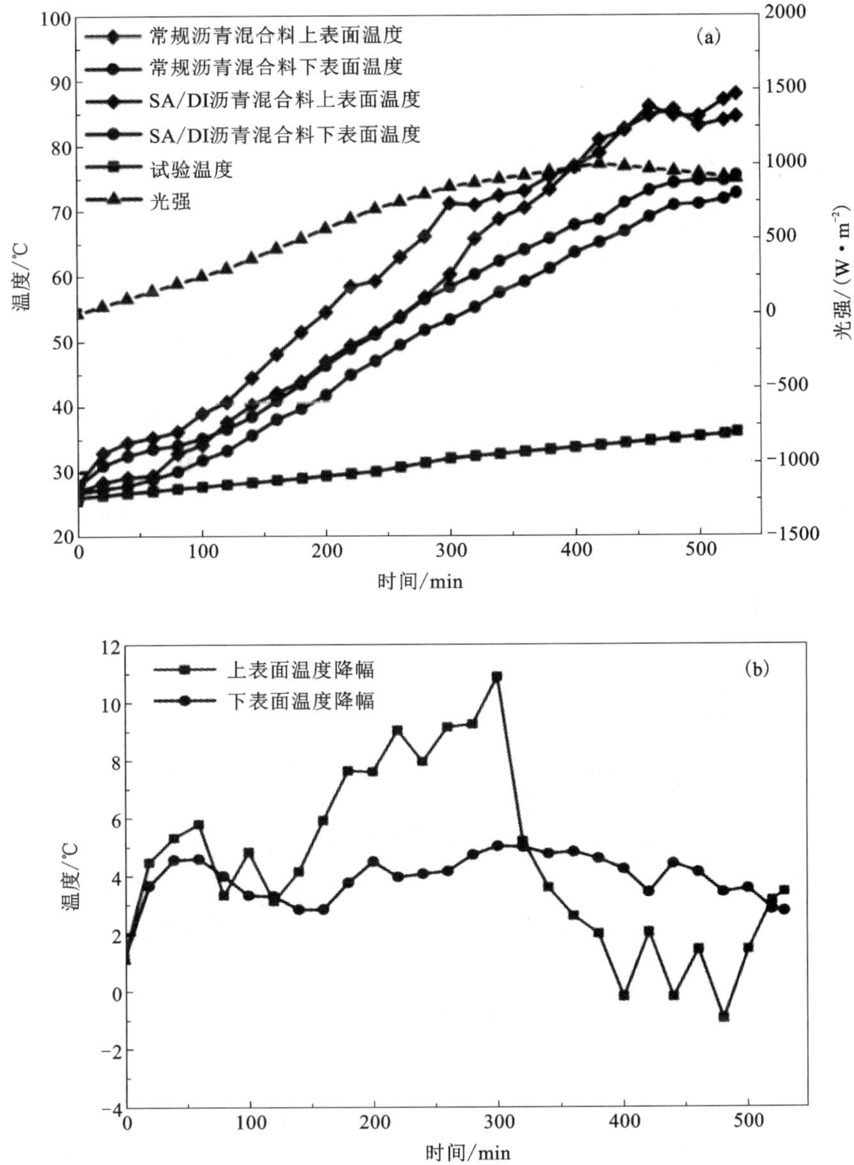

图 4.14　SA/DI 调温沥青混合料降温效果评价

4.4 调温沥青混合料路用性能

4.4.1 高温稳定性能

沥青混合料在高温重载作用下极易产生车辙病害，严重影响路容美观、行车安全性与舒适性，本书通过汉堡车辙试验探究调温沥青路面的高温性能。完成测试后，以轮碾往返次数为横坐标，以沥青混合料的永久变形量为纵坐标绘制的汉堡车辙试验曲线如图 4.15 所示。其中常规沥青混合料与 PEG/EP 调温沥青混合料可达到最大轮碾往返次数 20000 次，最终车辙深度分别为 9.53 mm 与 12.1 mm，SA/DI 调温沥青混合料在 16000～18000 次就出现车辙深度限值（20 mm），汉堡车辙试验表现出高温性能下降的原因可能归结于两个方面：①相变调温沥青混合料的调温作用更多是对于升温的延缓作用，而汉堡车辙试验整个流程经过 8 h 左右，已超过相变材料对沥青路面的“升温滞后性”；②部分相变材料附着在矿物基体表面，在 50℃恒温空气浴过程中，这部分相变材料

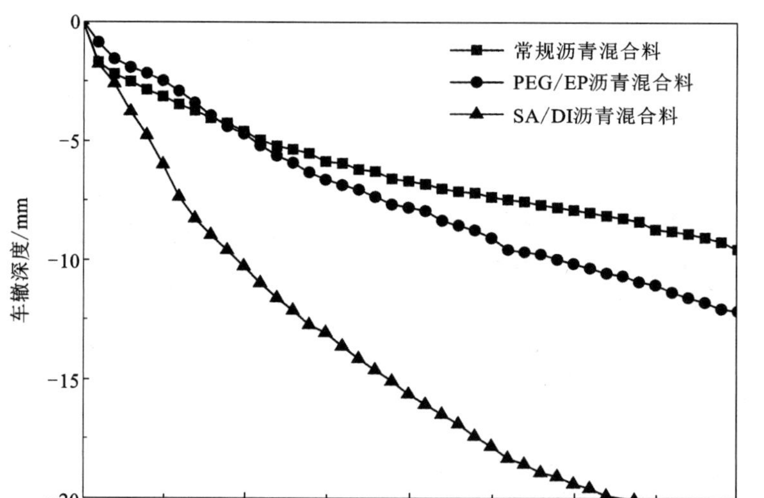

图 4.15 50℃空气浴条件下汉堡车辙试验曲线

相变时发生泄漏，影响了调温混合料的整体高温稳定性。总体评价，调温混合料中 PEG/EP 沥青混合料的高温性能最佳。

4.4.2　低温抗裂性能

沥青路面低温环境条件下易开裂，为保证调温沥青路面的低温稳定性，本节对常规沥青混合料及调温沥青混合料进行低温弯曲试验，研究复合相变材料的掺入对沥青路面低温性能的影响。低温弯曲结果如表 4.3 所示，需要说明的是，为避免试验误差，对平行试验所得的各数据采用数理统计的方法进行筛选分析，剔除测量值与平均值之差大于两倍标准差的测量值，上表数据均符合统计要求。试验发现相比常规混合料，调温沥青混合料最大弯拉强度稍有提高（4%~6%），而最大弯拉应变稍有减小（3%~7%），表明复合相变材料的掺入对其低温性能并无太大影响，仅小幅提高材料的劲度模量。在对复合定形相变调温混合料的比选中发现，PEG/EP 混合料的弯拉应变最大，表明其具有较好的低温性能。

表 4.3　沥青混合料低温试验结果

<table>
<tr><th>混合料类型</th><th>破坏荷载/N</th><th>跨中挠度/mm</th><th>抗弯拉强度/MPa</th><th>抗弯拉强度均值/MPa</th><th>最大弯拉应变/με</th><th>最大弯拉应变均值/με</th><th>弯曲劲度模量/MPa</th><th>弯曲劲度模量均值/MPa</th></tr>
<tr><td rowspan="4">常规沥青混合料</td><td>946.8</td><td>0.603</td><td>7.73</td><td rowspan="4">7.70</td><td>3165.75</td><td rowspan="4">3143.44</td><td>2441.44</td><td rowspan="4">2447.99</td></tr>
<tr><td>1013.5</td><td>0.622</td><td>8.27</td><td>3265.50</td><td>2533.60</td></tr>
<tr><td>893.9</td><td>0.573</td><td>7.30</td><td>3008.25</td><td>2425.71</td></tr>
<tr><td>918.1</td><td>0.597</td><td>7.49</td><td>3134.25</td><td>2391.22</td></tr>
<tr><td rowspan="4">PEG/EP沥青混合料</td><td>846.7</td><td>0.527</td><td>6.91</td><td rowspan="4">8.02</td><td>2766.75</td><td rowspan="4">3046.31</td><td>2498.18</td><td rowspan="4">2632.12</td></tr>
<tr><td>1072.2</td><td>0.604</td><td>8.75</td><td>3171.00</td><td>2760.22</td></tr>
<tr><td>983.4</td><td>0.559</td><td>8.03</td><td>2934.75</td><td>2735.41</td></tr>
<tr><td>1028.6</td><td>0.631</td><td>8.40</td><td>3312.75</td><td>2534.67</td></tr>
</table>

续表4.3

混合料类型	破坏荷载/N	跨中挠度/mm	抗弯拉强度/MPa	抗弯拉强度均值/MPa	最大弯拉应变/με	最大弯拉应变均值/με	弯曲劲度模量/MPa	弯曲劲度模量均值/MPa
SA/DI沥青混合料	1035.4	0.586	8.45	8.18	3076.50	2919.00	2747.36	2801.92
	949.8	0.517	7.75		2714.25		2856.58	
	1140.5	0.628	9.31		3297.00		2823.84	
	881.4	0.493	7.20		2588.25		2779.91	

4.4.3 水稳定性能

南方夏季高温多雨，沥青路面结构受雨水侵蚀，在行车荷载作用下，极易导致水分深入沥青与集料的界面，导致沥青与集料黏附性降低，沥青膜剥离。为研究掺复合定型相变材料的调温混合料水稳定性，成型相应材料的马歇尔试件，每类沥青混合料分为两组，每组试件不少于4个。常规沥青混合料及调温沥青混合料的水稳定性试验结果见表4.4。根据规范对混合料水稳定性的要求，在潮湿湿润区，残留稳定度应满足常规沥青混合料不小于80%。试验结果表明，PEG/EP调温沥青混合料满足要求，SA/DI调温沥青混合料已不符合相关要求。主要是因为掺入复合相变材料后，沥青混合料的水稳定性呈现不同程度的降低。解释为部分相变材料附着在矿物基体表面，在60℃恒温水浴过程中，这部分相变材料相变时发生泄漏，影响了调温沥青混合料的整体水稳性。

表4.4　沥青混合料浸水马歇尔试验结果

混合料类型	马歇尔稳定度 MS_1/kN	平均值/kN	浸水后稳定度 MS_2/kN	平均值/kN	浸水残留稳定度 MS_0/%
常规沥青混合料	10.05	11.28	10.19	10.20	90.4
	11.21		9.88		
	12.08		10.69		
	11.79		10.04		

续表4.4

混合料类型	马歇尔稳定度 MS_1/kN	平均值/kN	浸水后稳定度 MS_2/kN	平均值/kN	浸水残留稳定度 MS_0/%
PEG/EP沥青混合料	10.53	10.37	9.12	8.52	82.2
	9.85		7.41		
	10.23		8.67		
	10.88		8.89		
SA/DI沥青混合料	9.19	9.88	7.29	7.74	78.3
	9.56		8.06		
	10.28		7.53		
	10.49		8.07		

4.4.4　调温沥青混合料性能综合分析

降温效果评价试验表明 PEG/EP 与 SA/DI 的两种混合料最终路面温度降幅相近。而在混合料的路用性能试验中发现，两种调温沥青混合料与常规沥青混合料相比，路用性能呈现不同程度的下降。比对两种调温沥青混合料的路用性能，PEG/EP 沥青混合料的浸水残留稳定度最高，车辙深度最小，弯拉应变也最大，是较为理想的相变材料调温沥青路面，其另一种调温混合料高温性能及水稳定性下降过于明显，不宜作为调温沥青路面。

4.5　本章小结

(1)本章所采用的三种矿物复合相变材料在复合过程中均属于物理作用，并无化学反应。热重、热循环等性能测定均表明复合相变材料具有较为良好的化学稳定性、热学稳定性、储热特性与热循环耐久性。

(2)三种 PEG 类复合相变材料中，PEG/EP 热循环后相变温度及相变焓的变化最小，分别为-0.34℃和-1.7%，表明其具有最佳的热学性能。

(3)两种SA类复合相变材料中，SA/DI热循环后相变温度及相变焓的变化最小，分别为0.04℃和3.1%，表明其具有最佳的热学性能。

(4)掺复合相变材料的沥青混合料具有良好的调温效果，上表面最大可降温7~10℃，下表面最大降幅4~6℃，即使混合料中的复合相变材料完全相变后，路面达到最高温度，相比常规混合料仍有较好的降温效果。

(5)沥青混合料的路用性能试验中发现，掺入复合相变材料的调温沥青混合料与常规沥青混合料相比，路用性能稍有下降。PEG/EP沥青混合料的浸水残留稳定度最高，车辙深度最小，弯拉应变也最大，是较为理想的沥青路面用复合相变材料。

第 5 章　定形复合相变细集料及其沥青混合料研究

5.1　二氧化硅基定形复合相变细集料

为解决储热降温功能与液态易流动缺陷之间的矛盾，本节探索通过 SiO_2 溶-凝胶法将相变材料包裹在 SiO_2 凝胶形成的壳体结构中，制得二氧化硅基复合相变材料。相变材料作为储热工作物质被包裹在核心，SiO_2 凝胶则作为包覆材料，可有效限制相变材料融化后的流动，确保整体结构保持宏观的形态稳定，且 SiO_2 壳体可降低相变材料与周围材料和环境的有害相互作用，延长相变材料的服务寿命。本节选取聚乙二醇、乙二醇硬脂酸双酯作为相变材料，选用正硅酸乙酯为硅源，水解后生成 SiO_2 溶胶，陈化变为 SiO_2 凝胶。并采用 DSR、SEM、DSC、FT-IR 等一系列试验对二氧化硅基复合相变材料的各项性能进行测定。

5.1.1　形貌表征及成分分析

组合使用 SEM 及 EDS 对 SiO_2 基复合相变材料的表观形貌及物质化学成分进行分析。图 5.1(a)为 PEG 粉末放大 2000 倍情况下的微观形貌图，由图可知 PEG 表面较为密实。并对 PEG 进行线扫描分析，可得到 C、O 元素浓度沿分析线变化的曲线[图 5.1(b)]，两种元素的元素浓度均比较稳定，Au 元素的出现是因为在测试前对样品进行了喷金处理。PEG 的主要组成元素为 C、H、O，从图 5.1(c)可

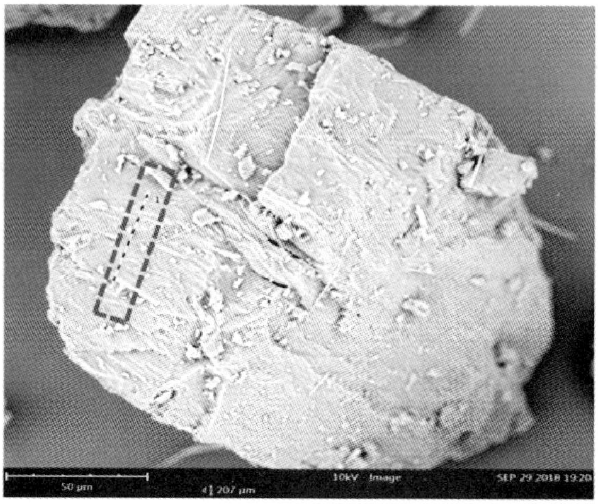

(a)

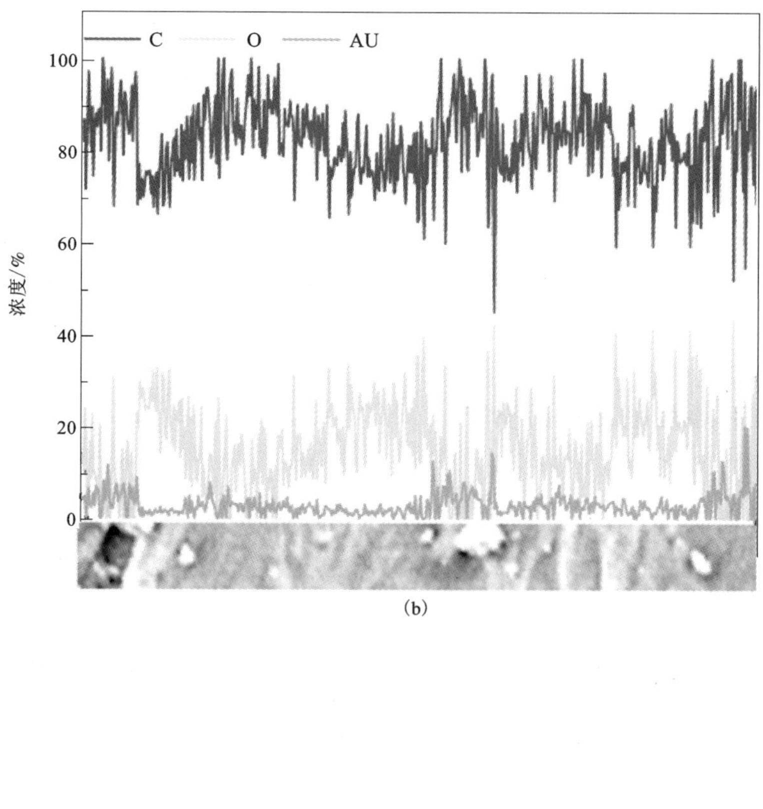

(b)

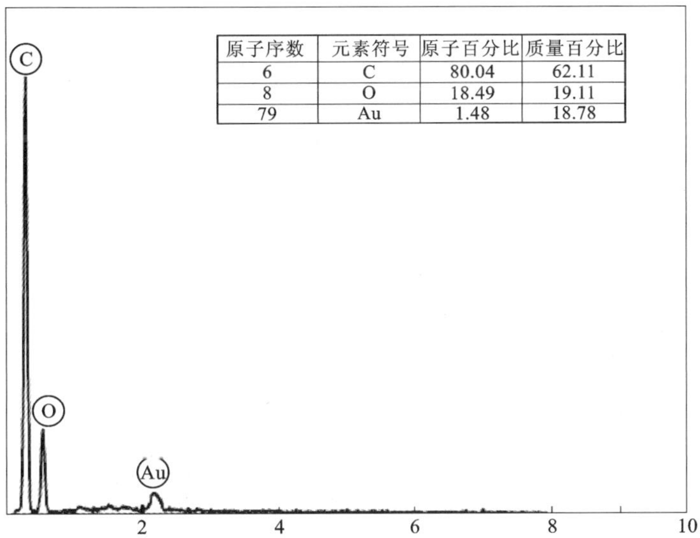

原子序数	元素符号	原子百分比	质量百分比
6	C	80.04	62.11
8	O	18.49	19.11
79	Au	1.48	18.78

(c)

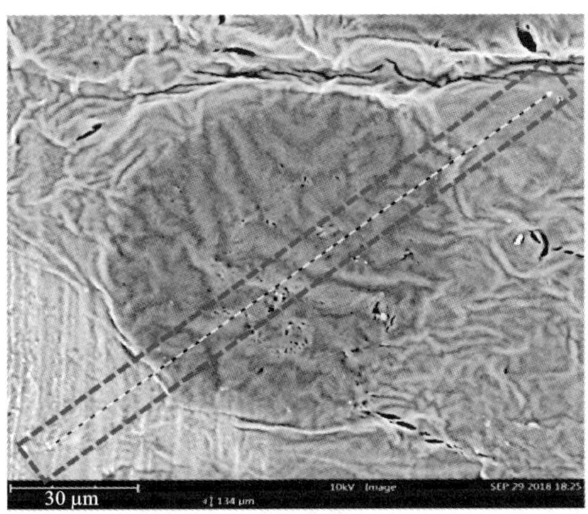

(d)

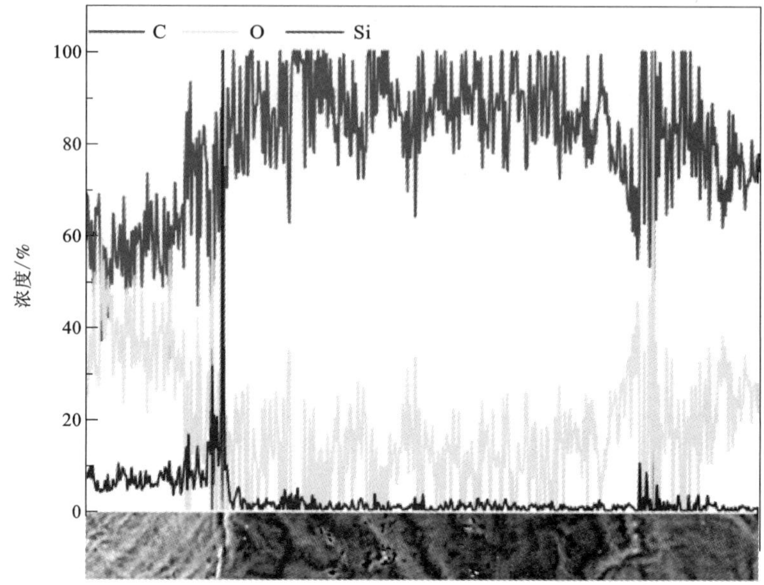

(e)

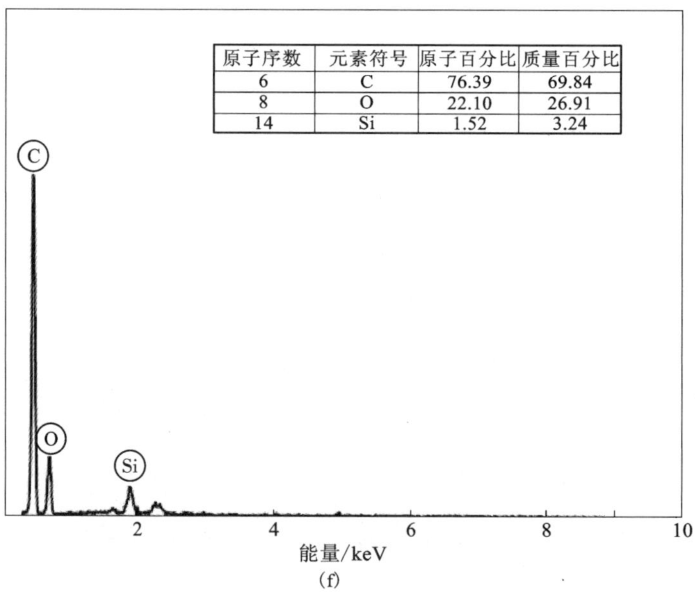

原子序数	元素符号	原子百分比	质量百分比
6	C	76.39	69.84
8	O	22.10	26.91
14	Si	1.52	3.24

(f)

图 5.1 (a)(b)(c)PEG 的 SEM 及 EDS 图；(d)(e)(f)PEG/SiO_2 的 SEM 及 EDS 图

知 C、O 的质量分数分别为 62.11%及 19.11%。图 5.1(b)为 PEG/SiO_2 的微观电镜扫描图，图中衬度较深的椭圆形部分即为 PEG/SiO_2 复合相变材料，表面致密无明显缺陷，粒径约为 24 μm。C、O、Si 元素浓度随分析线分布在核/壳分界处略有突变，在复合相变材料核心部分，C 元素浓度较大，O 及 Si 元素浓度较小；在两端部分，C 元素浓度减小，O 及 Si 元素浓度增加[图 5.1(e)]。PEG/SiO_2 复合相变材料的主要组成元素为 C、H、O、Si，且由图 5.1(f)可知，C、O、Si 的质量分数分别为 69.84%、26.91%、3.24%。

图 5.2(a)为 EGD 粉末 2000 放大倍数下的微观形貌图，EGD 表面疏松粗糙，有鳞片状结构。图 5.2(b)为 EGD 的组成元素沿分析线的变化曲线，由其起伏趋势可得各元素的元素浓度较为稳定。图 5.2(c)中可知 EGD 中 C、O 元素的质量百分比分别为 88.25%及 11.75%。由图 5.2(d)可知，EGD/SiO_2 具有明显的核/壳结构，表面光滑致密，粒径约为 70 μm。此外，由图 5.2(e)可知，C 的元素浓度在材料中间部分数值最大，向两端延伸有所减少，Si 及 O 的元素浓度在两端含量较大，在中间部分较少。且 C、O、Si 的质量分数分别为 62.24%、33.43%、4.33%[由图 5.2(f)可知]。

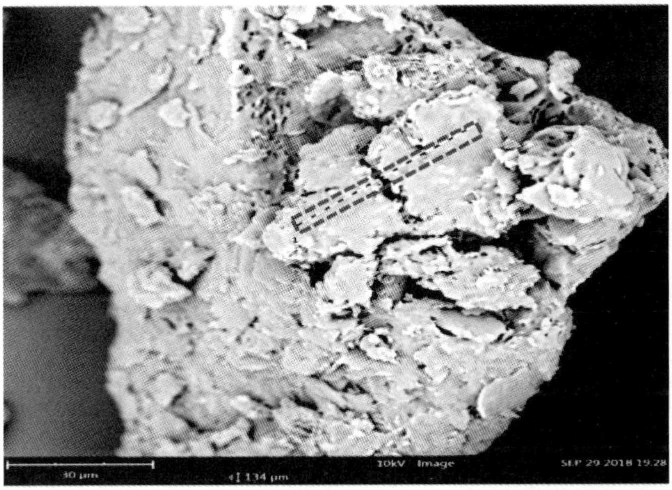

(a)

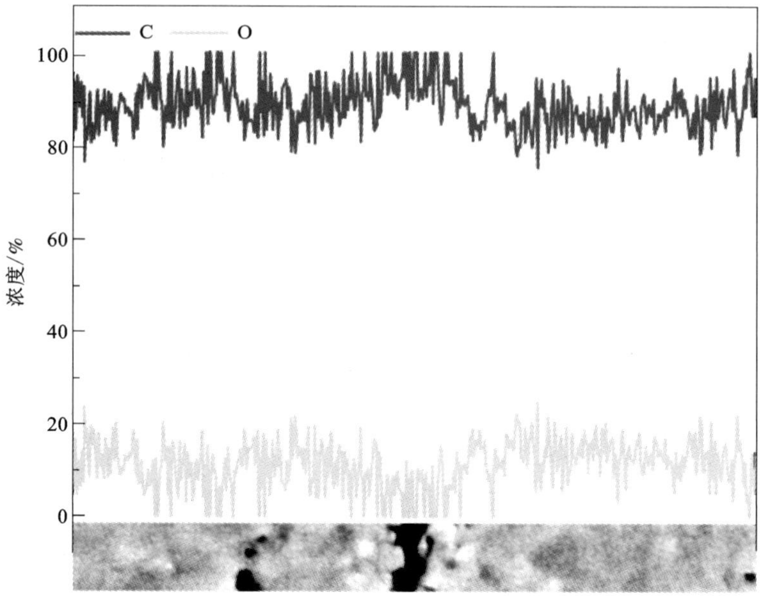

(b)

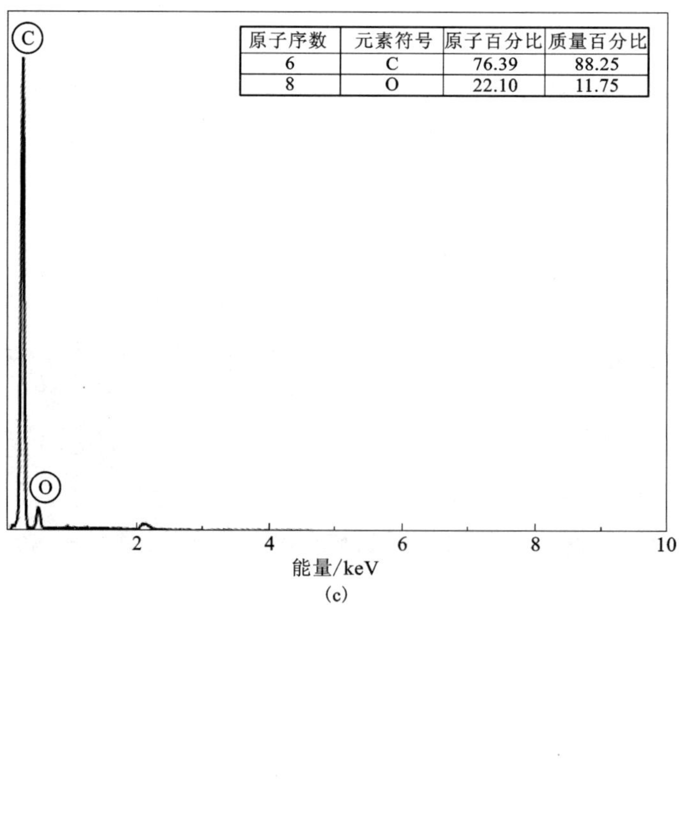

原子序数	元素符号	原子百分比	质量百分比
6	C	76.39	88.25
8	O	22.10	11.75

(c)

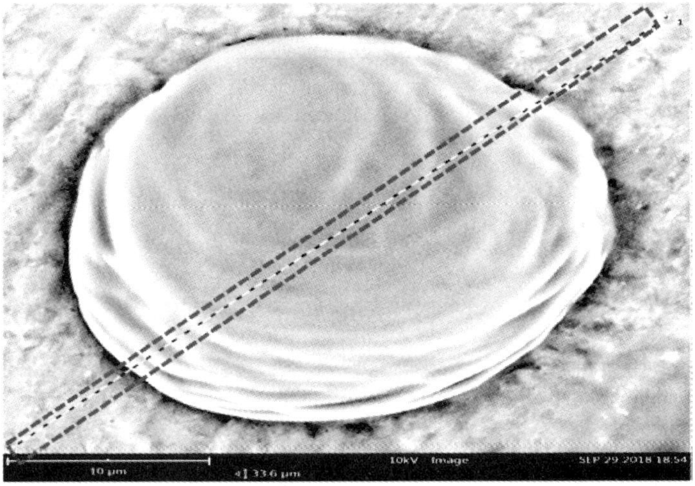

(d)

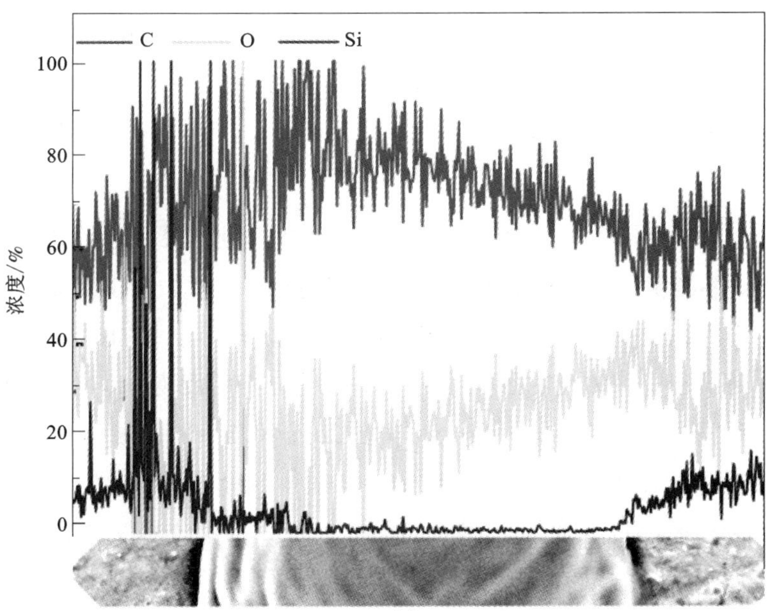

(e)

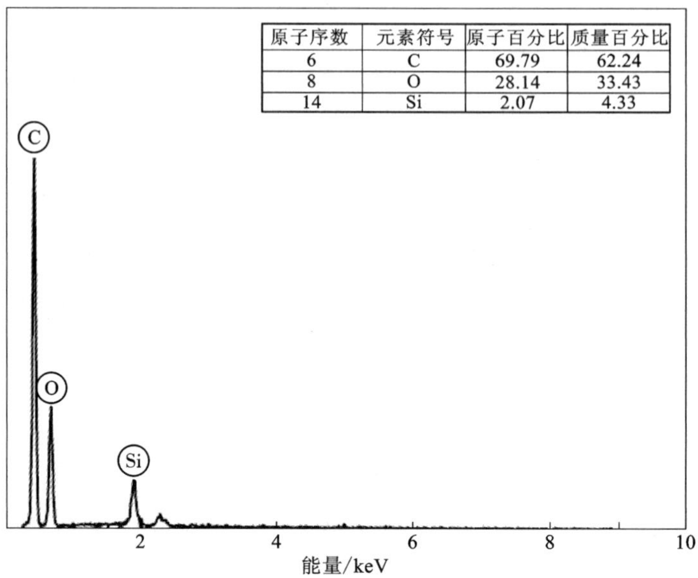

(f)

图 5.2　(a)(b)(c)EGD 的 SEM 及 EDS 图；(d)(e)(f)EGD/SiO_2 的 SEM 及 EDS 图

5.1.2　物相及红外分析

本节采用了 XRD 及 FT-IR 试验对相变材料与 SiO_2 基体间的相容性进行了初步探索。各样品的 XRD 谱图结果如图 5.3 所示，SiO_2 的 XRD 谱图在整个扫描角度范围内起伏变化平缓，无明显峰值，为无定形 SiO_2。PEG 在 2θ 为 19.28 及 23.43 处出现了明显的特征衍射峰，经对比分析后发现 PEG/SiO_2 在相同的位置处出现了形状相似的衍射峰。EGD 在 2θ 分别等于 21.79 及 24.20 处出现了特征衍射峰，EGD/SiO_2 的 XRD 图谱中特征衍射峰出现的位置及其形状均与 EGD 特征衍射峰的位置及形状相同。此外，SiO_2 基复合相变材料的衍射峰强度均弱于纯相变材料的衍射峰强度。总的来说，PEG 及 EGD 在与 SiO_2 复合后，仍可正常地进行结晶，但其结晶行为受到 SiO_2 基体与相变材料间相互作用的影响，导致衍射峰强度有所下降。

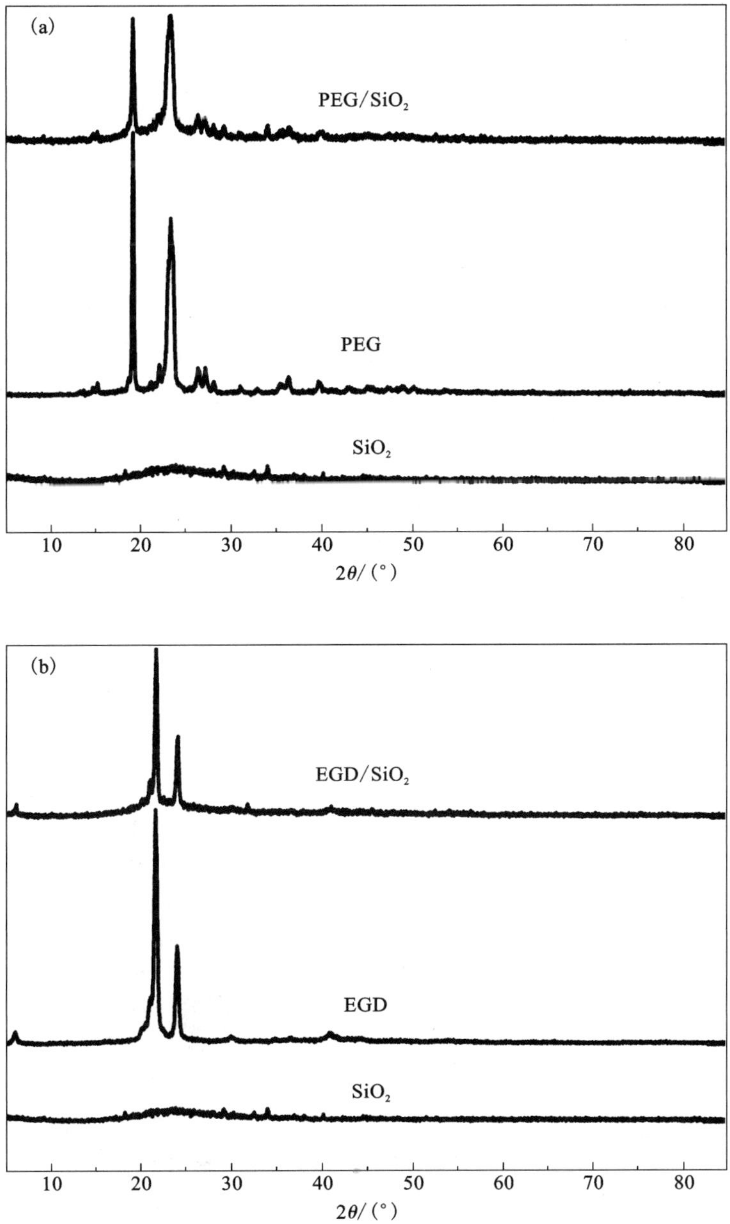

图 5.3　SiO_2 基复合相变材料相关各样品的 XRD 谱图

同时，在 400~4000 cm^{-1} 波长内对各样品进行红外光谱测试及分析，其谱图如图 5.4 所示。在纯 SiO_2 的谱图中，波数 1075 cm^{-1} 处的红外吸收峰是由 Si—O—Si 的不对称伸缩振动引起的，796 cm^{-1} 处的吸收峰归因于 Si—O—Si 的对称伸缩振动，458 cm^{-1} 处吸收峰是 Si—O 的弯曲振动引起的。在 PEG 的谱图中，2885 cm^{-1} 处的吸收峰源于—CH_2 中 C—H 的伸缩振动，1105 cm^{-1} 处清晰可见 C—O—C 对称伸缩振动引起的吸收峰，另有多数波数处（1465 cm^{-1}、1368 cm^{-1}、1278 cm^{-1}、939 cm^{-1} 及 835 cm^{-1}）的吸收峰均是由—CH_2 中 C—H 的弯曲振动引起的。在 EGD 的 FT-IR 谱图中，波数为 1737 cm^{-1} 处的吸收峰为 C ═O 键伸缩振动引起的，在 2854 cm^{-1} 和 2921 cm^{-1} 处分别出现了—CH_3 及—CH_2 官能团的伸缩振动引起的吸收峰，在 1465 cm^{-1} 和 1390 cm^{-1} 处的吸收峰分别是—CH_2—中的 C—H 共振振动和—CH_3 官能团的对称弯曲振动引起的，在 1179 cm^{-1} 处的吸收峰是 C—O—C 键的反对称弯曲振动引起的，在 720 cm^{-1} 处的吸收峰归因于亚甲基的面内摆动振动。对比分析各个样品的红外谱图后发现，SiO_2 及 PEG 和 EGD 的谱图中出现的特征吸收峰均在 PEG/SiO_2 及 EGD/SiO_2 的谱图中出现，且波数位置及波形并无明显变化。

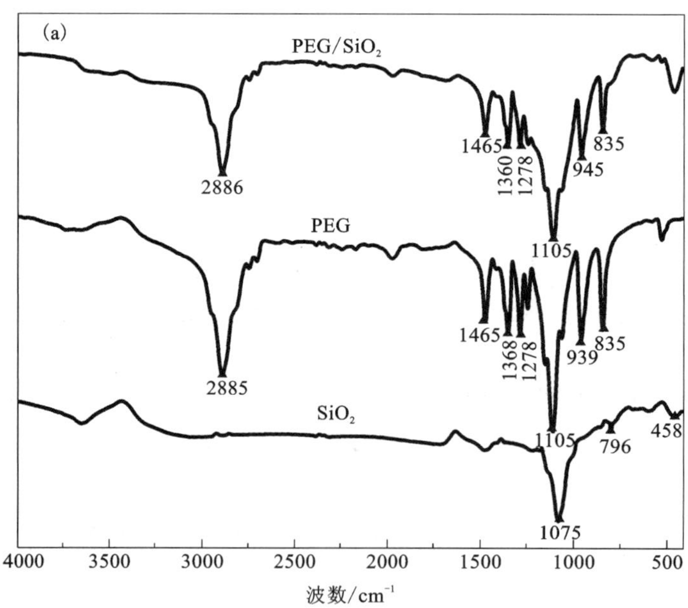

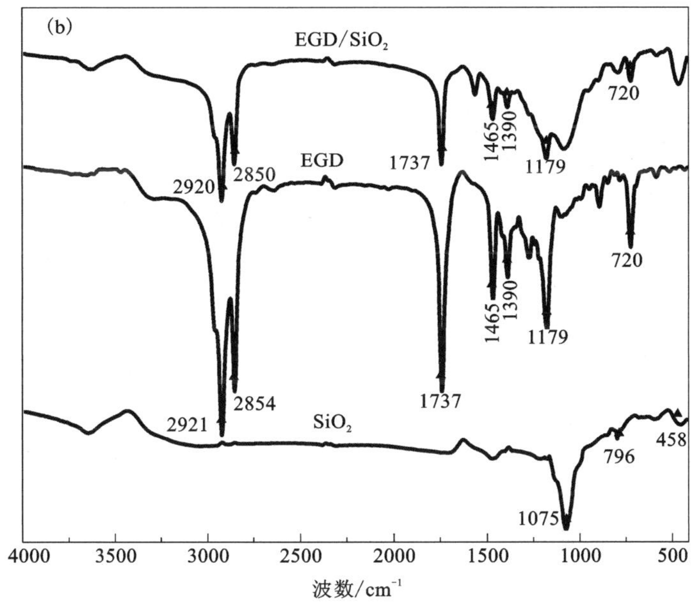

图 5.4　SiO_2 基复合相变材料相关各样品的 FT-IR 图

综合 XRD 及 FT-IR 的对比分析结果可得，XRD 及 FT-IR 谱图中并未出现新的特征峰，SiO_2 及相变材料间并未发生化学反应，相变材料与 SiO_2 基体复合后仍可正常地进行结晶，相变材料与 SiO_2 基体间的化学相容性良好。

5.1.3　热稳定性分析

图 5.5 为 SiO_2 基复合相变材料相关样品热重分析图，对各样品质量随温度变化的曲线进行分析可评估复合相变材料在应用研究中的热稳定性。在 SiO_2 的热重分析图中，100～150℃内约 15%的质量损失归因于 SiO_2 表面吸附水的脱附，此后的温度区间范围内仍有少量质量损失，但速率趋于平缓。由图 5.5(a)可知，PEG 及 PEG/SiO_2 均只具有一阶段热分解过程，在 350～450℃时发生剧烈的质量损失，PEG 分子链断裂，但 PEG/SiO_2 的分解随温度变化的速率小于 PEG。由图 5.5(b)可知，EGD 及 EGD/SiO_2 在 250～500℃时发生剧烈的质量损失，EGD 发生热分解，且 EGD/SiO_2 的分解随温度变化的速率小于 EGD。SiO_2

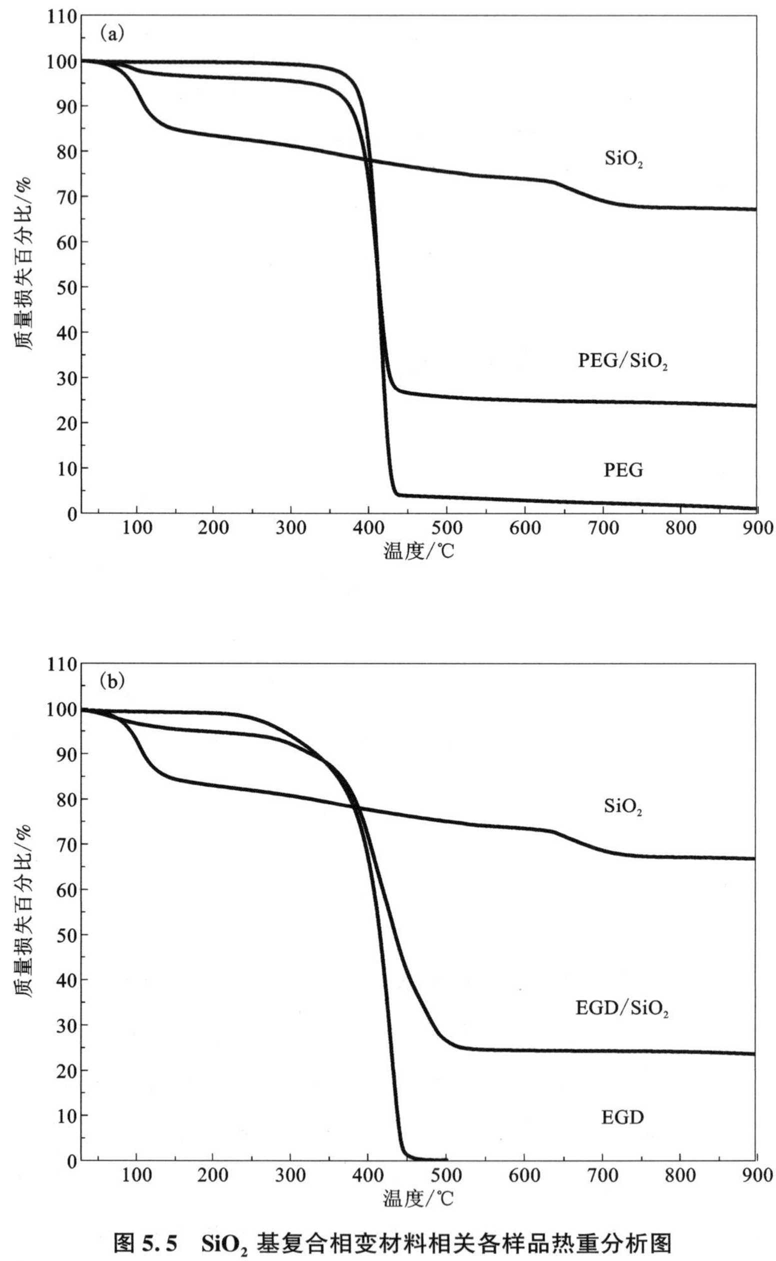

图 5.5　SiO_2 基复合相变材料相关各样品热重分析图

的存在延缓了复合相变材料中相变组成部分的热分解。此外，将各样品的最终质量损失百分比分别为 0%、5%、10%及 50%时所对应的特征温度列于表 5.1。表中可知，SiO_2 的质量损失起始温度为 89.8℃，PEG 的质量损失起始温度为 375.6℃，PEG/SiO_2 复合相变材料的质量损失起始温度介于上述二者之间。与 SiO_2 相比，PEG/SiO_2 的质量损失起始温度大幅度上升，与 PEG/SiO_2 相比，其质量损失起始温度仅下降 58.1℃，且起始温度 317.5℃远高于沥青混合料拌和过程中的温度。同理，EGD/SiO_2 的质量损失起始温度为 205.9℃，介于 SiO_2 与 EGD 的起始温度之间。因此相变材料与 SiO_2 复合后工作热稳定性保持良好。

表 5.1 SiO_2 基复合相变材料相关样品的特征温度及其对应的最终质量损失百分比

样品	T_0/℃	$T_{0.05}$/℃	$T_{0.1}$/℃	$T_{0.5}$/℃	质量损失百分比/%
SiO_2	89.8	94.9	111.3	—	35.74
PEG	375.6	381.7	393.2	414.0	99.73
PEG/SiO_2	317.5	326.8	376.7	414.5	77.94
EGD	255.3	295.7	337.3	416.7	99.76
EGD/SiO_2	205.9	223.8	333.0	436.9	76.87

注：T_0 为质量损失起始温度；$T_{0.05}$ 为质量损失 5%时温度；$T_{0.1}$ 为质量损失 10%时温度；$T_{0.5}$ 为质量损失 50%时温度。

基于上述各样品在整个过程中的质量损失，通过计算可将复合相变材料中相变组成部分百分比算出。假设 PEG/SiO_2 中 PEG 的质量分数为 x，将表 5.1 中 PEG 最终的质量损失百分比数据代入下述公式(5.1)，即可算出 PEG 的质量百分比。

$$a(1-x)+bx=c \tag{5.1}$$

式中：a——SiO_2 质量损失百分比，%；

b——相变材料质量损失百分比，%；

c——复合相变材料质量损失百分比，%。

将数据代入后计算得到 PEG 的质量百分比为 65.95%，运用相同的计算方式得出 EGD 的质量百分比为 64.25%。

5.1.4 热物性分析

图 5.6 为 SiO_2 基复合相变材料相关样品的 DSC 曲线，将纯相变材料与其相应的 SiO_2 基复合相变材料放置在同一图像中方便进行对比。相变温度及相变焓是表征热物性能的两大重要指标。由于相变材料与 SiO_2 的复合，SiO_2 基复合相变材料的热物性能较纯相变材料而言，均有一定程度变化。表 5.2 列出了纯相变材料及其对应 SiO_2 基复合相变材料的相变焓及相变温度。由表 5.2 可知，SiO_2 基复合相变材料的相变焓均小于其对应的纯相变材料。PEG/SiO_2 的相变温度比 PEG 低，EGD/SiO_2 的相变温度比 EGD 高。SiO_2 基复合相变材料相变温度的升高或降低跟相变材料与基体间的相互作用有关。PEG 与 SiO_2 基体界面间强的氢键、表面张力和毛细管力等作用力使得固液相变受限，PEG/SiO_2 相变温度高于 PEG。EGD 与 SiO_2 基体间的弱相互作用力（EGD 黏度低，相互作用力弱）及排斥型相互作用力（如 SiO_2 基体为酸性，EGD 中含有残留的—COOH 基团，同为酸性物质）会导致 EGD/SiO_2 相变温度高于 EGD。此外，相变温度变化还与体积、焓、压力变化有关。可用克拉伯龙方程（5.2）对其关系进行描述。相变温度偏移方向是上述各因素耦合的结果。

$$\ln\frac{T_2}{T_1}=\frac{\Delta V}{\Delta H}\Delta P \tag{5.2}$$

式中：T_2 和 T_1——状态 2 和状态 1 时的相变温度；

ΔV——体积变化；

ΔH——焓变；

ΔP——压强差。

此外，还可根据上述各样品的相变焓计算出结晶度（C_f）以评估相变材料在与 SiO_2 复合后的结晶情况，计算公式如（5.3）所示。

$$C_f=\Delta H_{reality}/\Delta H_{theory} \tag{5.3}$$

式中：$\Delta H_{reality}$，ΔH_{theory}——PEG/SiO_2 或 EGD/SiO_2 的实际相变焓和理论相变焓。

$\Delta H_{reality}$ 的值可直接通过 DSC 试验确定。在 PEG/SiO_2 或 EGD/SiO_2 中，实际 PEG 或 EGD 的相变焓乘以它们相对应在 PEG/SiO_2 或 EGD/SiO_2 中的质量分数即分别得到各自的理论相变焓 ΔH_{theory}，而 PEG 在 PEG/SiO_2 中的质量分数或

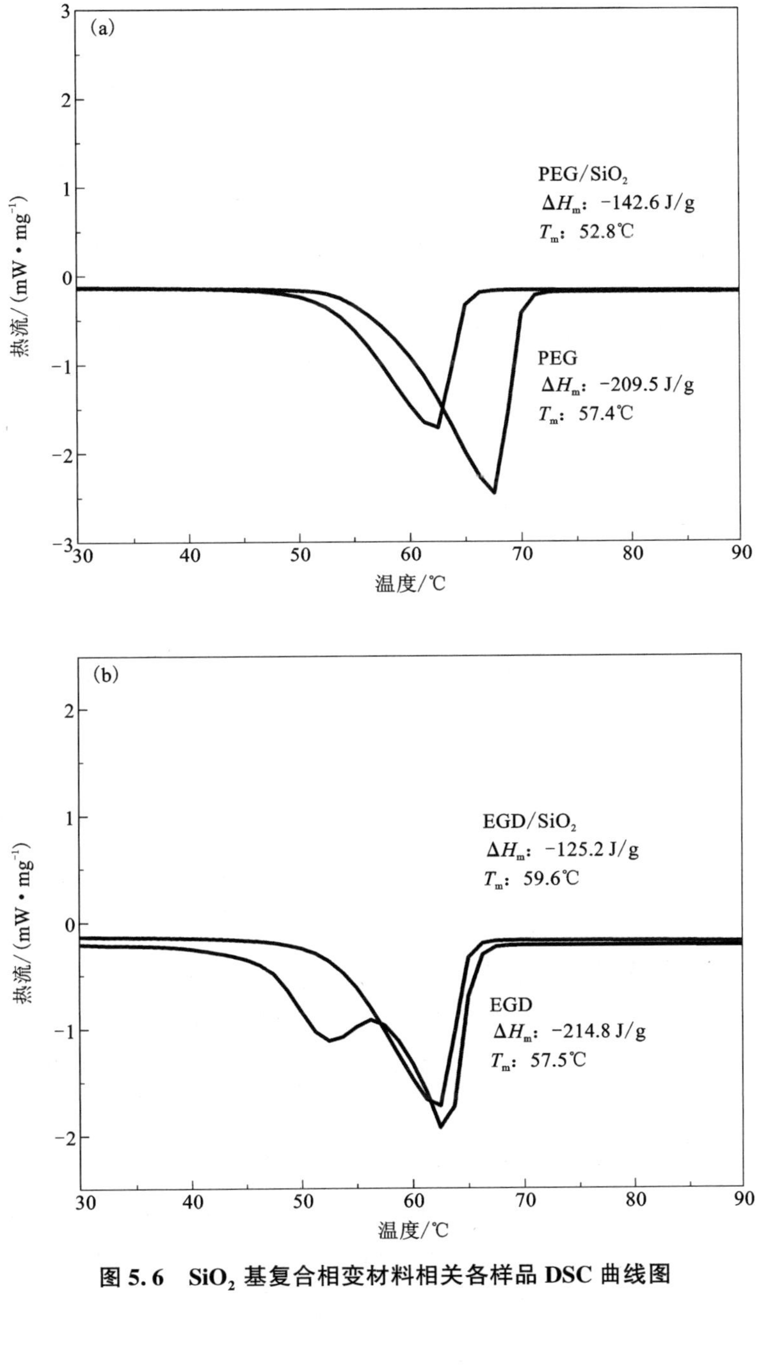

图 5.6　SiO_2 基复合相变材料相关各样品 DSC 曲线图

EGD 在 EGD/SiO_2 中的质量分数均可通过 TG 分析算出。(对于 PEG/SiO_2，ΔH_{theory}：209.5×65.95%＝138.2 J/g，C_f：137.6÷138.2＝99.6%；对于 EGD/SiO_2，ΔH_{theory}：214.8×64.25%＝138.0 J/g，C_f：125.2÷138.0＝90.7%)。PEG/SiO_2 中 PEG 的结晶度大于 EGD/SiO_2 中的 EGD。SiO_2 基复合相变材料相关样品热力学性能参数列于 5.2 中。

表 5.2　SiO_2 基复合相变材料相关样品热力学性能参数

材料	相变材料的质量分数/%	相变温度 T_m/℃	测量的相变焓 $\Delta H_{reality}$/(J·g^{-1})	理论相变焓 ΔH_{theory}/(J·g^{-1})	结晶度 C_f/%
PEG	100	57.4	209.5	—	100
EGD	100	57.5	214.8	—	100
PEG/CS	65.95	52.8	137.6	138.2	99.6
EGD/CS	64.25	59.6	125.2	138.0	90.7

5.1.5　热循环稳定性分析

以冷/热循环模拟 SiO_2 基复合相变材料的工作环境温度循环状况，图 5.7 中绘出了 SiO_2 基复合相变材料相关样品历经 100 次冷/热循环前后的 DSC 及 FT-IR 曲线图，通过对比可得到相关样品的部分指标趋向。由图 5.7(a)及 5.7(b)可知，PEG/SiO_2 及 EGD/SiO_2 在经历热循环后相变温度及相变焓均发生一定程度的变化。PEG/SiO_2 及 EGD/SiO_2 的相变焓分别降低 5.2%，6.9%，相变温度分别降低 2℃及 0.4℃。相变焓损失较少，均在 10%以内。相变温度的变化量均不大于 2℃。由图 5.7(c)及 5.7(d)可知，PEG/SiO_2 及 EGD/SiO_2 在热循环前后的红外光谱图中，其特征衍射峰出现的位置及形状大小均无明显改变。但其透光率在热循环后略微降低，这可能是在多次热循环后，PEG 及 EGD 的挥发造成的。且热循环前后并无新的特征衍射峰出现，没有出现新的基团。因此，PEG/SiO_2 及 EGD/SiO_2 的热循环可靠性较好，在多次热循环后性能损失较少，拥有可逆的热循环性能，服役寿命较长。

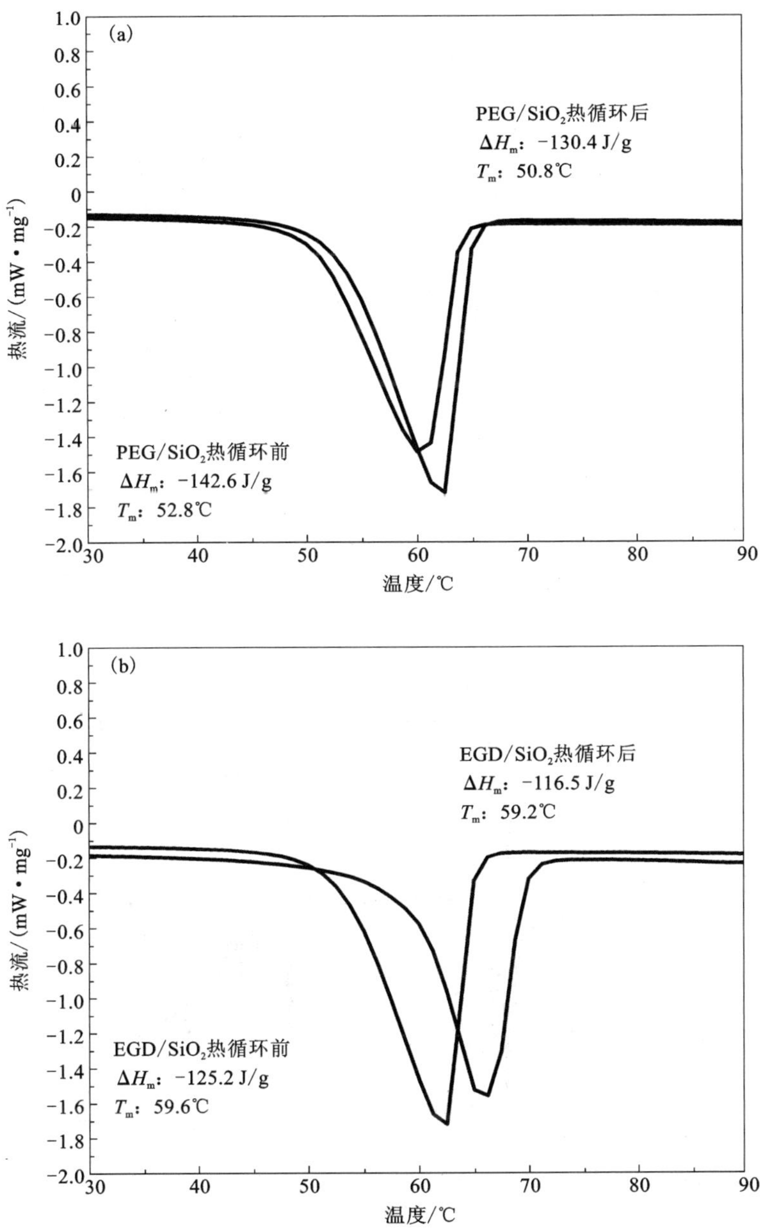
(a)
PEG/SiO2热循环后
ΔHm：-130.4 J/g
Tm：50.8℃
PEG/SiO2热循环前
ΔHm：-142.6 J/g
Tm：52.8℃
热流/(mW·mg-1)
温度/℃
(b)
EGD/SiO2热循环后
ΔHm：-116.5 J/g
Tm：59.2℃
EGD/SiO2热循环前
ΔHm：-125.2 J/g
Tm：59.6℃
热流/(mW·mg-1)
温度/℃

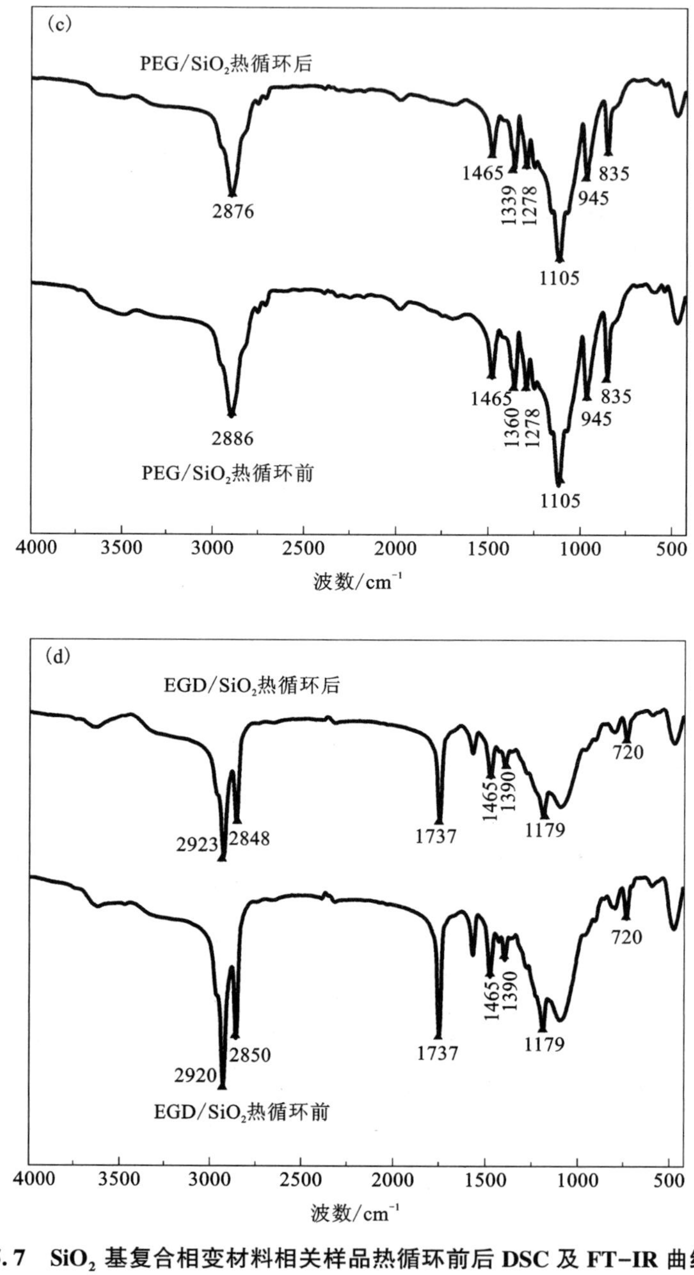

图 5.7　SiO_2 基复合相变材料相关样品热循环前后 DSC 及 FT-IR 曲线图

5.1.6　泄漏稳定性分析

通过自制的泄露试验评价 SiO_2 对相变材料的包裹及限定作用。在滤纸中心用马克笔画上直径为 7 cm 的圆，将相变材料置于圆中，相变材料液化后会向周围扩散，圆上的马克笔颜料随着相变材料的扩散而扩散，试验后根据颜料的痕迹即可知道相变材料的泄露情况。

由图 5.8 可知，纯 PEG 在试验后向外扩散形成宽约 2 cm 的圆环形扩散带，SiO_2 在试验前后形态基本无变化，PEG/SiO_2 在试验后圆形区域外部无任何泄露痕迹，将滤纸上的 PEG/SiO_2 移走后，圆形内部有 PEG 少量的泄露痕迹。PEG/SiO_2 经泄露试验后泄露较少，其泄露稳定性良好。

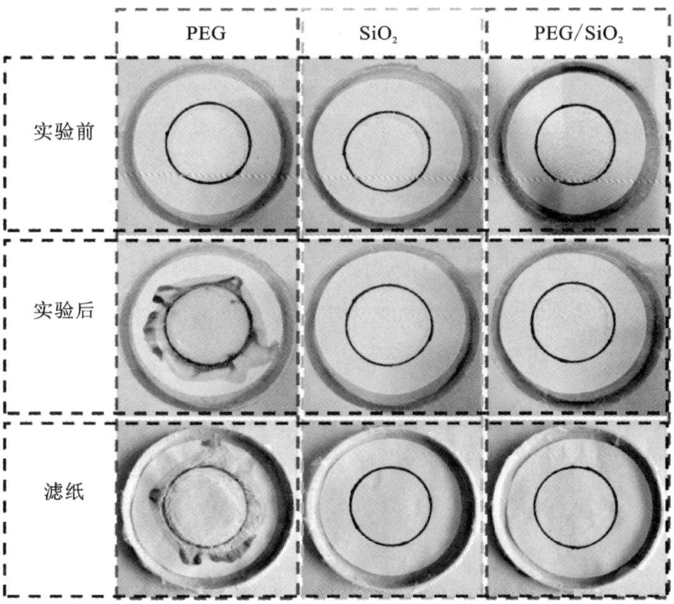

图 5.8　PEG/SiO_2 泄露试验前后对比图

由图 5.9 可知，经泄露试验后，液化的 EGD 已扩散到滤纸边缘，SiO_2 经试验后滤纸上并无痕迹。因此，EGD/SiO_2 试验后，圆形区域外部约 5 mm 宽的泄露带来自 EGD/SiO_2 中泄露 EGD 部分的液化及扩散，圆形区域内也有 EGD 的泄露痕迹，泛着珠光光泽。

综上所述，SiO_2 基体对 PEG 的定形效果较好，PEG 在泄露试验后基本无泄露，进一步证明了 SiO_2 基体与 PEG 之间具有较强的相互作用力。而 SiO_2 基体对 EGD 的定形效果略逊于 PEG，试验后 EGD 的泄露较多，SiO_2 基体与 EGD 间的作用力较弱。

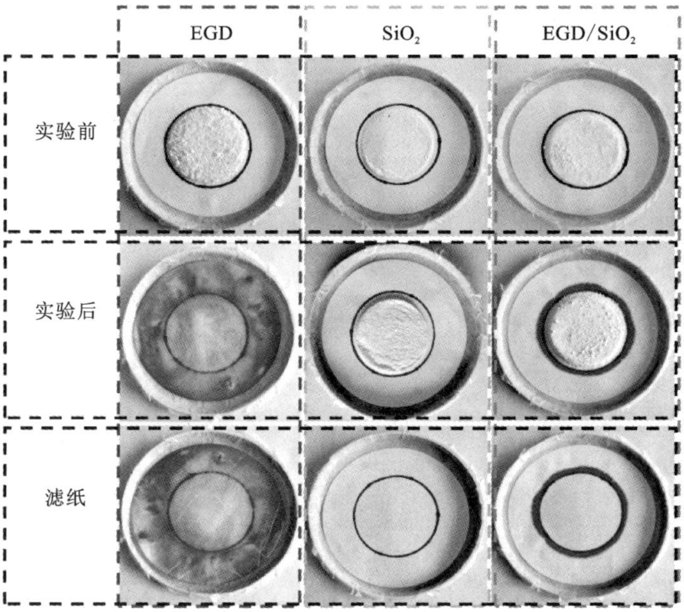

图 5.9　EGD/SiO_2 泄露试验前后对比图

5.2　环氧树脂基定形复合相变细集料

调节路面温度常用固-液相变材料，当温度升高时吸收热量并从固态转化为液态，温度下降时释放热量由液态凝固成固态。但是几乎所有的有机相变材料都具备较低的导热性能，这会使得相变材料熔化和凝固期间的吸热和放热过程变得非常缓慢，无法达到路用相变材料调温的及时性。为了使相变材料更好地适用于沥青混合料路面，在相变材料中添加具有高导热率的材料，提高相变材料的导热性，保证相变材料吸收和释放热量的及时性。同时采用环氧树脂

(ER)进行有效的包裹，克服相变材料液态流动对沥青路面造成的影响并提供相应的力学性能和耐腐蚀性。

5.2.1　微观形态分析

材料的特性一般来源于微观结构特点，微观结构决定材料的特性。图 5.10 为环氧树脂基定形复合相变细集料相关样品 SEM 图，其中图 5.10(a)为膨胀石墨鳞片放大 500 倍情况下的微观结构图，膨胀石墨的微观结构由大量鳞片状的

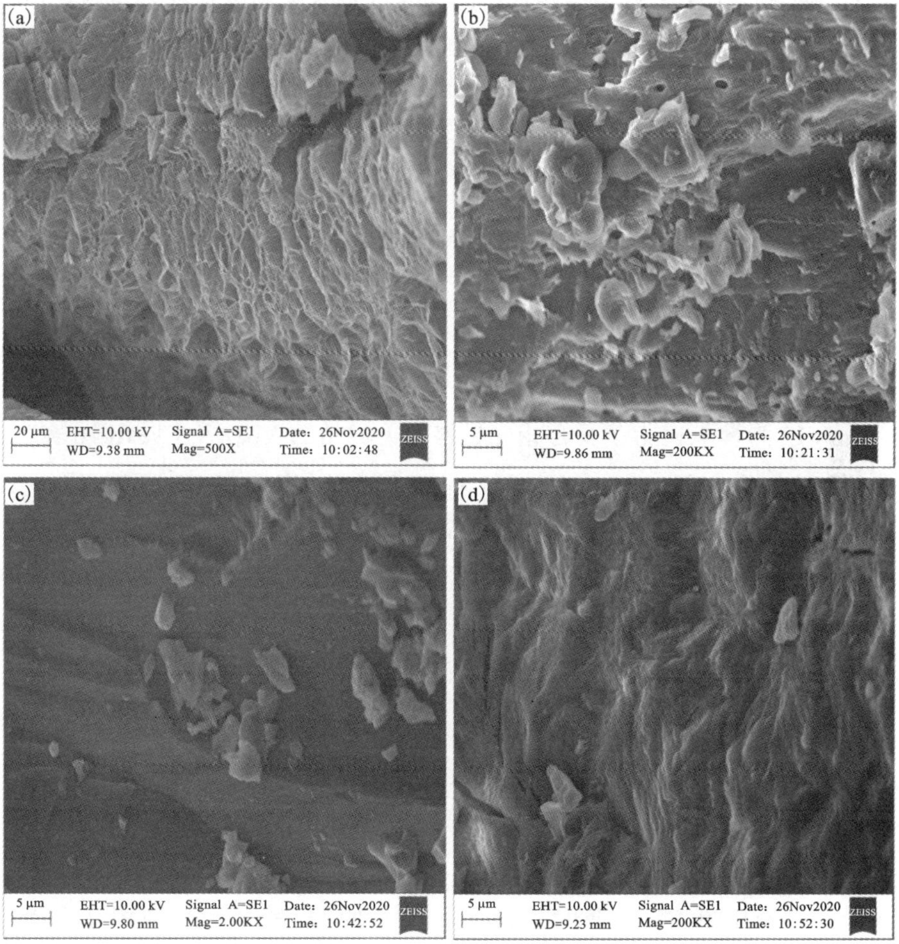

图 5.10　环氧树脂基定形复合相变细集料相关样品 SEM 图

片层结构黏连、重叠在一起，外形呈蜂窝状的微孔结构。丰富的网状孔，为相变材料的插入提供了强大的毛细作用力和表面张力，使融化后的相变材料更易吸附到膨胀石墨微孔中[80]。图 5. 10(b)为膨胀石墨负载 PEG 相变材料的形貌特征，可以看到膨胀石墨孔隙及表面被大量 PEG 相变材料填充覆盖，蜂窝状的孔径被裹覆。图 5. 10(c)为环氧树脂固化后的断面，从图中可以看出环氧树脂固化物断面形貌光滑、结构致密，未有明显的条纹状断痕，物质较为单一，表明此时的环氧树脂固化物产生脆性断裂。图 5. 10(d)为 PEG/ER 的断面微观形貌，此时环氧树脂表面沟壑纵横，这些沟壑的产生是由于复合相变材料附着在断面上，环氧树脂包裹复合相变材料的同时也是复合相变材料裹覆在环氧树脂上，两者为相互混合状态，环氧树脂在固化过程中会将复合相变材料固定在自身的三维网状结构中，经过机械破碎后，表面层的三维网状结构部分发生破坏，导致部分复合相变材料裸露，从而在环氧树脂表面表现出沟壑纵横的现象，这种结构可以在高温状态下限制相变材料的流动，从而解决相变材料在高温状态下泄漏的问题[81]。

5. 2. 2 物相及红外分析

图 5. 11 为环氧树脂基复合相变材料相关样品的 XRD 及 FT-IR 图谱，其中图 5. 11(a)及图 5. 11(c)为各样品的 XRD 图谱，从中可以看出 EG 在整个扫描范围内仅 $2\theta=26.57°$处有明显的特征峰值，经过与相变材料浸渍后，复合相变材料在此位置出现相应的特征峰，但是强度降低，主要是因为 EG 在复合相变材料中的含量较低，且与各相变材料间的相互作用削弱了此峰的强度。单体相变材料 PEG 在 2θ 为 19. 26°、23. 40°处有明显的特征峰，在 PEG/EG 中的相应位置均有显现，且没有新的特征峰的出现。复合材料 PEG/EG 在 2θ 为 19. 26°、23. 40°两处明显的特征峰出现在定形复合相变材料 PEG/ER 中的相应位置，纯环氧树脂固化后的产物 ER 在 2θ 为 10°~30°有一处较宽的波峰，对比 PEG/ER 的 XRD 图谱中相应位置上的曲线整体高于 PEG/EG 峰位的基准线。说明 ER 存在于 PEG/ER 中，没有出现新的波峰，两种材料复合后受到相互作用的影响，相应峰位得到加强。整体来看，各材料样品间的特征峰均属于原单体材料中的特征峰，并且没有发生移动，说明相变材料、载体、包裹体之间并未发生

化学反应，仅为物理相容。

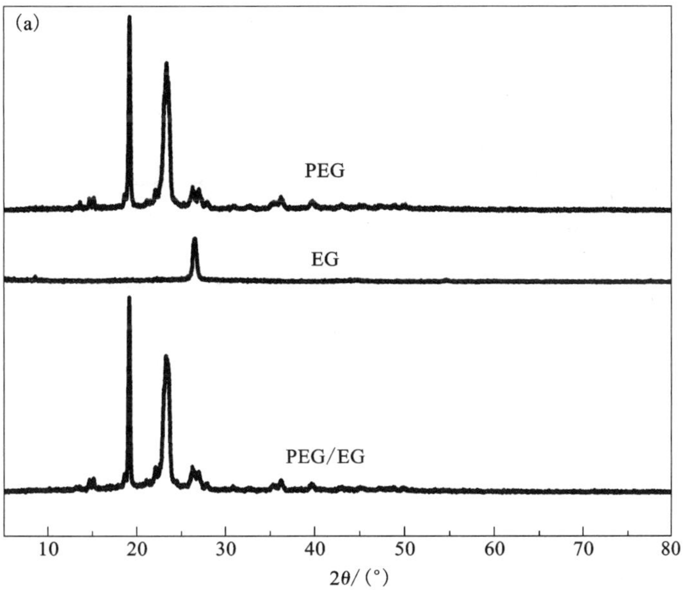
(a)
PEG
EG
PEG/EG
10
20
30
40
50
60
70
80
2θ/(°)

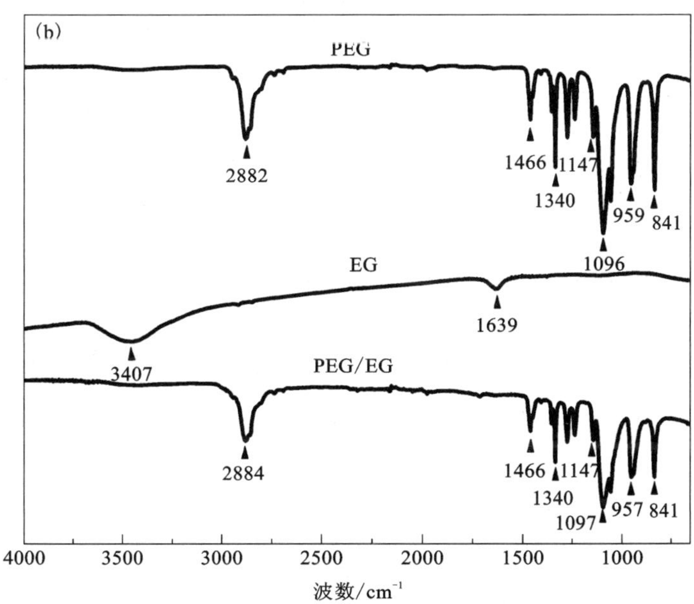
(b)
PEG
2882
1466
1340
1147
959
841
1096
EG
1639
3407
PEG/EG
2884
1466
1340
1147
1097
957
841
4000
3500
3000
2500
2000
1500
1000
波数/cm⁻¹

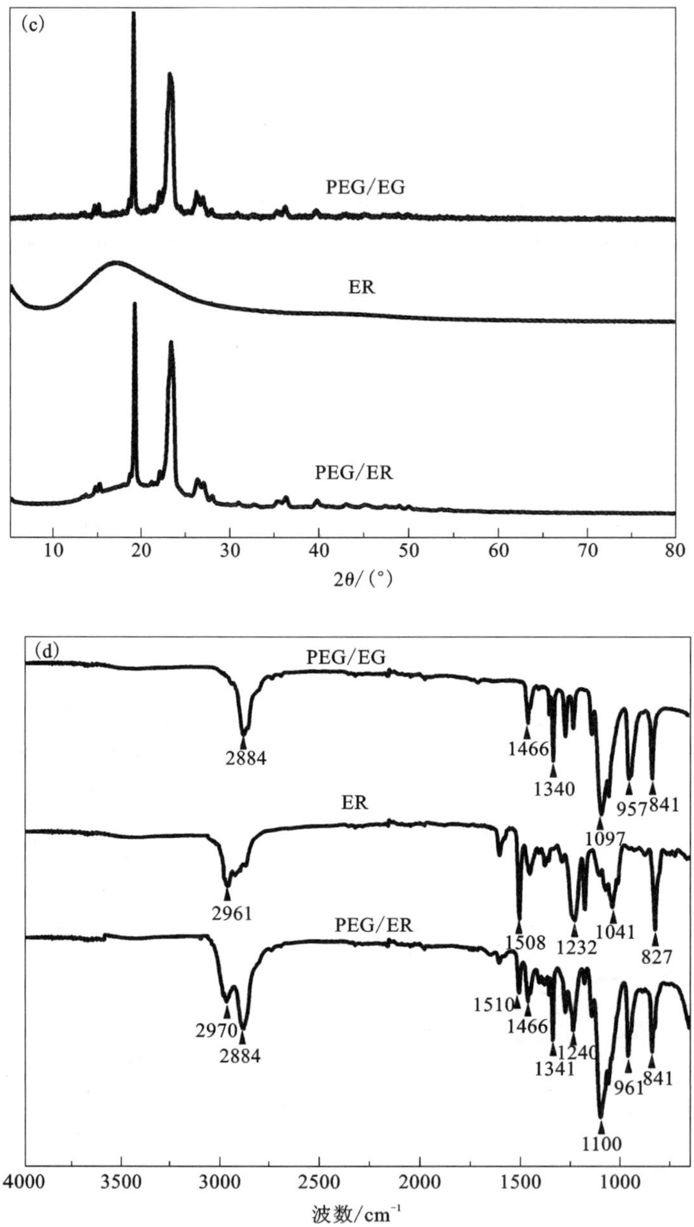

图 5.11　环氧树脂基复合相变材料相关各样品的 XRD 及 FT-IR 图谱

图 5. 11(b) 及图 5. 11(d) 为各样品的 FT-IR 图谱，EG 中两个明显的红外吸收峰为 1639 cm^{-1} 和 3407 cm^{-1}，分别对应的是自由水中的 O—H 键伸缩振动产生的和 C—O 键伸缩振动，自由水的出现是由于 EG 表面的强吸附能力而 C—O 键的出现是由于 EG 在高温膨胀过程中所产生的空气氧化[82]。在 PEG 的 FT-IR 图谱中，基团—CH_2CH_2O—中的 C—C—O 键产生弯曲振动和—CH_2 官能团伸缩振动引起波数 841 cm^{-1} 和 959 cm^{-1} 处的特征峰，而波数 1096 cm^{-1} 和 1147 cm^{-1} 处产生的特征峰则是由于 C—O—C 基团中的 C—O 键的伸缩振动所引起的，1340 cm^{-1} 处为官能团—CH_3 弯曲振动引起的特征峰，1466 cm^{-1} 处为—OH 弯曲振动引起的特征峰，2882 cm^{-1} 处为—CH_3—对称伸缩振动引起的特征峰[49]。相变材料的特征吸收峰在复合相变材料中均有体现，且波数位置和形状并未有明显的变化，对比 XRD 分析结论可以得到 EG 与 PEG 间没有发生化学反应，只是物理的相互作用，对其相变调温的本质没有影响，因此说明 EG 成功负载相变材料，相变材料中也形成了稳定的导热传热网络。ER 曲线中出现在 827 cm^{-1}、1508 cm^{-1} 的吸收峰为苯环骨架振动形成的，环氧基团一般会在波数 910 cm^{-1} 处出现特征峰，在 ER 和 PEG/ER 的 FT-IR 图谱中均出现此峰位，说明环氧树脂固化完全。PEG/EG 经过 ER 定形后，并没有发现新的峰位，只是两者间峰位的简单叠加，说明封装材料和复合相变材料间没有发生化学反应，主要是由于两者间仅通过物理作用和氢键相互作用结合。XRD 及 FT-IR 分析结果表明，PEG/ER 同时含有 PEG/EG 和 ER 的特征吸收峰，而且没有出现新的峰位，表明在封装结合过程中没有发生化学反应，对环氧树脂固化过程没有影响。

5. 2. 3　热稳定性与储热性能分析

图 5. 12 为环氧树脂及相关样品的 TG 和 DSC 曲线图。由 TG 曲线可以看出各样品在 30～200℃没有明显的热分解现象，PEG/EG 随着温度的升高有少量的蒸发损失，温度升高至 250℃时仅蒸发 3. 97%。单体环氧树脂从 210℃开始出现热质量损失现象，在 240～310℃出现第一阶段的热分解现象，第二阶段的热分解从 310～460℃结束。定型相变材料 PEG/ER 热重曲线同样有两个阶段

的分解曲线，在 240～310℃出现的热分解损失主要是环氧树脂的第一阶段损失，PEG/ER 的损失率低于单体环氧树脂，主要是因为 PEG/ER 中的环氧树脂成分所占比例较小，第二阶段的明显损失是由于在此温度区间中 PEG 和环氧树脂同时发生热分解。与此同时还发现 PEG/ER 在出现明显分解现象的曲线一直位于 PEG/EG 热重曲线之上，定形的效果还减少了 PEG 在高温下的蒸发现象，并且 PEG/ER 前期开始分解现象的温度已高于沥青混合料的通常热拌温度，还减少了高温拌和下的相变材料损失，说明定形相变材料 PEG/ER 具备良好的热稳定性。图 5.12(b)所示为 PEG/EG 和 PEG/ER 的储热性能测试结果，由于 PEG/EG 经过环氧树脂的包裹，其相变温度和相变焓均降低，此时定形后的复合相变材料 PEG/ER 的相变温度为 48.93℃，相变焓为 106.5 J/g。在制备 PEG/ER 过程中 PEG/EG 仅占总质量的三分之二，而 PEG/ER 的相变焓仅为 PEG/EG 的 60%左右也验证了这点，固化的环氧树脂在相变温度范围内没有相变热贡献，仅在 PEG/ER 起到定形的作用，说明定形后的复合相变材料储热性能良好[83]。

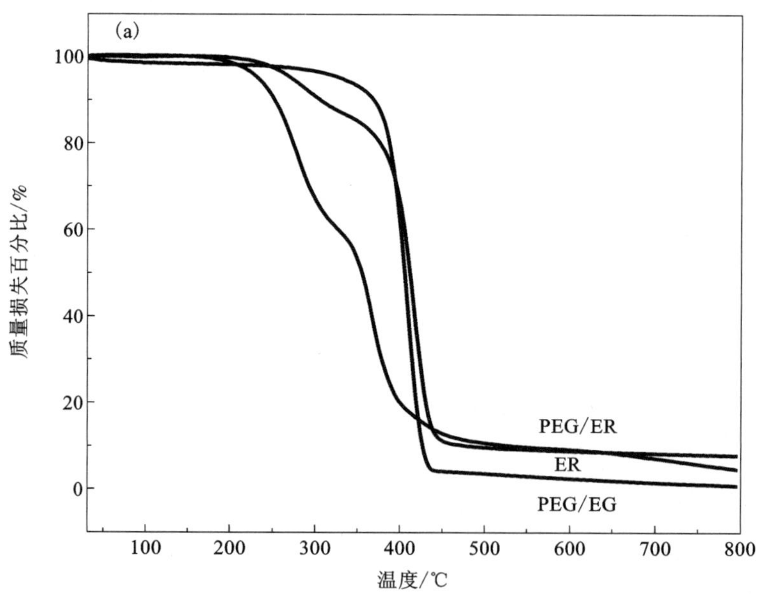

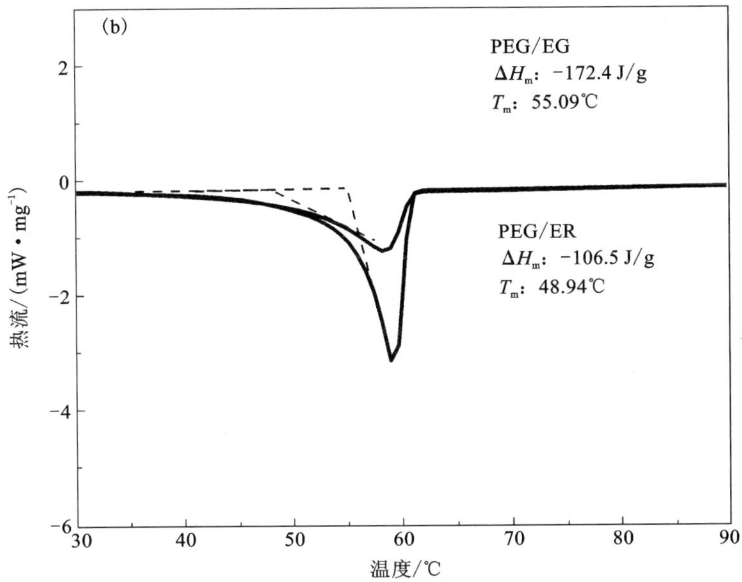

图 5.12　环氧树脂基复合相变材料相关样品的 TG 及 DSC 曲线图

5.2.4　热循环稳定性分析

热循环稳定性测试通过对 PEG/ER 进行冷/热循环交替模拟实际过程中的使用情况，其化学结构和热学性能应长期使用过程中几乎不发生变化，经过热循环前后的热物性及红外光谱如图 5.13 所示。从图(a)中可以看出，PEG/ER 在热循环前后的相变温度变化值为 2.54℃，而相变焓变化了 5.3 J/g，导致这种现象的原因是经破碎的 PEG/ER 在热循环过程中，吸附在环氧树脂表面未被包裹的相变材料发生了蒸发。结合热循环前后 PEG/ER 的红外光谱图显示，各红外吸收峰的位置及其形状没有发生变化，也没有出现新的红外吸收峰，表明热循环对 PEG/ER 的化学结构没有发生改变，热循环后的化学结构稳定。同时也验证了热循环后只是造成附着在环氧树脂表面的相变材料发生了部分物理蒸发，并无明显的性能下降，热循环可靠性较好。

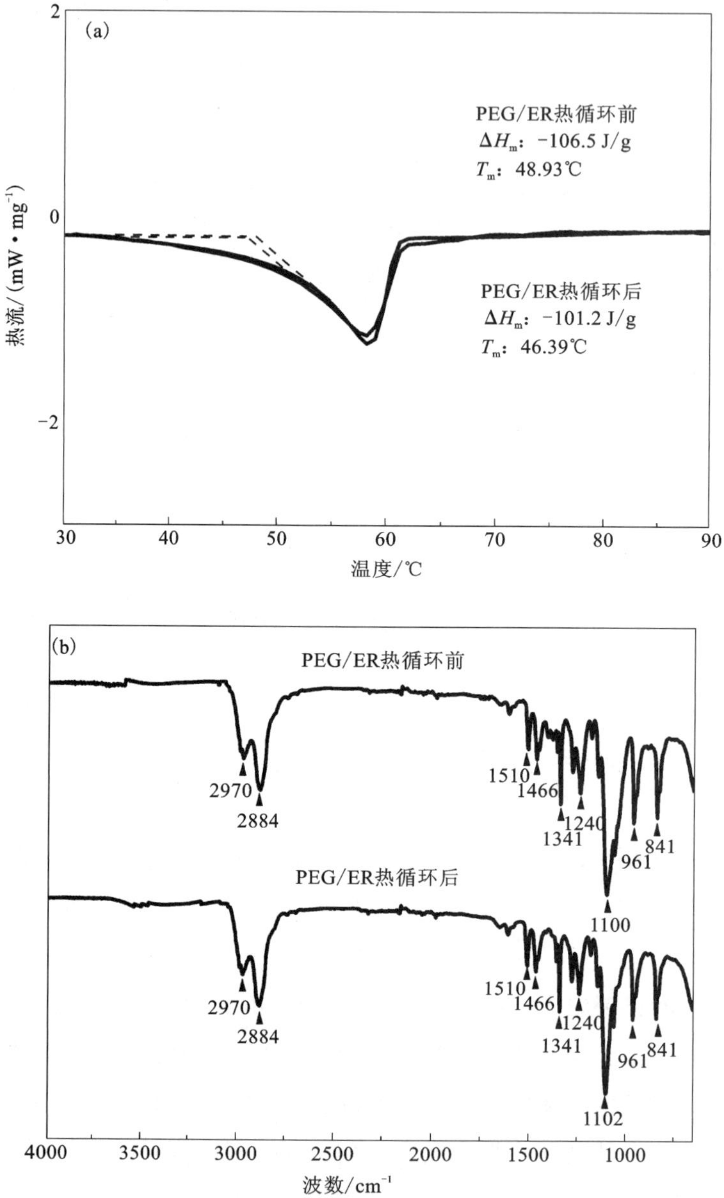

图 5.13 PEG/ER 热循环前后 DSC 及 FT-IR 曲线图

5.2.5 泄漏稳定性分析

通过提供高温环境使复合相变材料内部液化，以滤纸的相变材料痕迹线来评价复合相变材料的泄漏稳定性，PEG/ER 泄露试验前后对比测试结果如图 5.14 所示。从图中可以看出 PEG/EG 的泄漏痕迹较为明显，经过封装后的 PEG/ER，泄漏试验后滤纸上红色痕迹没有产生扩散的现象，移开滤纸上的 PEG/ER 后，可以看到滤纸上有部分残留的相变材料痕迹，泄漏量很小，主要是由于制备过程中，大部分 PEG/EG 被环氧树脂全部包裹，仅存小部分裹覆在环氧树脂表面，在泄漏试验中，裹覆在环氧树脂表面的相变材料融化，导致滤纸下面留下相变材料的泄漏痕迹。

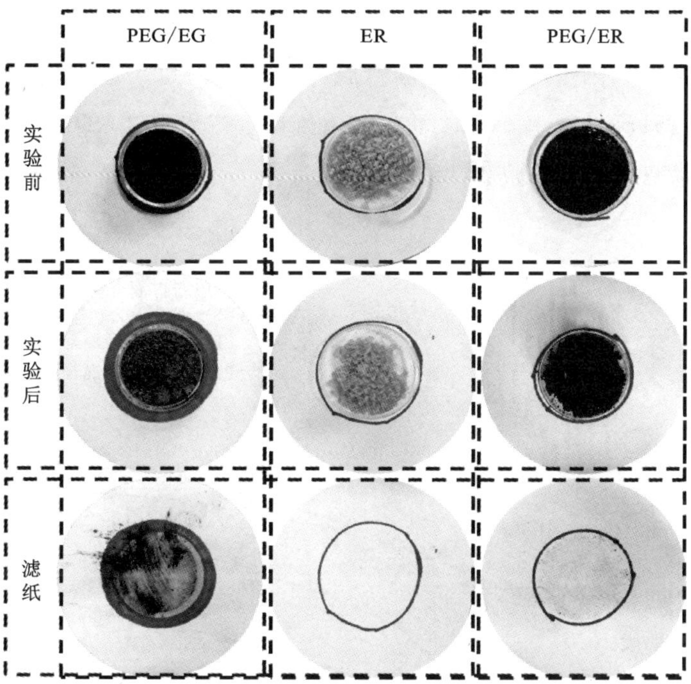

图 5.14　PEG/ER 泄露试验前后对比图

5.3 沥青混合料调温性能评价

本节采用性能较好的 PEG/SiO_2 及 PEG/ER 两类定形复合相变细集料掺入混合料中，按照规范要求制备调温沥青混合料试件，并对其进行调温性能测定。

将 PEG/SiO_2 掺入沥青混合料中进行调温性能试验，用固定辐射强度，氙灯辐射强度 800 W 作为控制指标。采用其试验结果如图 5.15 所示。两个试件的上表面温度随时间的变化曲线可分为两部分。在试验开始的前 20 min 内，两试件的上表面温度几乎一致，这是因为在此时间段内试件的表面温度还未达到 PEG 的相变温度，PEG 没有吸收热量，因此两个试件上表面温度随时间的变化基本保持一致。当试验进一步进行，两个试件上表面温度高于 PEG 的相变温度时，PEG/SiO_2 沥青混合料的上表面温度明显低于常规沥青混合料的上表面的温度。该结果归因于 PEG/SiO_2 沥青混合料中的 PEG 可以吸收潜热，并降低其上表面温度升高的速率。在时间为 90 min 时，掺入 PEG/SiO_2 的试件上表面温度比常规沥青混合料试件低 15.4℃。

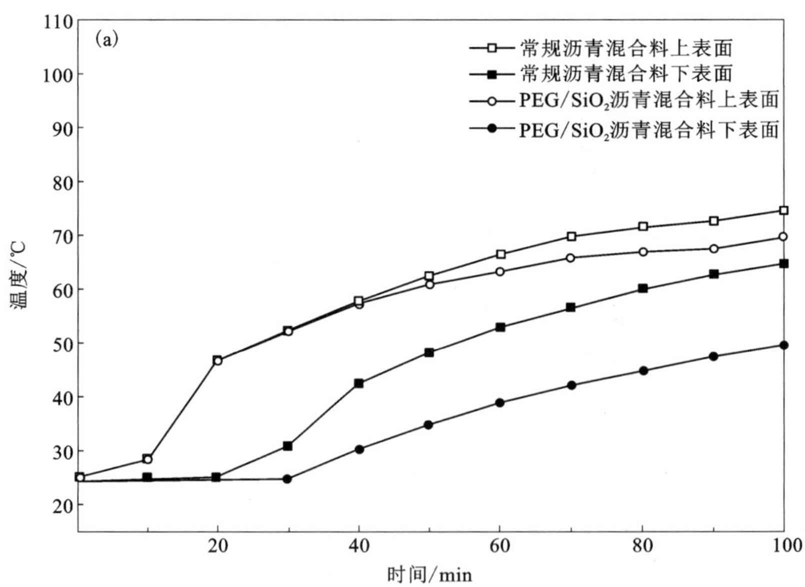

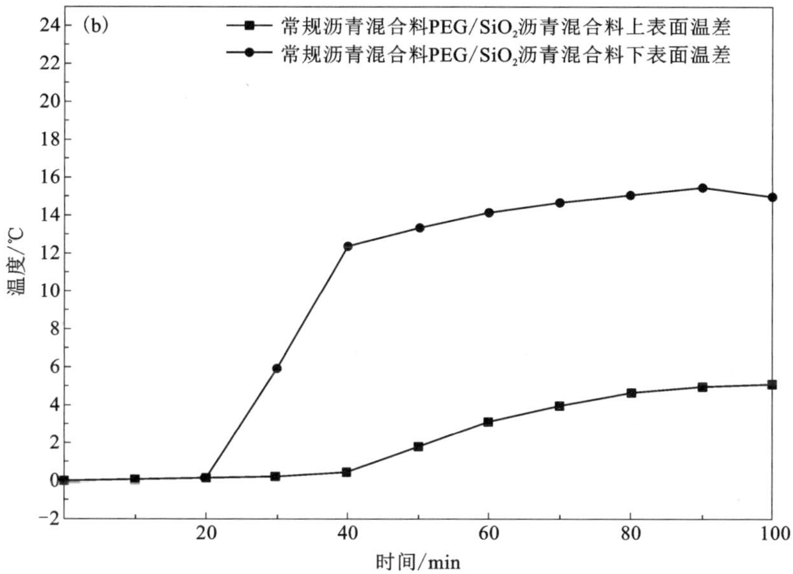

图 5.15　PEG/SiO_2 复合相变沥青混合料降温效果评价

将 PEG/ER 掺入沥青混合料中再进行一次调温性能试验，其试验结果如图 5.16 所示。从图 5.16(a)可以看出，常规沥青混合料试件下表面的温度在试验开始的 10 min 中之内与 PEG/ER 沥青混合料基本一致，均没有明显延长，此时模拟光照的热量还未传递到下表面，随着试验时间的延长，热量慢慢通过沥青混合料内部向下传递，下表面温度开始增加，试件下表面的温度也开始出现差异，并且试件间温度的差异随试验时间的增大越明显。沥青混合料下表面出现差异的温度相比上表面出现差异的温度低，出现这种现象的原因主要是因为上下表面温度存在延迟，上表面温度达到相变温度时，下表面仍有较低的温度，随着热量在沥青混合料向下传递，部分热量被达到相变温度的 PEG/ER 吸收，导致下表面温度升高变得缓慢。普通沥青混合料试件中没有受到相变材料的相变吸热影响，传递到下表面的热量较多，所以在较低温度下便产生了温度差异，最终试验结束时掺入 PEG/ER 的试件上表面温度比常规沥青混合料试件降低 3.6℃，下表面温度降低 3.7℃。

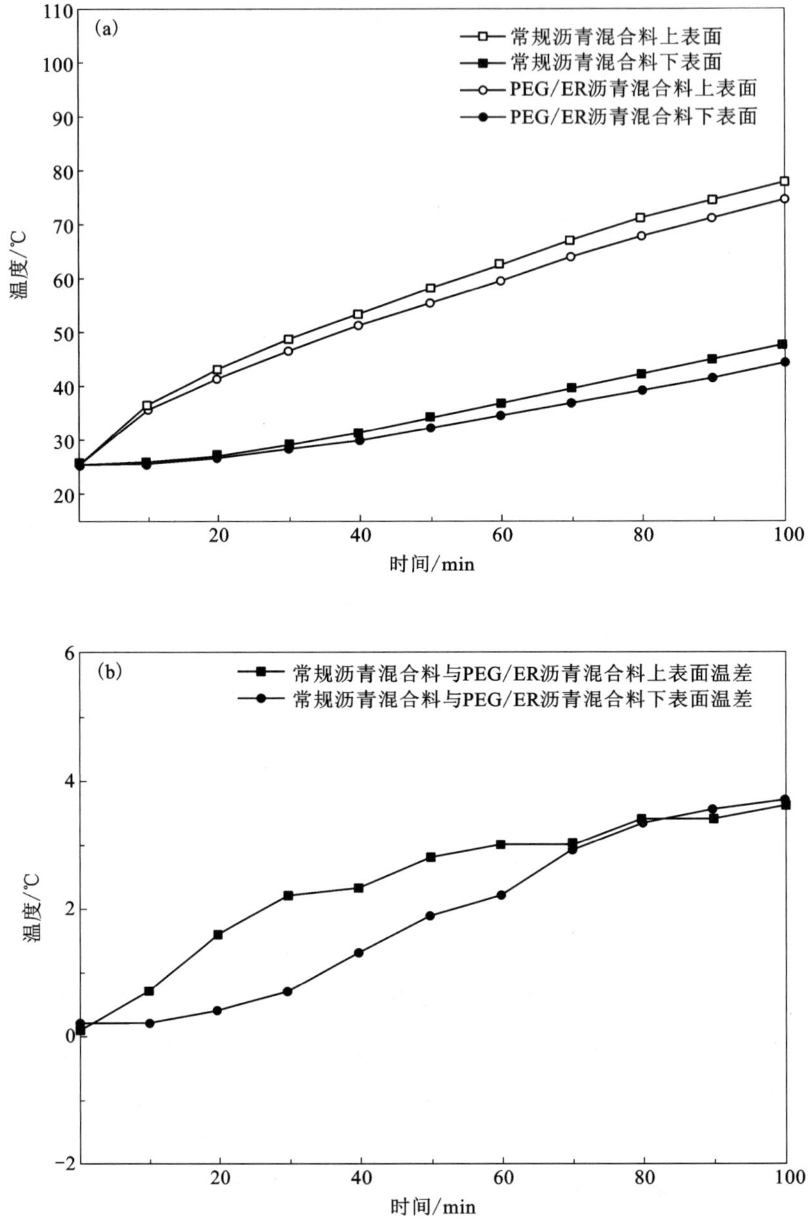

图 5.16 PEG/ER 复合相变沥青混合料降温效果评价

5.4　调温沥青混合料路用性能

5.4.1　高温稳定性能

高温稳定性是沥青混合料路用性能的重要组成部分，可表征高温状态下的抗剪切变形能力。汉堡车辙试验可一定程度体现车轮碾压次数与形成的车辙深度之间的关系。由图 5.17 可知，横坐标为车轮碾压往返次数，纵坐标为车辙深度。常规沥青混合料、PEG/SiO_2 沥青混合料、PEG/ER 沥青混合料均达到最大碾压次数 20000 次，车辙深度分别为 9.5 mm、11.2 mm、15.9 mm。PEG/SiO_2 的高温稳定性与常规沥青混合料相比下降较少。PEG/ER 的高温稳定性相对而言变化较大，主要原因可能归结为：经破碎的 PEG/ER 表面存在部分游离的 PEG，在试验过程中，游离的 PEG 逐渐液化，使 PEG/ER 颗粒的强度进一步降低，受到加载压力作用下，调温沥青混合料的力学性能降低，抵抗车辙变形能力减弱。在实际应用过程中调温沥青混合料在相同的环境下要比普通沥青混合料温度低，车辙深度变形量会发生一定的变化，现行试验中采用了高温保温处

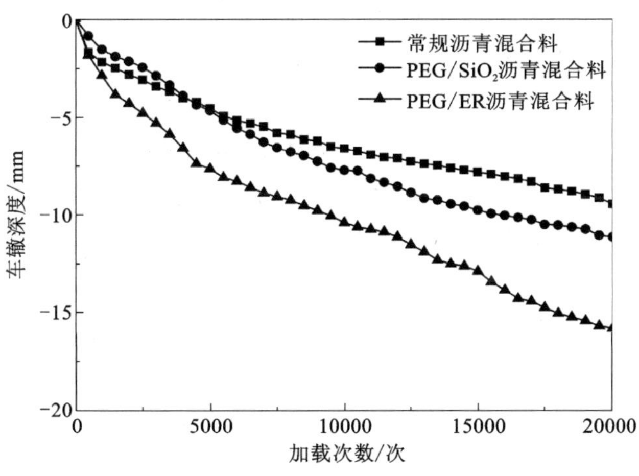

图 5.17　不同试件的汉堡车辙试验结果

理，调温沥青混合料与普通沥青混合料产生的车辙深度对比有一定的矛盾。调温沥青混合料目前作为一种新型的功能型混合料，使用过程中需要平衡调温性能与高温稳定性之间的关系，保证高温稳定性的同时具备良好的调温特性。

5.4.2 低温抗裂性能

取试件跨中截面宽度和高度分别为 30 mm 及 35 mm，试件跨径为 200 mm。将数值代入公式后计算得到小梁破坏时的抗弯拉强度、梁底最大弯拉应变及弯曲劲度模量，其数值如表 5.3 所示。试验采取 4 个平行试件，并对其取平均值。由表可得，掺入复合相变材料后沥青混合料的抗弯拉强度与常规沥青混合料相比，PEG/SiO_2 沥青混合料及 PEG/ER 沥青混合料分别升高 9.3% 及 0.1%。就最大弯拉应变而言，掺入复合相变材料后，其数值分别减少 7.9% 及 24.6%。算得常规沥青混合料、PEG/SiO_2 沥青混合料及 PEG/ER 沥青混合料的弯曲劲度模量均值分别为 2410.66 MPa、2869.52 MPa 及 3221.03 MPa。在进行低温弯曲试验时，相变复合沥青混合料中的 PEG 为固态，且孔隙率小于常规沥青混合料，就断裂力学的角度分析而言，孔隙率小则在荷载的作用下产生裂缝的概率就小，应力集中现象减弱，且低温状态时，各界面处结合较好。因此，在低温状态下，试件破坏时需要更大的荷载并产生较小的应变，拥有较大的弯曲劲度模量。因此，弯曲劲度模量呈现出常规沥青混合料最小，PEG/SiO_2 沥青混合料次之，PEG/ER 沥青混合料最大的趋势。

表 5.3 沥青混合料低温弯曲试验结果

混合料类型	破坏荷载 /N	跨中挠度 /mm	抗弯拉强度 /MPa	抗弯拉强度均值 /MPa	最大弯拉应变/με	最大弯拉应变均值 /με	弯曲劲度模量 /MPa	弯曲劲度模量均值 /MPa
常规沥青混合料	956.8	0.613	7.81	7.65	3218.25	3173.63	2426.97	2410.66
	1002.5	0.625	8.18		3281.25		2494.07	
	882.9	0.593	7.21		3113.25		2315.06	
	908.5	0.587	7.42		3081.75		2406.53	

续表5.3

混合料类型	破坏荷载/N	跨中挠度/mm	抗弯拉强度/MPa	抗弯拉强度均值/MPa	最大弯拉应变/με	最大弯拉应变均值/με	弯曲劲度模量/MPa	弯曲劲度模量均值/MPa
PEG/SiO_2 沥青混合料	1035.4	0.586	8.20	8.36	3066.00	2922.94	2674.23	2869.52
	949.8	0.517	8.08		2766.75		2920.39	
	1140.5	0.628	9.15		3244.50		2819.21	
	881.4	0.493	8.01		2614.50		3064.23	
PEG/ER 沥青混合料	949.8	0.501	7.75	7.66	2630.25	2391.38	2947.81	3221.03
	1040.4	0.438	8.49		2299.50		3693.44	
	908.5	0.477	7.42		2504.25		2961.50	
	856.8	0.406	6.99		2131.50		3281.40	

5.4.3　水稳定性能

沥青混合料间存在一定的孔隙率，水分经孔隙进入沥青和集料间的界面上，沥青和水分则形成互相竞争关系吸附在集料表面，且集料是亲水性材料，水分会破坏沥青与集料间的黏附作用，产生水损害作用。因此，水稳定性是沥青混合料路用性能的重要组成部分。表 5.4 为常规沥青混合料和两种复合相变沥青混合料的水稳定性浸水马歇尔试验结果。

由表 5.4 可知，常规沥青混合料、PEG/SiO_2 复合相变沥青混合料、PEG/ER 复合相变沥青混合料三类未浸水的试件测得的稳定度平均值分别为 11.37 kN、9.38 kN、8.49 kN。浸水后，其浸水马歇尔稳定度平均值分别为 10.28 kN、7.44 kN、6.82 kN。其稳定度在浸水前后均具有相同的大小关系，常规沥青混合料的稳定度最大，PEG/SiO_2 复合相变沥青混合料的稳定度次之，PEG/ER 复合相变沥青混合料的稳定度最小。并由上述结果算出浸水残留稳定度分别为 90.4%、79.3%、80.3%，浸水残留稳定度均大于 75%，符合规范规定。PEG/SiO_2 复合相变沥青混合料及 PEG/ER 复合相变沥青混合料的浸水残留稳定度变小的原因可能是复合相变材料中的相变材料在混合料拌和过程中产生泄露，泄露的相变材料介于沥青和集料之间，或泄露的相变材料与沥青形成竞争关系导致沥青与集料间的黏附面积变小。且 PEG/SiO_2 复合相变材料中相变材料的泄露比 PEG/ER 复合相变材料的多，导致前者的浸水残留稳定度低于后者。

表 5.4　沥青混合料浸水马歇尔试验结果

混合料类型	马歇尔稳定度 MS_1/kN	平均值/kN	浸水后稳定度 MS_2/kN	平均值/kN	浸水残留稳定度 MS_0/%
传统沥青混合料	10.85	11.37	9.50	10.28	90.4
	11.01		10.48		
	12.04		11.09		
	11.59		10.04		
PEG/SiO_2 沥青混合料	9.19	9.38	7.09	7.44	79.3
	9.56		7.06		
	9.28		7.53		
	9.49		8.07		
PEG/ER 沥青混合料	8.96	8.49	7.08	6.82	80.3
	7.93		7.25		
	8.47		6.56		
	8.61		6.38		

5.4.4　调温沥青混合料性能综合分析

两种不同类型的调温沥青混合料在延缓路面温度升高调节路面最高温度上有显著的成效。但是随着对常规沥青混合料和调温沥青混合料的常规路用性能的深入研究发现，PEG/SiO_2 和 PEG/ER 调温细集料的加入会降低沥青混合料的部分路用性能。整体来看，PEG/SiO_2 沥青混合料的调温效果最好，从路用性能上看其调温沥青混合料的各项指标均满足规范要求。综上所述，PEG/SiO_2

和 PEG/ER 沥青混合料在调节路面温度方面有很大的应用前景。对普通公路使用时，可根据所在地的气候，选择合适的定型复合相变材料，在满足规范要求的同时又可以达到调节沥青路面温度的目的。

5.5　本章小结

本章将两种性能良好的复合相变材料掺入沥青混合料中制备相变沥青混合料试件，并对其降温效果进行了跟踪观测，同时通过一系列试验对其路用性能进行了测定，其主要结论如下所示：

(1) PEG/SiO_2 和 PEG/ER 定形复合相变材料的表观形貌良好，相变材料与基体间的组合方式为物理结合，化学相容性良好。

(2) TG 试验结果表明两种不同的定形复合相变材料在沥青混合料拌合温度下质量损失较少，主要以表面吸附水的蒸发，整体来说其热稳定性良好。可以满足高温下拌合的要求。

(3) 热循环可靠性试验结果表明定形复合相变材料的 FT-IR 图谱在热循环试验前后无明显变化，且 DSC 结果表明其相变焓在热循环试验前后也无明显变化，其热稳定性良好。

(4) 调温试验的测试设备不确定度评估符合要求，证明了数据的真实可靠性。PEG/SiO_2 及 PEG/ER 的混合料试件表面降温明显，PEG/SiO_2 试件的表面最大降温可达 15.4℃。

(5) 复合相变沥青混合料的高温性能略微下降，碾压次数达到 20000 次时，传统沥青混合料、PEG/SiO_2 复合相变沥青混合料、PEG/ER 复合相变沥青混合料的车辙深度分别为 9.5 mm、11.2 mm、15.9 mm。

(6) 传统沥青混合料、PEG/SiO_2 复合相变沥青混合料、PEG/ER 复合相变沥青混合料三类试件的浸水残留稳定度分别为 90.4%、79.3%、80.3%，浸水残留稳定度均大于 75%，符合规范规定。

(7) 掺入复合相变材料后沥青混合料的抗弯拉强度与常规沥青混合料相比，PEG/SiO_2 混合料及 PEG/ER 混合料分别升高 9.3% 及 0.1%。综合来看调温沥青混合料的各项指标均满足规范要求。

第6章　定形复合相变粗集料及其沥青混合料的研究

6.1　陶粒基定形复合相变粗集料

本节探索将相变材料与陶粒(粒径 4.75~9.5 mm, CS)进行复合，并采用酚醛环氧树脂对表面进行封装制得陶粒基复合相变材料。陶粒丰富的孔隙结构和巨大的内表面积为相变材料提供了附着空间；同时，陶粒具有一定的强度，可为相变材料提供优良的骨架结构；陶粒独特的结构和性能是相变材料基体的理想选择。此外，采用酚醛环氧树脂对其表面进行封装可大大降低相变材料的损失及泄露问题。

6.1.1　微观形态分析

制得定形复合相变粗集料后通过各种测试方法对其性能进行研究，其测试结果及分析如下所示。

样品经破碎后用 SEM 对其横截面进行测定，图 6.1(a)是 CS 经破碎后横截面的 SEM 图像，从图中可观察到典型的孔隙结构，较大孔隙直径为 500~600 μm，较小孔隙直径为 5~15 μm。其中颜色较暗的孔隙为连通孔隙，颜色较浅部分为破碎后残缺孔隙。陶粒丰富多样的孔结构为相变材料提供了良好的骨架结构。图 6.1(b)及图 6.1(d)分别为 PEG/CS 和 EGD/CS 的 SEM 图像，从图中

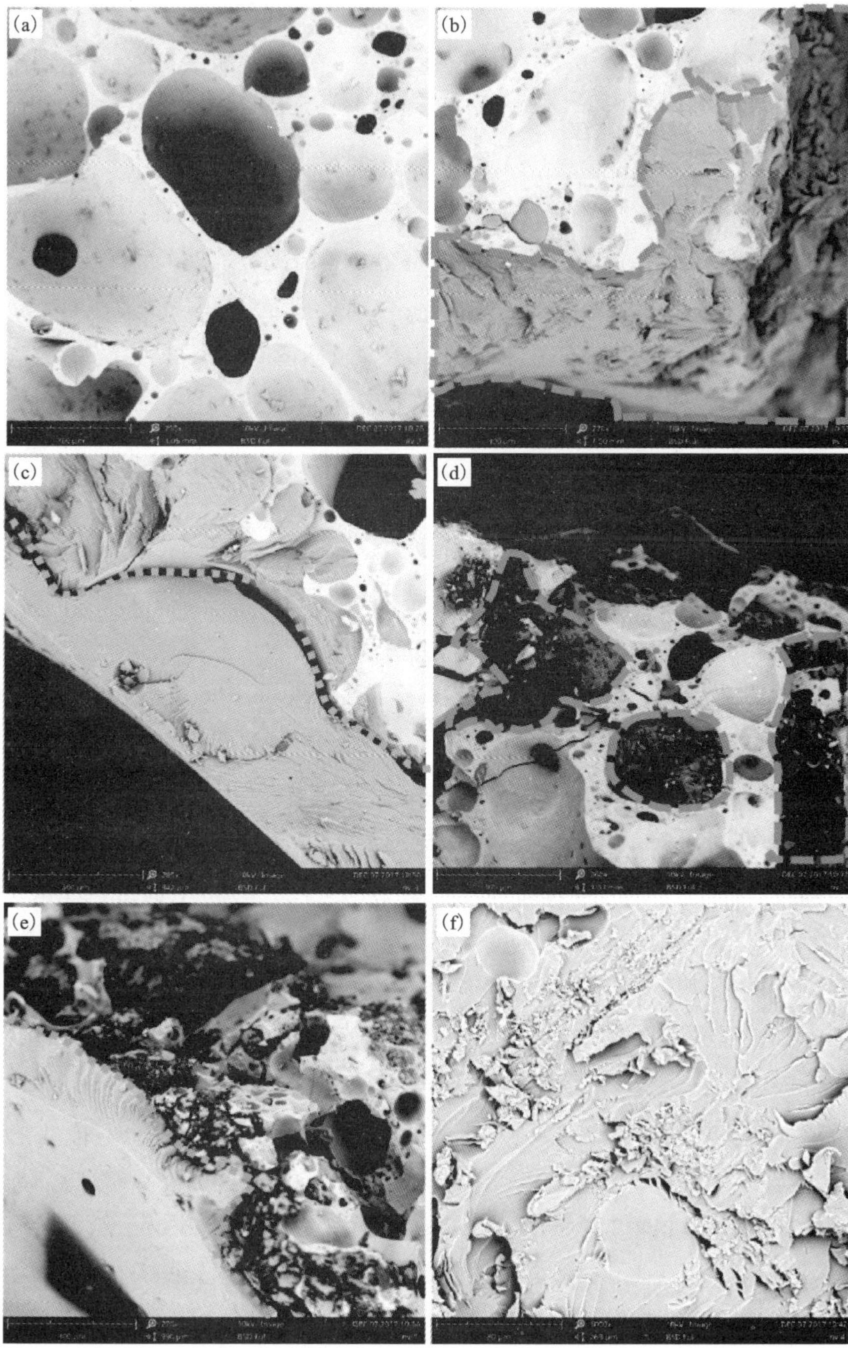

图 6.1　陶粒基复合相变材料相关各样品的 SEM 图

可了解陶粒孔隙被相变材料的填充状况，虚线圈出部分为相变材料，大部分孔隙已被相变材料填充及覆盖，表明相变材料已成功浸渍进入陶粒的孔隙中。但两种相变材料微观形态有所差异，EGD 的颜色较 PEG 更深一些，且 EGD 浸入陶粒的效果更为明显。图 6.1(c)及图 6.1(e)为 E-PEG/CS 和 E-EGD/CS 的 SEM 图像，固化后的酚醛环氧树脂具有致密而光滑的表面，虚线处为固化酚醛环氧树脂与 PEG/CS 和 EGD/CS 的界面部分，界面部分有平均间距 20 μm 左右的缝隙，可减缓相变材料在相变时体积变化所产生的体积压力[84]。图 6.1(f)为固化酚醛环氧树脂的 SEM 图像，酚醛环氧树脂固化后形成的交联结构具有致密光滑的表层，可有效减少相变材料在液化后的泄露。

6.1.2 物相及红外分析

制得定形复合相变粗集料后通过各种测试方法对其性能进行研究，其测试结果及分析如下。

各样品的结晶状况可通过分析 XRD 图谱得知。如图 6.2 所示，CS 在 2θ 分别为 26.8°、36.8°、65.0°处出现特征峰，PEG 于 2θ 为 19.3°、23.4°处观察到尖锐而强烈的特征峰，EGD 则在 2θ 为 21.7°、24.1°处出现明显特征峰。PEG/CS 及 EGD/CS 特征峰的位置与各单体材料特征峰的位置基本一致，且并没有出现新的特征峰。表明与陶粒复合并不影响相变材料的晶体结构，且相变材料已成功浸渍进入陶粒，复合材料的结晶状态保持稳定。但 PEG/CS 及 EGD/CS 特征峰的强度与单体材料相比显著降低，归因于与陶粒复合后，陶粒内部粗糙的表面限制了相变材料的结晶行为，导致其结晶度下降[85]。

各样品的 FT-IR 曲线如图 6.3 所示。在 CS 图谱中，波数 1646 cm^{-1} 附近的特征峰来源于陶粒内结构水的角度振动，1066 cm^{-1} 处的峰值归因于陶粒内碳水化合物的 C—O 键伸缩振动，775 cm^{-1} 处的峰值由 Si—O 键的伸缩振动产生，458 cm^{-1} 处的峰值可能是由 Al—O—Si 基团的骨架振动引起的。在 PEG 的图谱中，由于 C—O—C 基团的伸缩振动而产生的三重特征峰在波数为 1095 cm^{-1}，1109 cm^{-1} 和 1147 cm^{-1} 处清晰可见；在 840 cm^{-1}，960 cm^{-1} 和 2886 cm^{-1} 处分别观察到由 C—C—O 键，—CH_2 官能团的伸缩振动和 PEG 晶体引起的特征峰；此外，在波数 3449 cm^{-1} 处观察到 O—H 官能团的伸缩振动引起的特征

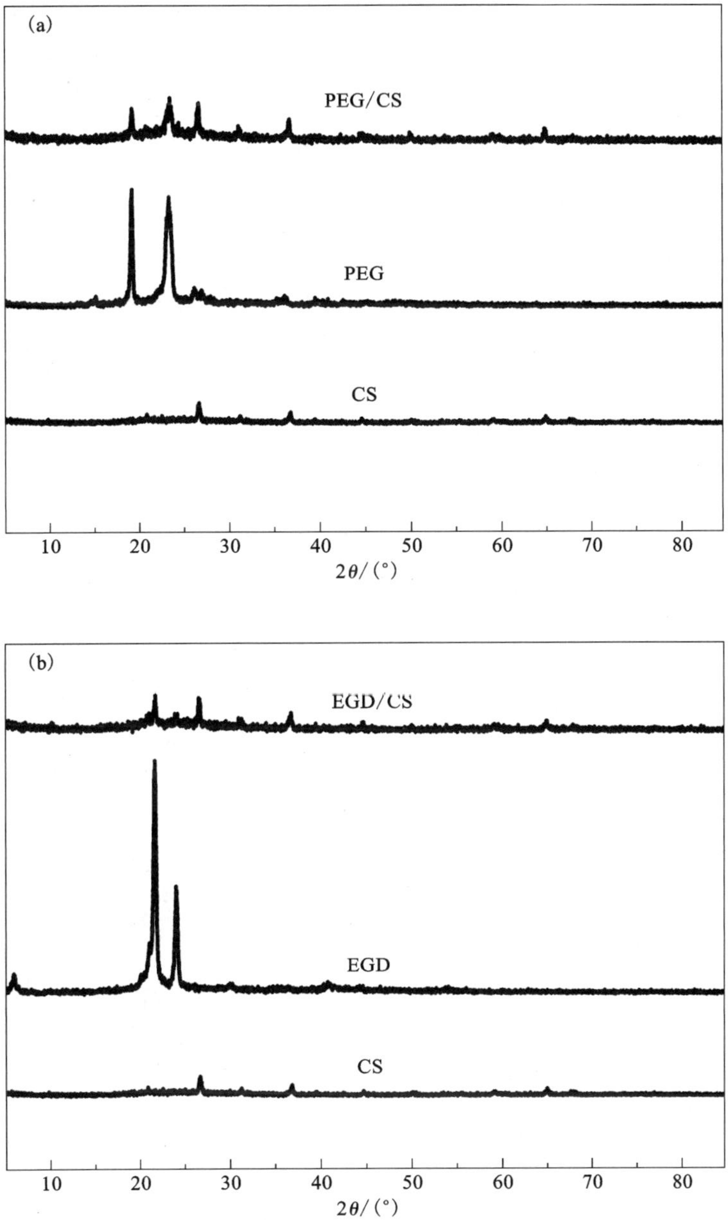

图 6.2　陶粒基复合相变材料相关各样品的 XRD 图谱

峰。在 EGD 的图谱中，波数为 1732 cm^{-1} 处可清晰观察到 C ═O 键伸缩振动引起的特征峰，—CH_3 及—CH_2 官能团的伸缩振动特征峰峰分别出现在 2851 cm^{-1} 和 2922 cm^{-1} 处，在 1467 cm^{-1} 和 1375 cm^{-1} 处的特征峰分别是—CH_2—中的 C—H 共振振动和—CH_3 官能团的对称弯曲振动引起的，在 1178 cm^{-1} 处的特征峰是 C—O—C 键的反对称弯曲振动引起的，在 718 cm^{-1} 处的峰值与亚甲基的面内摆动振动相关联。相变材料和陶粒单体材料的特征峰均出现在陶粒基复合相变材料 FT-IR 图谱中的相应位置，且并无新的特征峰出现。

从 XRD 和 FT-IR 的图谱分析中可以看出，相变材料和陶粒在复合工艺过程中并没有发生化学相互作用，只是单纯的物理吸附作用。可以通过真空浸渍法成功将相变材料吸附进入陶粒的孔隙中且对相变材料的晶体结构无影响。

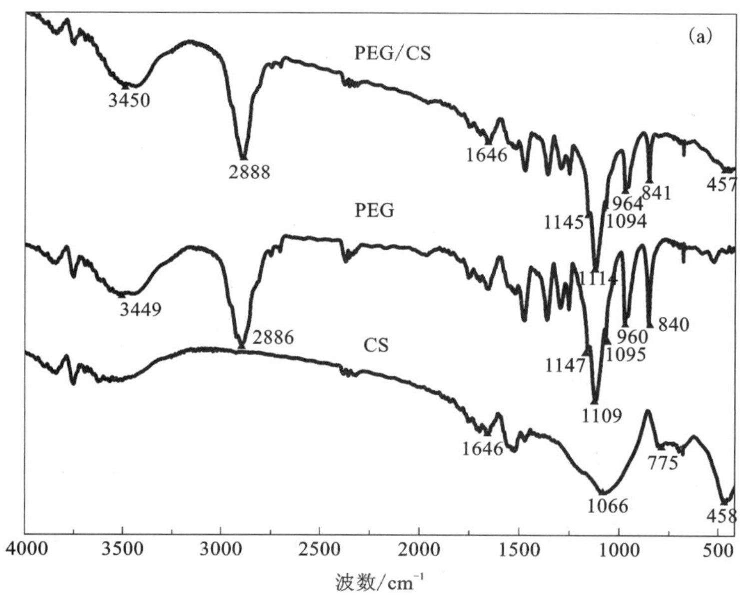

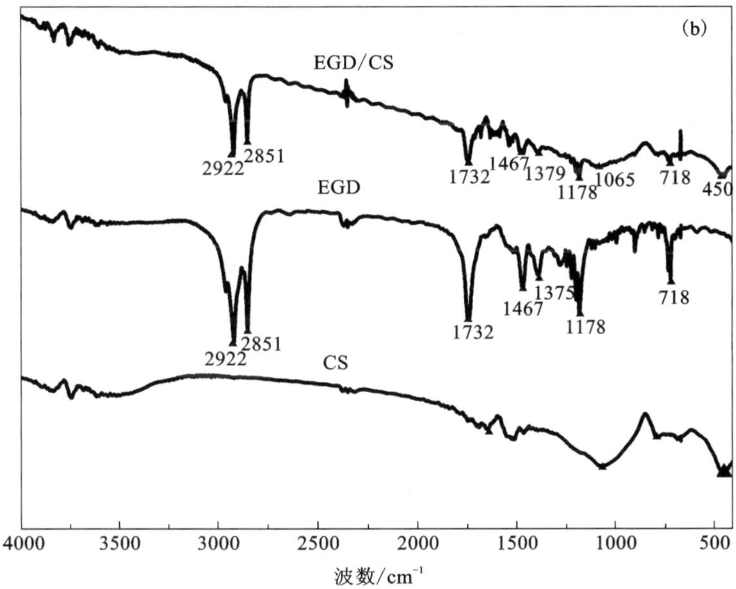

图 6.3　陶粒基复合相变材料相关各样品的 FT-IR 图谱

6.1.3　热稳定性分析

图 6.4 展示了陶粒基复合相变材料相关样品的热重分析曲线，可利用 TG 曲线的热重分析评价上述六种材料的热稳定性能。从图 6.4(a)中可看出，陶粒质量随温度升高轻微上升，其热稳定性能良好；PEG 及 PEG/CS 在约 350℃时产生较大质量损失，在约 425℃处质量损失趋于稳定，PEG/CS 的质量损失随温度变化速率稍慢于 PEG。从图 6.4(b)中可看出，EGD 及 EGD/CS 在约 250℃时开始产生较大质量损失，在约 400℃处质量损失趋于稳定，EGD/CS 质量损失随温度变化的速率与 EGD 相比明显变慢。图 6.4(a)及图 6.4(b)中曲线的整体趋势一致，与陶粒复合后的样品(PEG/CS 及 EGD/CS)其质量损失随温度的变化速率均比纯相变材料慢，陶粒孔隙内部粗糙表面限制相变材料挥发，提高了陶粒基复合相变材料的工作热稳定性。此外，在 200℃以内陶粒基复合相变材料的质量损失均很小，可满足沥青混合料拌和温度要求。其热重分

析相关特征温度及最终质量损失列于表 6.1。

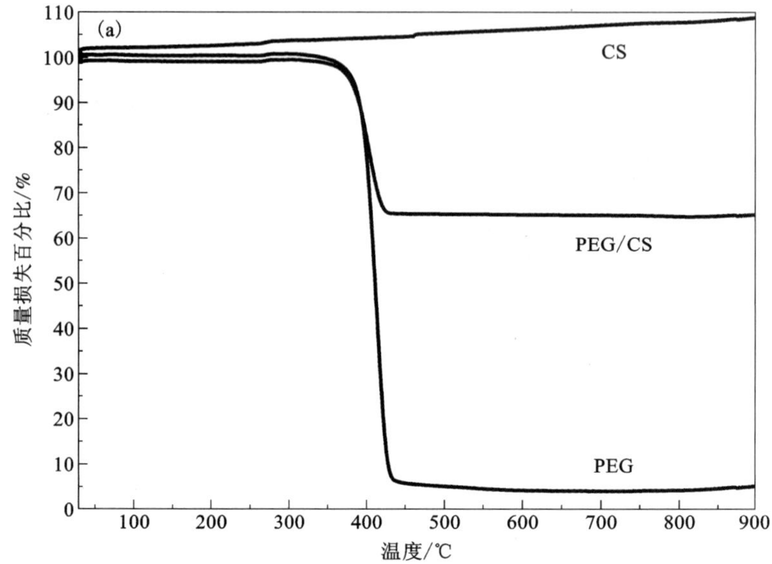

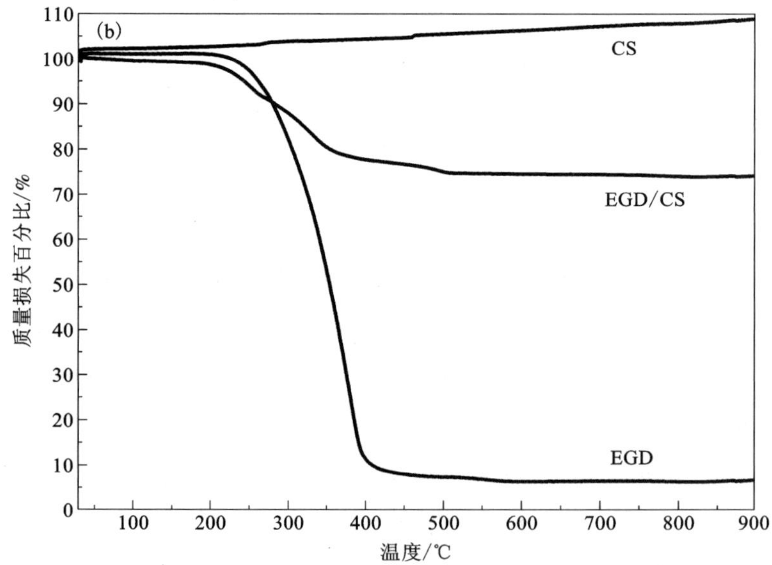

图 6.4　陶粒基复合相变材料相关各样品热重分析图

表 6.1　陶粒基复合相变材料相关样品

TG 曲线中的特征温度及其对应的最终质量损失百分比

样品	T_0/℃	$T_{0.05}$/℃	$T_{0.1}$/℃	$T_{0.5}$/℃	质量损失百分比/%
CS	—	—	—	—	-8.61
PEG	311.5	381.9	390.6	411.6	94.91
PEG/CS	311.5	377.1	389.3	—	34.94
EGD	195.9	258.8	277.0	349.6	93.55
EGD/CS	195.9	239.1	272.8	—	26.14

注：T_0 为质量损失起始温度；$T_{0.05}$ 为质量损失 5%时温度；$T_{0.1}$ 为质量损失 10%时温度；$T_{0.5}$ 为质量损失 50%时温度。

6.1.4　热物性分析

通过分析 DSC 曲线可以获得样品的相变温度(T_m)及相变焓(ΔH_m)。放热峰前半部分斜率最大处的切线与基线交点的横坐标即为相变温度，放热曲线与基线间的面积大小可表征相变焓的大小。由图 6.5 可得，各样品的放热峰均在 50℃至 70℃范围内，与沥青路面夏季高温变形的温度范围基本一致。PEG 的相变温度和相变焓分别为 58.4℃和-185.7 J/g；EGD 的相变温度及相变焓分别为 58.0℃和-188.5 J/g。PEG/CS 的相变温度和相变焓分别为 54.3℃和-55.7 J/g，EGD/CS 的相变温度和相变焓分别为-39.64 J/g。相变材料与陶粒复合后其相变温度与相变焓均低于纯相变材料。T_m 的降低可归因于相变材料与陶粒内表面之间存在的毛细管力和氢键作用等相互作用。当相互作用较强时，T_m 会增加。相反，相互作用较弱时 T_m 下降。经过对比后发现，PEG/CS 的相变焓比 EGD/CS 更理想。一方面，PEG/CS 中 PEG 的质量分数大于 EGD/CS 中 EGD 的质量分数。另一个影响因素是陶粒孔隙中的相变材料的结晶状况受孔隙粗糙内表面的影响程度。可以通过结晶分数(C_f)来评价陶粒孔隙中相变材料的结晶状况。(对于 PEG/CS，ΔH_{theory}：$185.7\times42.1\%=78.1$ J/g，C_f：$55.7\div78.1=71.3\%$；对于 EGD/CS，ΔH_{theory}：$188.5\times34\%=64.1$ J/g，C_f：$39.64\div64.1=61.6\%$)各相关材料的具体热学性能参数列于表 6.2 中，PEG/CS 中 PEG 的结晶分数大于 EGD/CS 中 EGD 的质量分数，结果表明陶粒孔隙内粗糙表面对 EGD 结晶的影响大于其对 PEG 的影响。

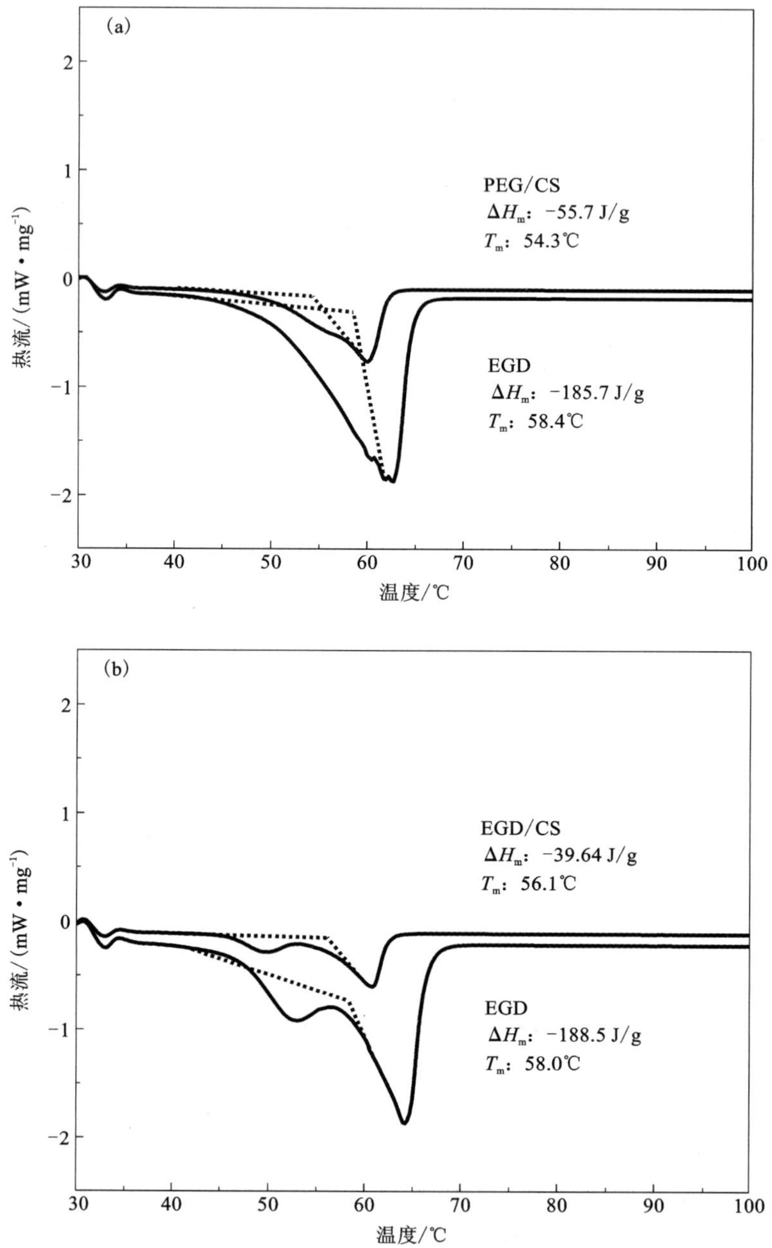

图 6.5 陶粒基复合相变材料相关样品 DSC 曲线图

表 6.2　陶粒基复合相变材料相关样品热学性能

材料	相变材料的质量分数/%	相变温度 T_m/℃	测量的相变焓 $\Delta H_{reality}$/(J·g^{-1})	理论相变焓 ΔH_{theory}/(J·g^{-1})	结晶度 C_f/%
PEG	100	58.4	185.7		100
EGD	100	58.0	188.5	—	100
PEG/CS	42.1	54.3	55.7	78.1	71.3
EGD/CS	34.0	56.1	39.64	64.1	61.6

6.1.5　热循环稳定性分析

陶粒基复合相变材料的热循环可靠性可通过分析热循环试验前后样品的 DSC 曲线及 FT-IR 曲线得到，如图 6.6 所示。从图 6.6(a)及图 6.6(b)可知，经 100 次冷/热循环后，PEG/CS 的 T_m 没有变化，EGD/CS 的 T_m 降低 3.5℃，PEG/CS 及 EGD/CS 的 ΔH_m 与热循环试验前相比均降低 26.5%。在升温过程中，陶粒孔隙中的相变材料蒸发，且历经 100 次积累后，其 ΔH_m 均有所降低，

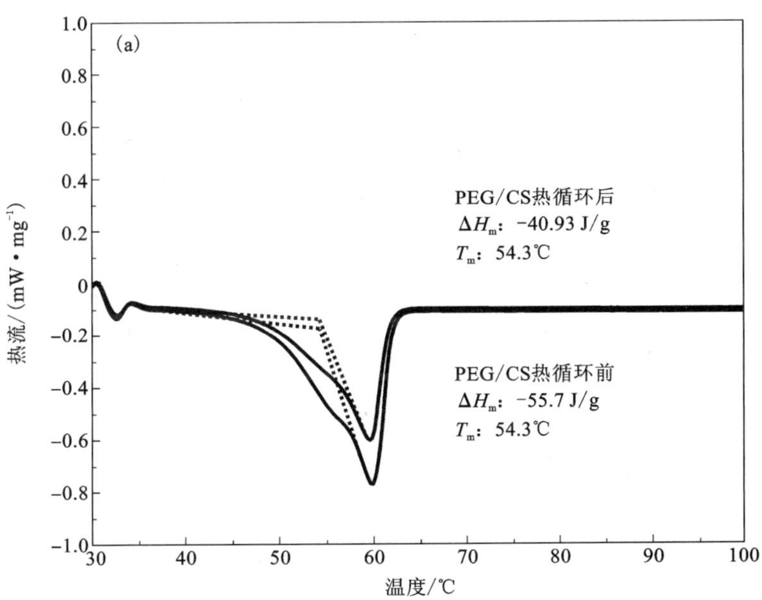

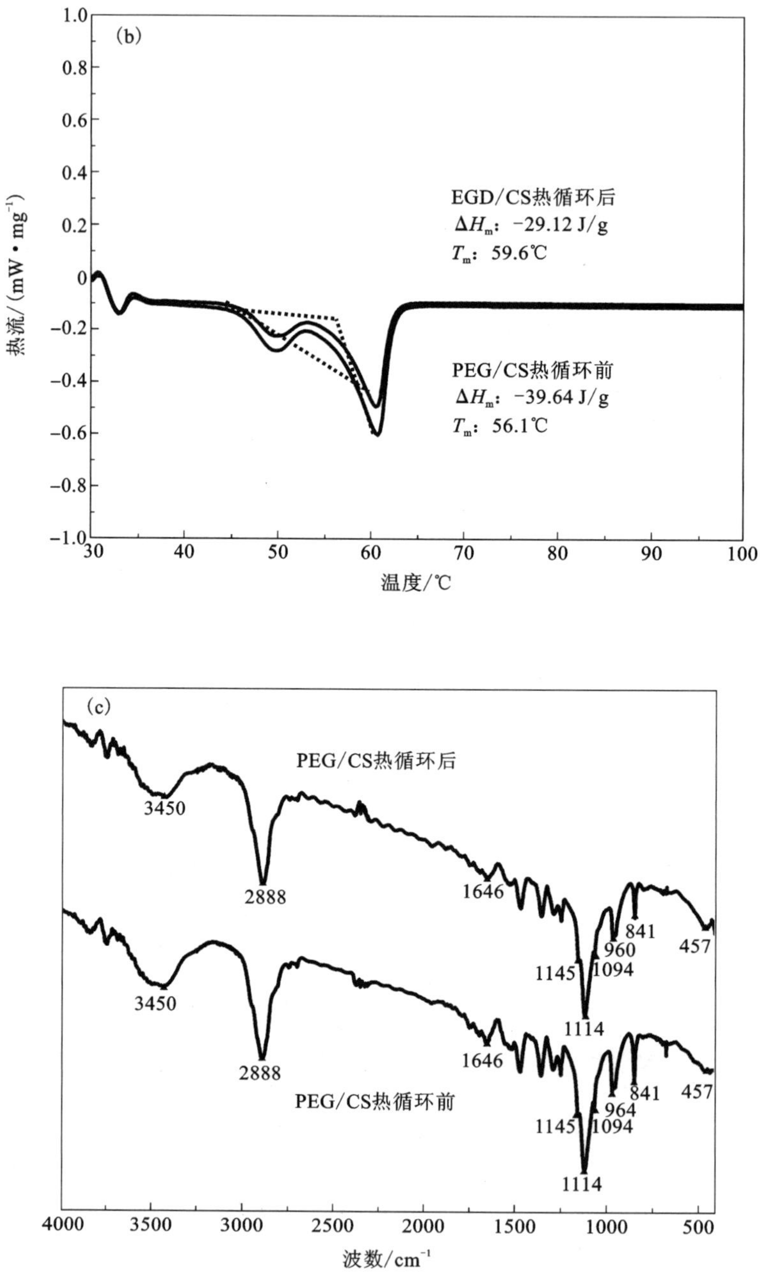
(b)
EGD/CS热循环后
ΔH_m：−29.12 J/g
T_m：59.6℃
PEG/CS热循环前
ΔH_m：−39.64 J/g
T_m：56.1℃
热流/(mW·mg⁻¹)
温度/℃
(c)
PEG/CS热循环后
PEG/CS热循环前
3450
2888
1646
1145
1114
1094
960
964
841
457
波数/cm⁻¹

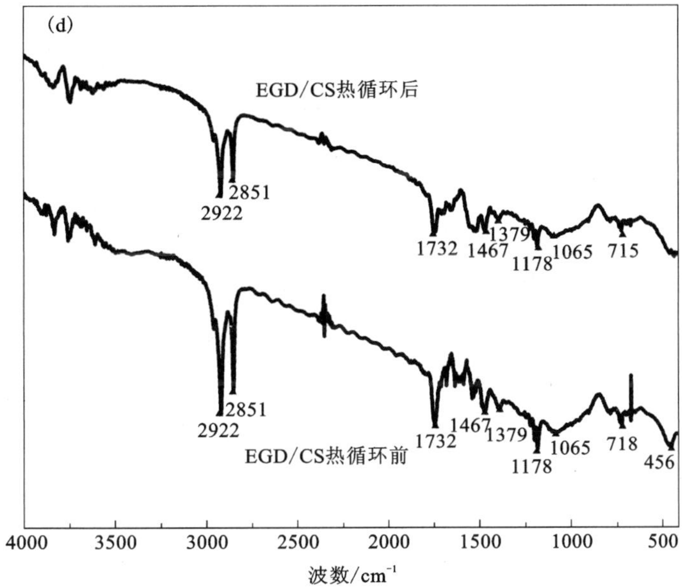

图 6.6　陶粒基复合相变材料相关样品热循环前后 DSC 及 FT-IR 曲线图

且对复合相变材料在沥青路面中的工作寿命有一定程度影响。从图 6.6(c)及图 6.6(d)可知，PEG/CS 及 EGD/CS 的 FT-IR 特征峰的波形在热循环前后基本不变，并无新的特征峰出现，透光率略微有所下降，结果表明，复合相变材料的热循环可靠性较好，热循环前后并无明显性能下降。

6.1.6　泄漏稳定性分析

通过自行设计的泄露试验可得到复合相变材料的泄露情况，由泄漏试验后滤纸上的相变材料痕迹可以评估复合相变材料的泄露稳定性。由图 6.7 可知，当样品为纯 PEG 时，试验后少量 PEG 扩散到滤纸的边缘。当样品是 PEG/CS 时，中心黑色圆形区域部分基本被泄漏的 PEG 充满。当样品为 E-PEG/CS 时，在圆形区域内只观察到少量 PEG，封装明显改善了 PEG/CS 的泄露稳定性。由图 6.8 可知，当样品是纯 EGD 时，大部分样品扩散到滤纸的边缘。当样品为 EGD/CS 时，中心红色圆形区域及外延有泄露的 EGD。封装后，放置 E-EGD/

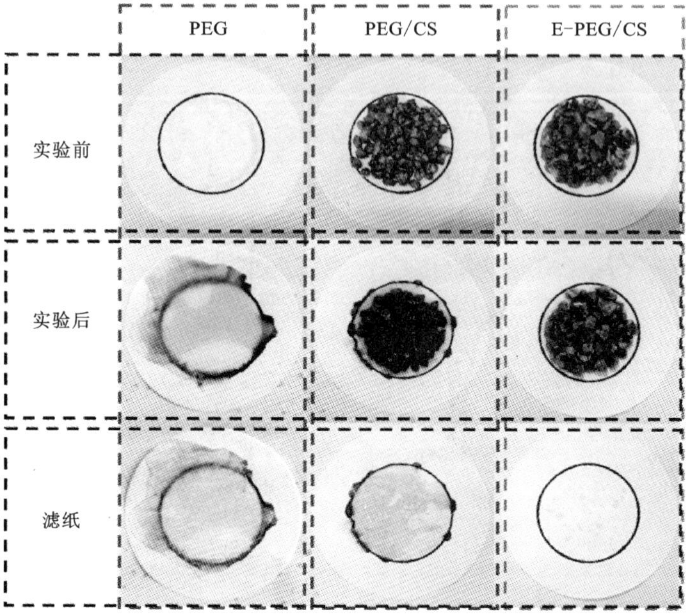

图 6.7　PEG/CS 泄露试验前后对比图

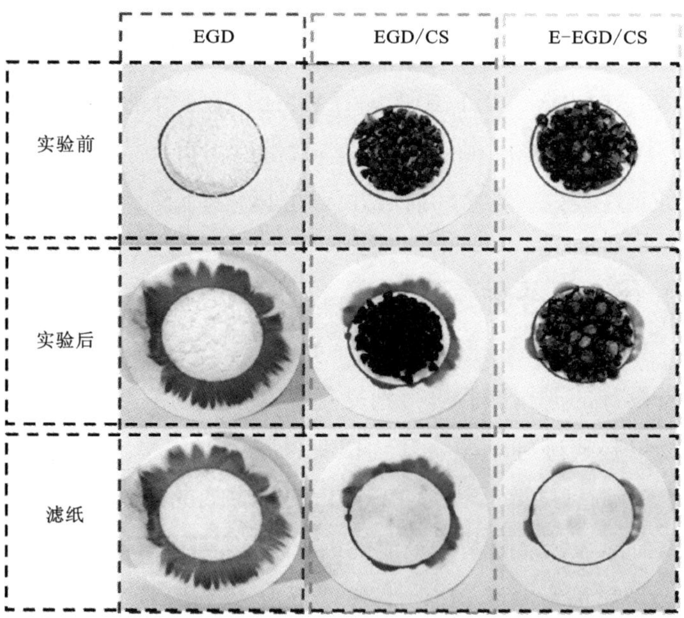

图 6.8　EGD/CS 泄露试验前后对比图

CS 样品的滤纸中心圆形区域部分及外延仍有少量泄露的 EGD。由上述结果可知，封装明显改善了相变材料的泄露现象，但仍有非常少量相变材料泄漏，且与 PEG 相比，EGD 的泄露略微明显，这主要归因于 EGD 的黏度小于 PEG 的黏度。可以清楚地看出，封装明显改善了复合相变材料的渗出稳定性，减少了相变材料的泄漏。

6.2　水泥基定形复合相变粗集料

本章探索将相变材料通过直掺的方式加入水泥浆中，利用硬化后的水泥颗粒的致密性，将其制作成水泥基复合相变集料。相变材料作为储热物质被分散在水泥颗粒中，水泥颗粒的高强性与致密性，有效限制了液相相变材料的流动以及整体结构保持稳定；而且水泥颗粒可降低相变材料与外部环境与材料的相互作用，延长相变材料的使用寿命。

6.2.1　微观表征及成分分析

将 SEM 与 EDS 组合使用，以此来分析水泥基相变集料的表观形貌与物理化学成分，图 6.9(a)是 EGD 粉末在放大 500 倍情况下的微观形貌图，由图 6.9(a)可知，EGD 表面密实，然后对 EGD 进行线扫描分析(扫描线为框内黑白线)，可得到 C，O 两种元素浓度沿扫描线变化的曲线[图 6.9(b)]，因为测试样品为纯 EGD，所以两种元素浓度比较稳定。EGD 的组成元素为 C、O、H，如图 6.9(c)所示，C，O 的质量分数分别为 88.25%与 11.75%。图 6.9(d)为 EGD 相变集料的扫描电镜图。水泥石的主要化学成分为 C、Si、O、Ca，可以发现 C、Si、O、Ca 的浓度随扫描线在两种物质的分界处有突变，在线扫描的中部，C 浓度较大，O、Si 和 Ca 浓度较小；在两端部分，C 元素减少，而 O、Si、Ca 浓度变大[图 6.9(e)]。EGD 相变集料的主要元素组成为 C、H、O、Si、Ca，由图 6.9(f)可知，C、O、Si、Ca 的质量分数分别为 62.24%、32.43%、3.33%及 2.05%。图 6.9(d)中衬度较深的为水泥石，衬度较浅的为 EGD，可以发现 EGD 与水泥石已经紧密的复合在一起。

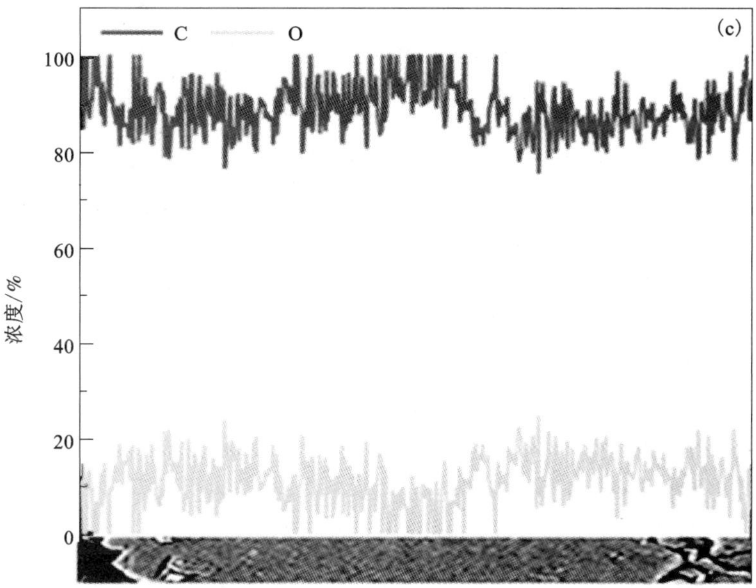
C
O
(c)
100
80
60
40
20
0
浓度/%

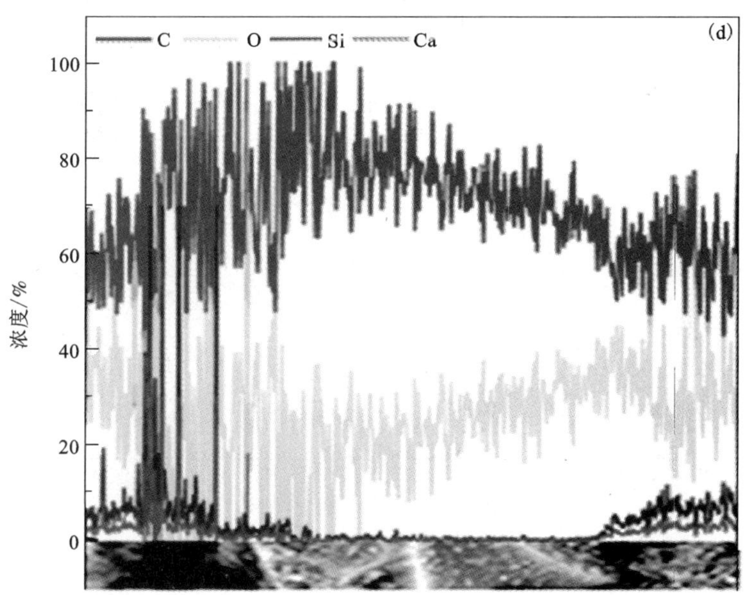
C
O
Si
Ca
(d)
100
80
60
40
20
0
浓度/%

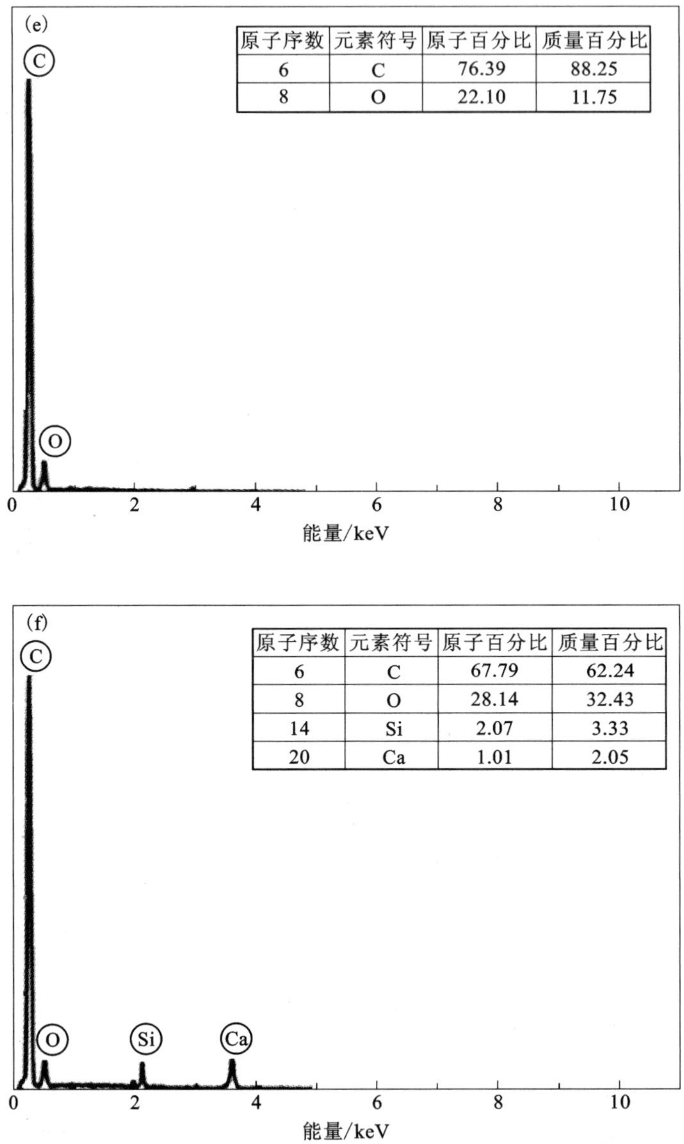

(e)

原子序数	元素符号	原子百分比	质量百分比
6	C	76.39	88.25
8	O	22.10	11.75

(f)

原子序数	元素符号	原子百分比	质量百分比
6	C	67.79	62.24
8	O	28.14	32.43
14	Si	2.07	3.33
20	Ca	1.01	2.05

图 6.9　EDG 相变集料相关样品的 SEM 图及 EDS 图

图 6.10(a)为 PEG 粉末在 5000 倍放大倍数下的微观形貌图，PEG 表面密实。图 6.10(b)为 PEG 组成元素沿扫描线的变化曲线，由其趋势可知 C、O 元素浓度较稳定，Au 元素的出现是由于测试前的喷金处理。图 6.10(c)显示 PEG 中 C、O 元素质量分数为 69.25%和 15.75%。图 6.10(d)为 PEG 相变集料的微观电镜扫描图，PEG 相变集料的主要元素组成为 C、H、O、Si 和 Ca，从扫描线的一端向另一端分析时，C、O、Si 和 Ca 元素浓度随分析线分布在两种材

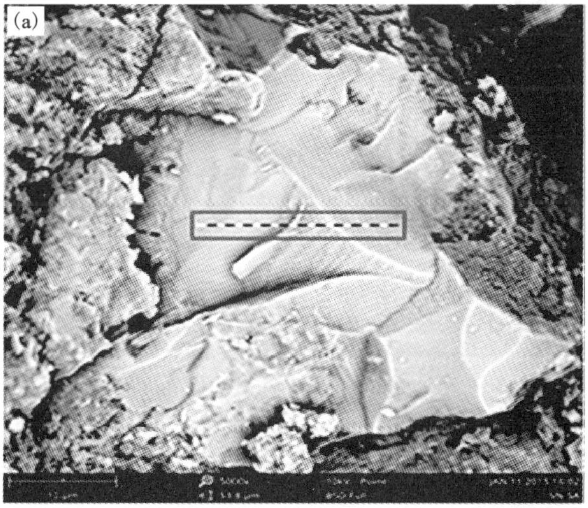

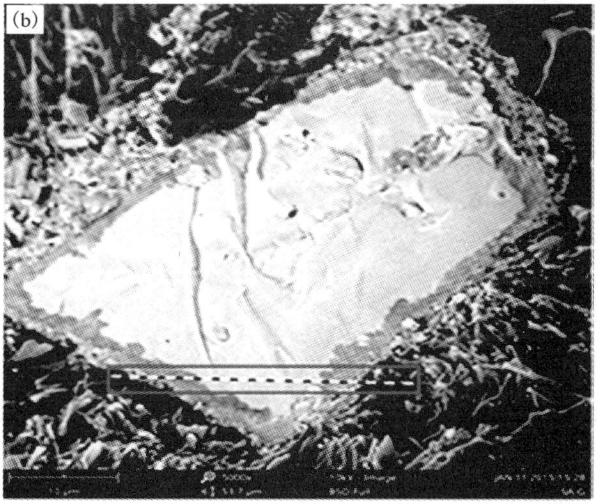

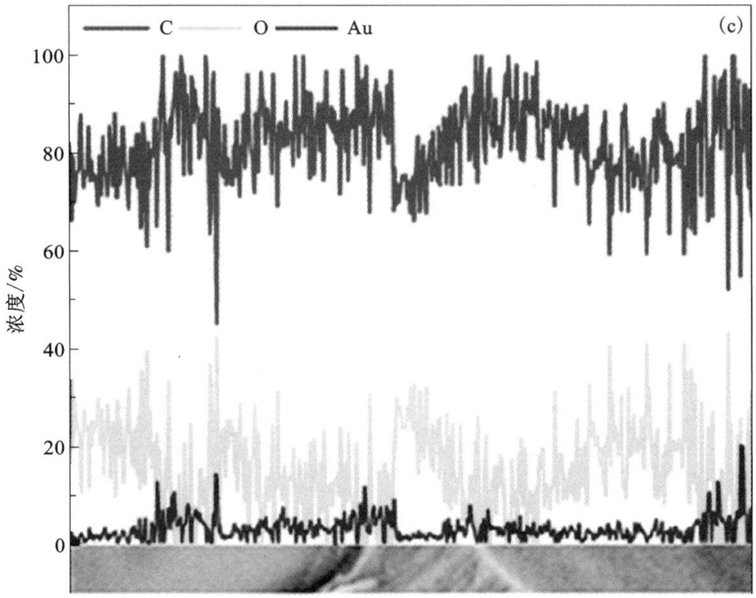
C
O
Au
(c)
100
80
60
40
20
0
浓度/%

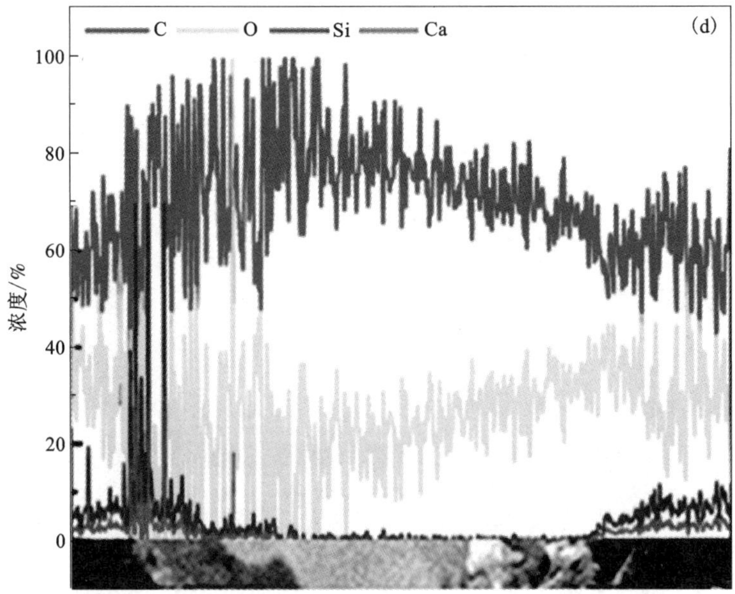
C
O
Si
Ca
(d)
100
80
60
40
20
0
浓度/%

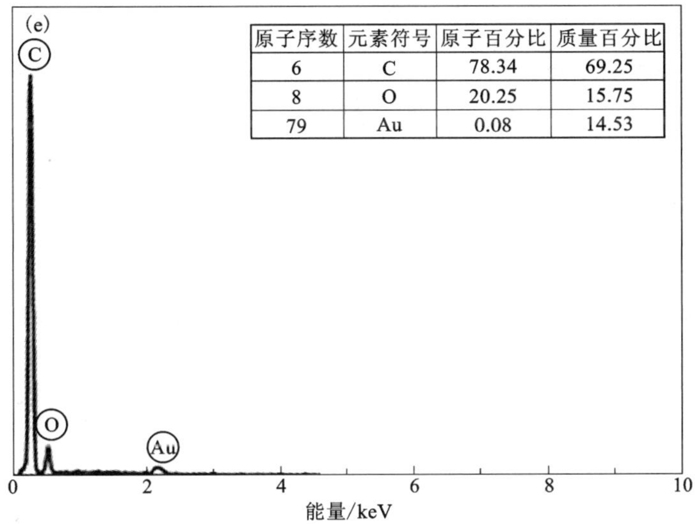

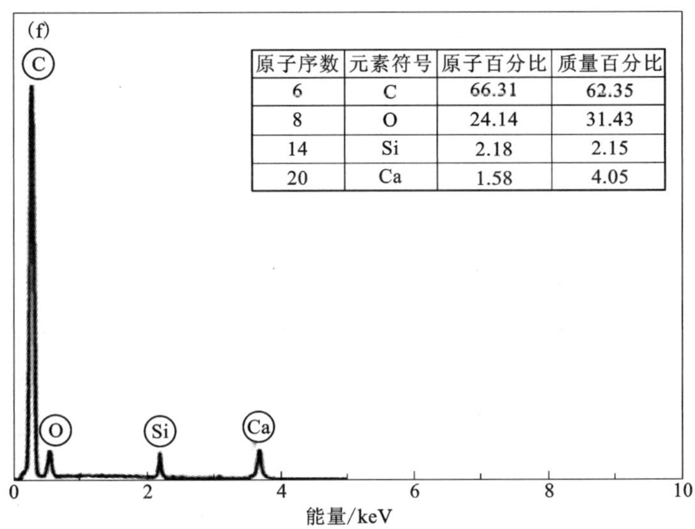

图 6.10　PEG 相变集料相关样品的 SEM 图及 EDS 图

料分界处略有突变，在中心部分，C 元素浓度较高，O 及 Si 元素浓度较少；在两端部分，C 元素浓度减少，O 及 Si 元素浓度增加[图 6.10(e)]，这说明中间的物质为 PEG 而两端的物质为水泥石。且 C、O、Si、Ca 的质量分数为 62.35%、31.43%、2.15%和 4.05%。图 6.10(d)中衬度较深的为水泥石，衬度较浅的为 PEG，可以发现 PEG 与水泥石已经紧密的复合在一起。

6.2.2 物相及红外分析

选用 XRD 和 FT-IR 试验对不同相变材料与水泥基体间的相容性进行探究，各样品的 XRD 图谱如图所示。在 6.11(a)图中普通水泥石的 XRD 图谱在 2θ=18.08°、26.68°及 29.48°出现了明显的特征衍射峰，EGD 在 2θ 为 6.01°、21.66°及 24.01°出现了衍射峰。经对比分析，发现 EGD 相变集料在前两者的相同位置出现了形状相似的峰。在 6.11(b)图中，PEG 在 2θ 为 19.28°及 23.43°处出现了明显的特征衍射峰，经对比分析后发现 PEG 相变集料在相同的位置处出现了形状相似的衍射峰。相变材料与普通水泥石复合后，仍然可以正常结晶，但其结晶行为受到了水泥石基体与相变材料的作用，以致峰强有所下降。如图 6.11(c)所示，1647 cm^{-1} 和 1066 cm^{-1} 附近的吸收峰分别归因于结构水的角振动和少量羧酸盐的 C—O 键拉伸振动，1066 cm^{-1} 处的吸收峰对应于水泥石中的碳水化合物和 C—O 拉伸振动。在 775 cm^{-1} 处观察到 Si/O 拉伸振动，在 468 cm^{-1} 处记录的峰值强度可归因于 Al—O—Si 骨架振动。在 PEG 的图谱中，由 C—O—C 基团伸缩振动而产生了 1095 cm^{-1}，1108 cm^{-1} 和 1146 cm^{-1} 处三重特征峰，在峰位为 3448 cm^{-1} 处可观察到 O—H 官能团伸缩振动引起的特征峰。在 EGD 图谱中，由 C ═O 键伸缩振动引起 1739 cm^{-1} 处的特征峰，2848 cm^{-1} 和 2920 cm^{-1} 处的特征峰归因于—CH_3 和—CH_2 官能团的伸缩振动；在 1180 cm^{-1} 和 718 cm^{-1} 处的特征峰归因于 C—O—C 键反对称弯曲振动和亚甲基的面内摆动振动。从 XRD 和 FT-IR 的图谱分析中可以得出，相变材料和水泥石在复合工艺过程中并没有发生化学相互作用，只是单纯的物理结合。可以通过直掺法成功地将相变材料导入水泥石中且对相变材料的晶体结构、水泥石稳定性无影响。

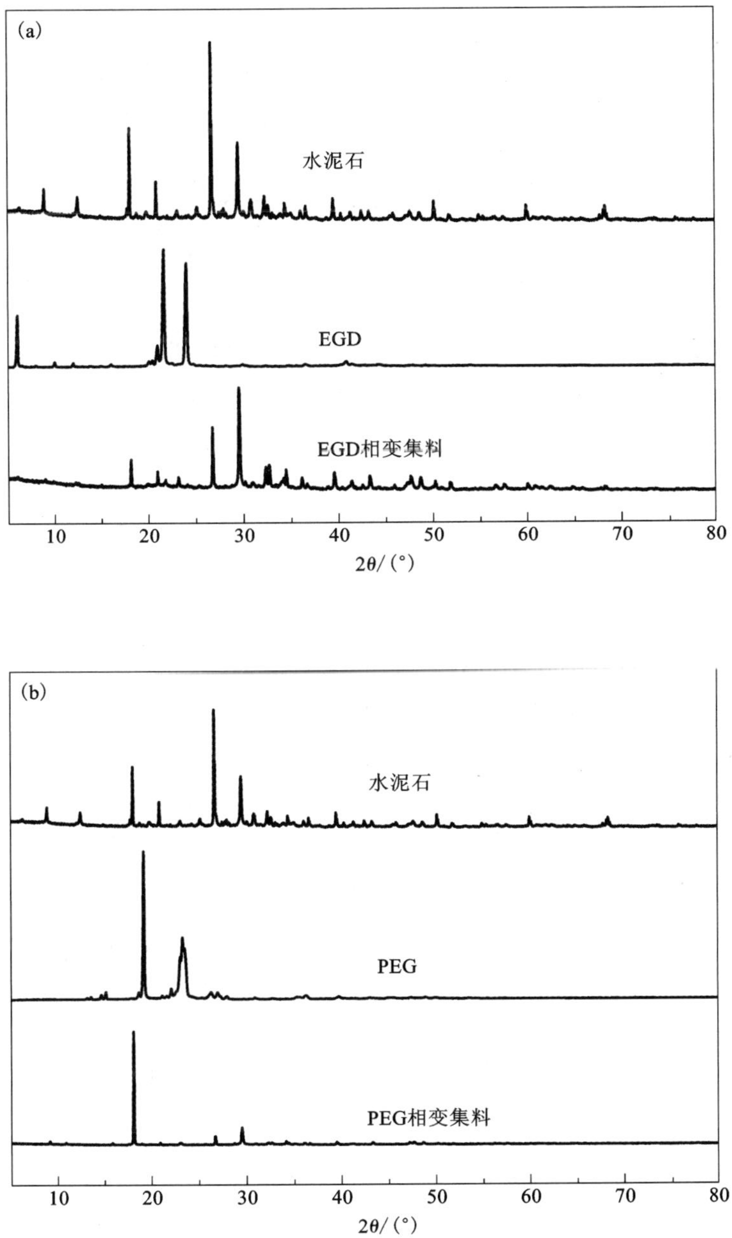
(a)
水泥石
EGD
EGD相变集料
10 20 30 40 50 60 70 80
2θ/(°)
(b)
水泥石
PEG
PEG相变集料
10 20 30 40 50 60 70 80
2θ/(°)

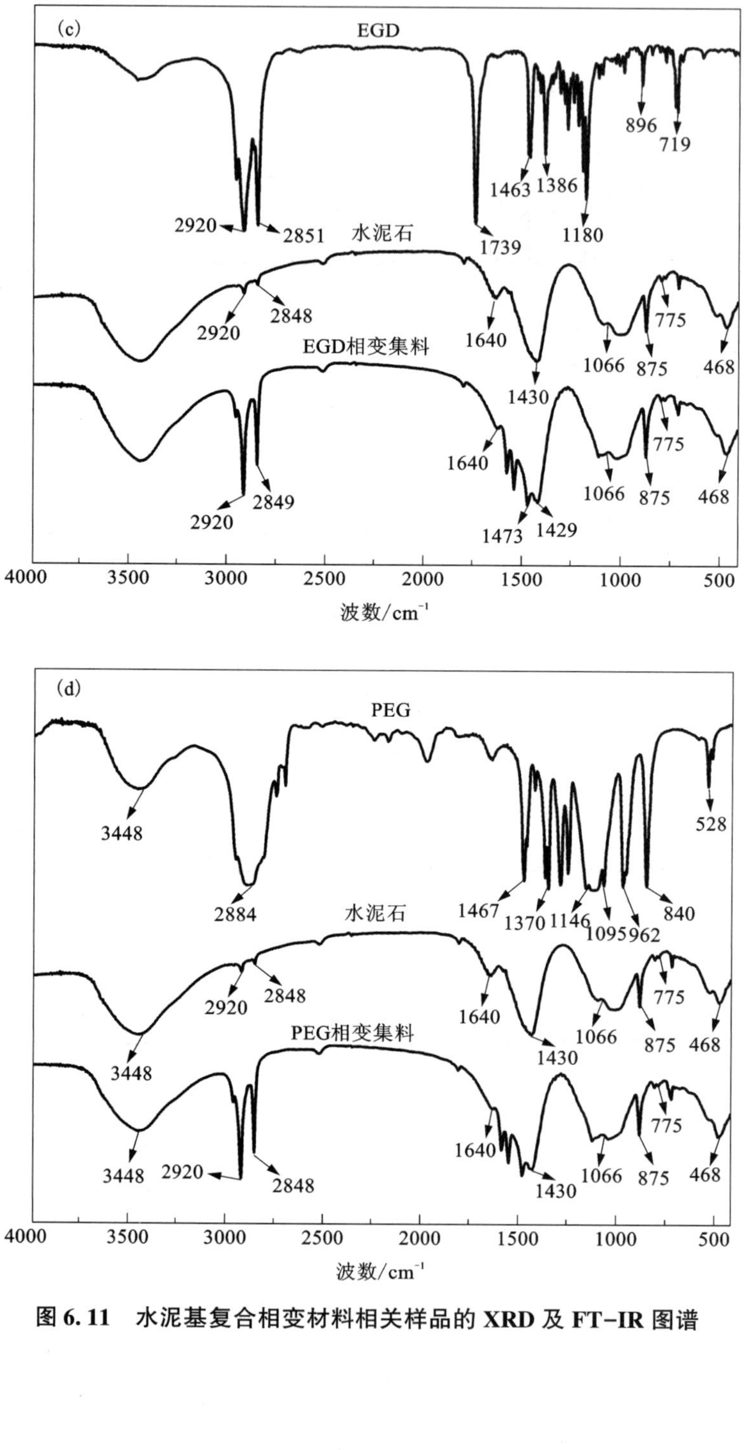

图 6.11　水泥基复合相变材料相关样品的 XRD 及 FT-IR 图谱

6.2.3　热稳定性分析

如图 6.12 所示在普通水泥石的 TG 曲线中，在 100～200℃有 10%的质量损失，此时可归因于水泥石上吸附水的蒸发损失。在 200～900℃有少量的质量损失，但损失速率很缓慢。由图 6.12(a)可知，EGD 和 EGD 相变集料只有一个阶段的热分解过程，在 300～500℃发生了剧烈的质量损失，EGD 分子键断裂，但 EGD 相变集料的分解速率小于纯 EGD 的分解速率。由图 6.12(b)可知，PEG 在 350～460℃发生了剧烈的质量损失，且 PEG 相变集料随温度升高而分解的速率小于 PEG。这说明了水泥石的存在延缓了复合材料中相变材料的分解。此外，将各样品的质量损失分别为 0%，5%，10%，50%时对应的时间及质量的最终损失量列于表 6.3 中，水泥石质量损失起始温度为 300.5℃，PEG 的质量损失起始温度为 362.9℃，PEG 相变集料的质量损失起始温度介于两者之间。与水泥石相比，PEG 相变集料复合材料的质量损失起始温度大幅度上升，而与 PEG 相比，质量损失起始温度下降了 62.4℃，且起始温度高于沥青混合料的拌合过程中的温度。这两种相变集料中，PEG 相变集料的质量损失起始温度最高，比其他相变集料的热稳定好。

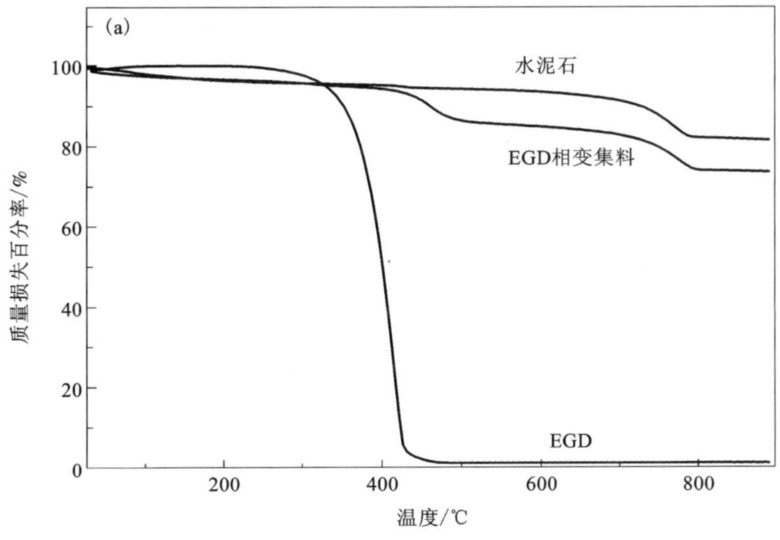

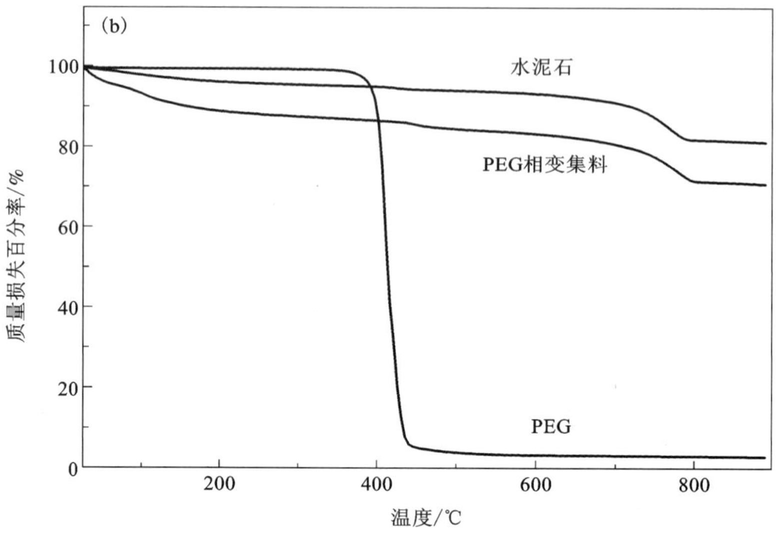

图 6.12　水泥基复合相变材料相关样品热重分析图

表 6.3　各类相变集料相关样品 TG 曲线中的特征温度及其对应的最终质量损失百分比

样品	T_0/℃	$T_{0.05}$/℃	$T_{0.1}$/℃	$T_{0.5}$/℃	质量损失百分比/%
普通水泥石	64.6	421.5	727.4	—	18.42
EGD	233.7	332.5	352.9	402.2	99.04
EGD 相变集料	198.5	357.9	460.5	—	26.35
PEG	362.9	392.4	402.2	415.2	97.02
PEG 相变集料	300.5	368.4	385.6	—	28.94

6.2.4　热物性分析

通过分析 DSC 曲线可以获得样品的相变温度(T_m)及相变焓(ΔH_m)。放热峰前半部分斜率最大处的切线与基线的交点的横坐标即为相变温度，放热曲线与基线间的面积大小可表征相变焓的大小。由图 6.13 可得，各样品的放热峰均在 50~70℃，与沥青路面夏季高温变形的温度范围基本一致。EGD 的相变温

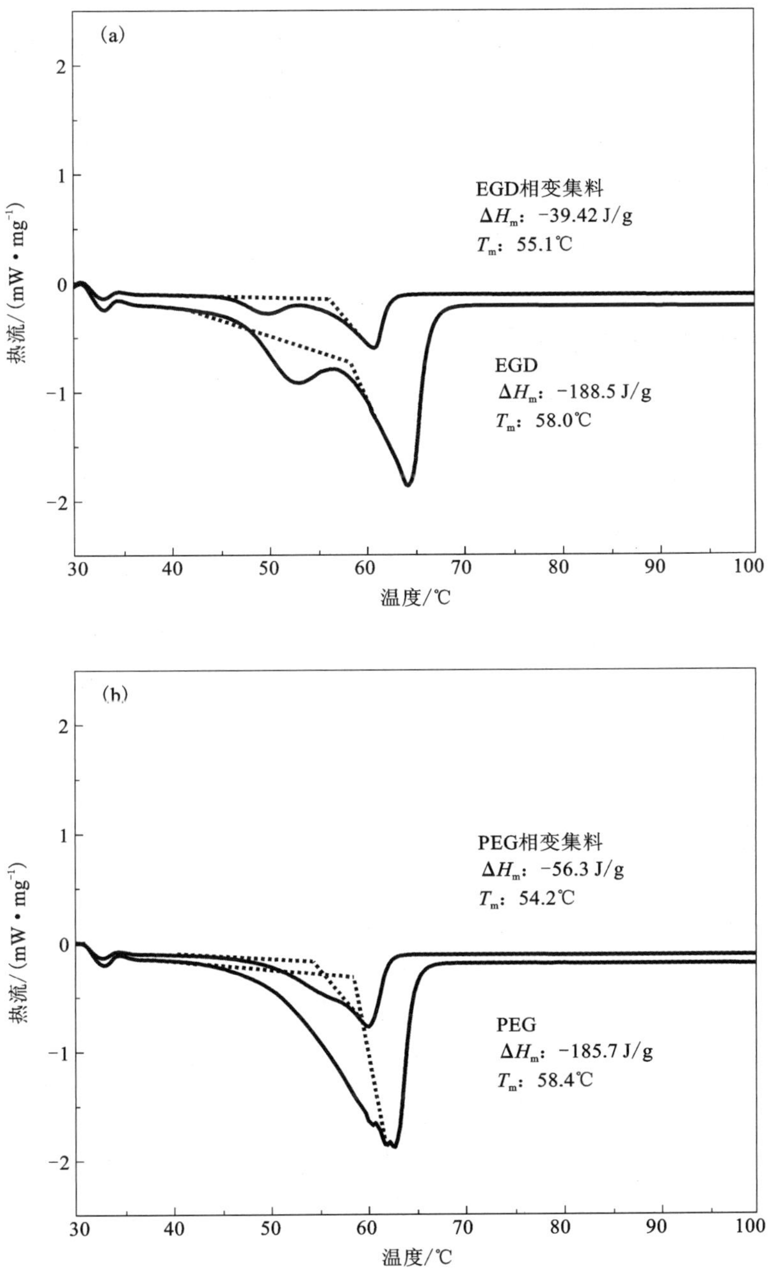

图 6.13　水泥基复合相变材料相关样品 DSC 曲线图

度及相变焓分别为 58.0℃和-188.5 J/g，PEG 的相变温度和相变焓分别为 58.4℃和-185.7 J/g。PEG 相变集料的相变温度和相变焓分别为 54.2℃和-56.3 J/g，EGD 相变集料的相变温度和相变焓分别为 55.1℃和-39.42 J/g。相变材料与水泥石复合后其相变温度与相变焓均低于纯相变材料。T_m 的降低可归因于相变材料与水泥石表面之间存在的毛细管力和氢键作用等相互作用。当相互作用较强时，T_m 会增加。相反，相互作用较弱时 T_m 下降。经过对比后发现，PEG 相变集料的相变焓比 EGD 相变集料更理想。

6.2.5 热循环稳定性分析

水泥基相变集料的热循环可靠性可通过分析热循环试验前后样品的 DSC 曲线及 FT-IR 曲线得到，如图 6.14 所示。从图 6.14(a)及图 6.14(b)可知，经 100 次冷/热循环后，EGD 相变集料的 T_m 降低 0.5℃，PEG 相变集料的 T_m 几乎没有变化，EGD 相变集料及 PEG 相变集料的 ΔH_m 与热循环试验前相比分别降低 5.6%和 4.3%。在升温过程中，水泥石孔隙中的相变材料蒸发，且历经 100 次积累后，其 ΔH_m 均有所降低，且对相变集料在沥青路面中的工作寿命有一定程度影响。从图 6.14(c)到图 6.14(d)可知，EGD 相变集料及 PEG 相变集料的

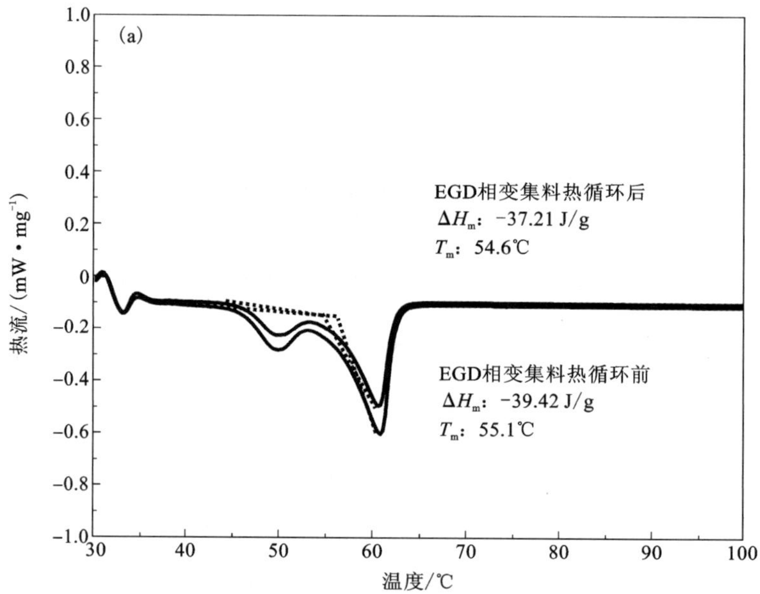

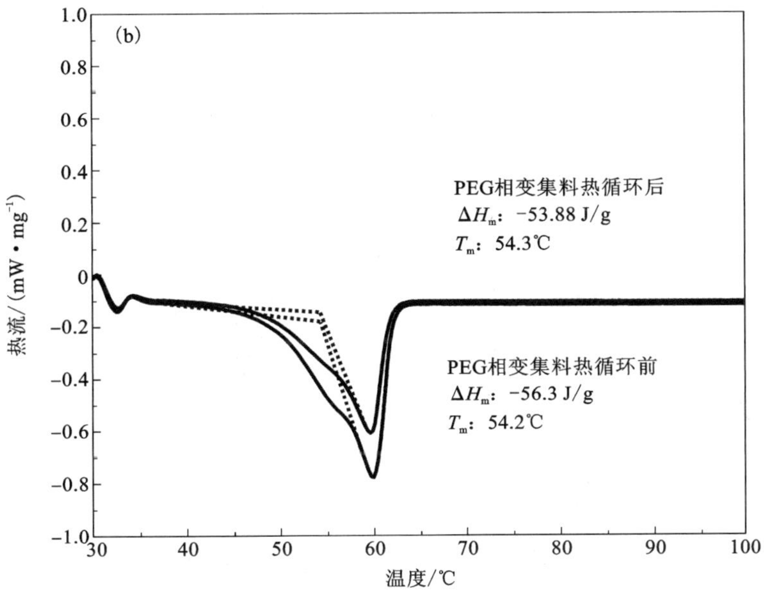
(b)
PEG相变集料热循环后
ΔHm: -53.88 J/g
Tm: 54.3℃
PEG相变集料热循环前
ΔHm: -56.3 J/g
Tm: 54.2℃
热流/(mW·mg⁻¹)
温度/℃

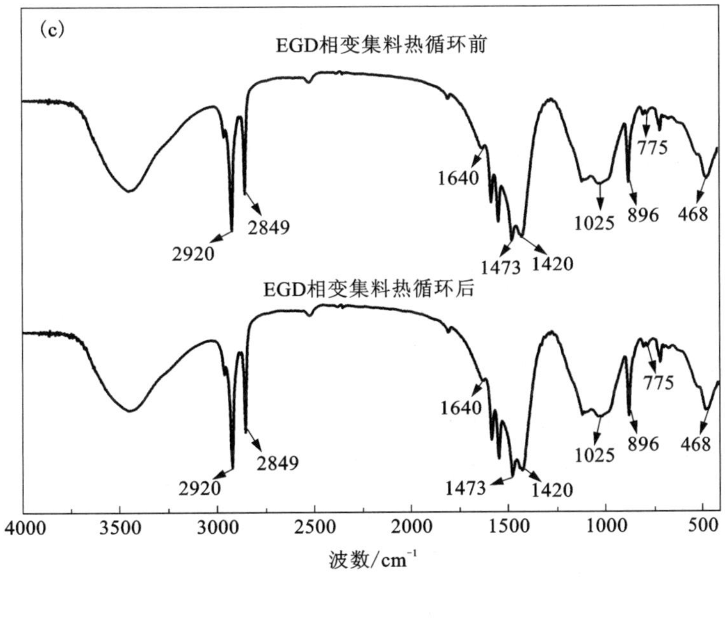
(c)
EGD相变集料热循环前
EGD相变集料热循环后
2920
2849
1640
1473
1420
1025
896
775
468
波数/cm⁻¹

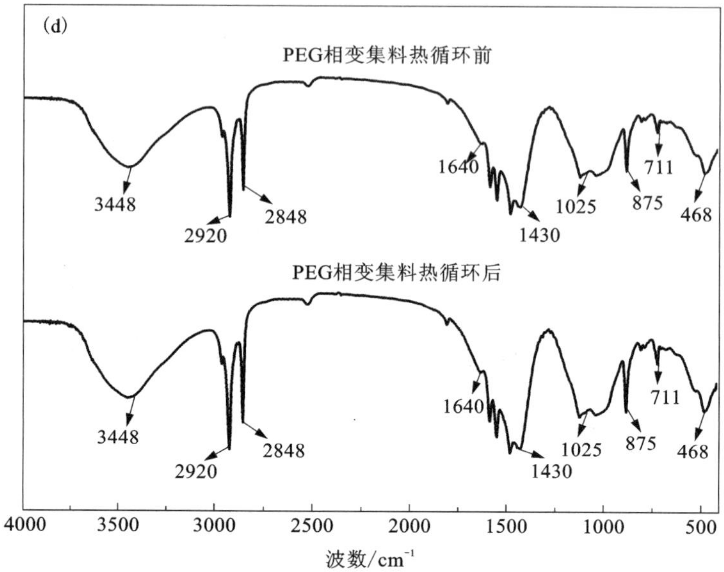

图 6.14 水泥基复合相变材料相关样品热循环前后 DSC 及 FT-IR 曲线图

FT-IR 特征峰的波形在热循环前后基本不变，并无新的特征峰出现，透光率略微有所下降，结果表明，相变集料的热循环可靠性较好，热循环前后并无明显的性能下降。

6.2.6 泄漏稳定性分析

由图 6.15(a)可知，纯相变材料在试验后，因为熔化成液体，从而向外扩散，形成了宽约 2 cm 的扩散带，几乎将滤纸完全覆盖，普通水泥试验前后状态无明显变化，EGD 相变集料试验后在圆形区域外无任何泄露痕迹，随后将滤纸上的 EGD 相变集料移走，圆形内部有少量相变材料痕迹，EGD 相变集料经融流扩散试验后泄露较少，其泄露稳定性良好。由图 6.15(b)可知，经融流扩散试验后，融化的 PEG 发生扩散，普通水泥石经试验后无痕迹，PEG 相变集料有与普通水泥相似情况，将集料移走之后，滤纸上几乎无残留痕迹，这说明 PEG 相变集料的泄露稳定性良好。综上所述，水泥石基体对相变材料的定型效果较好，相变材料在融流扩散试验后基本无泄露，证明了水泥石基体与相变材料之间有较强的相互作用力，人工复合相变集料泄露稳定性良好。

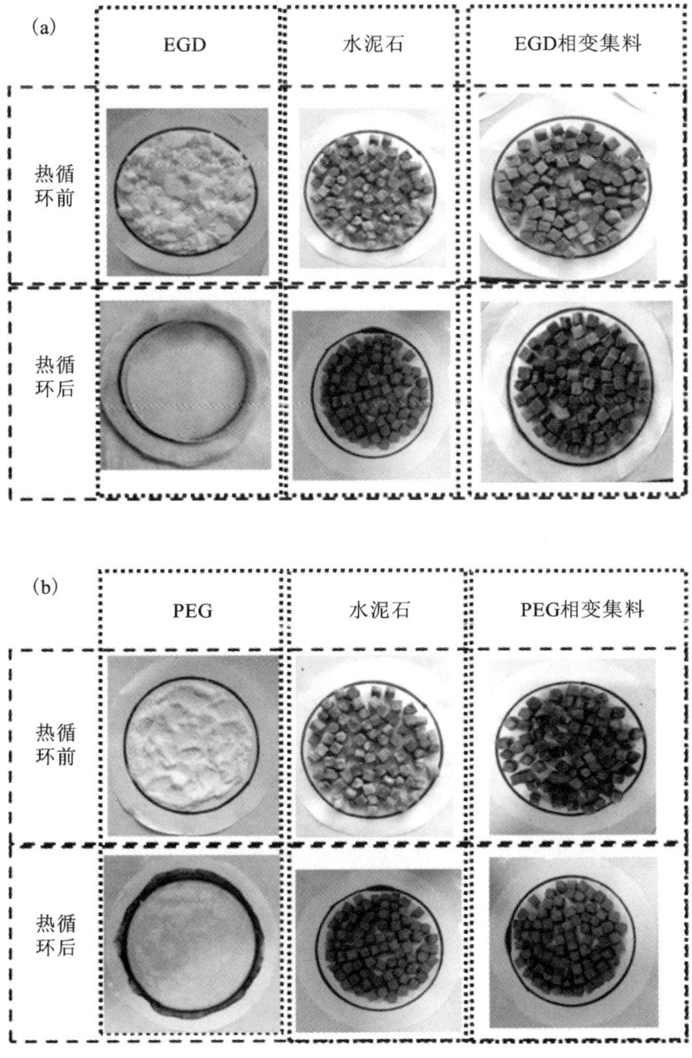

图 6.15 水泥基相变集料泄露试验前后对比图

6.3 沥青混合料调温性能评价

选用性能优良的 PEG/CS 及 PEG 相变集料制备沥青混合料，进行调温试验。将 PEG/CS 掺入沥青混合料中进行调温性能试验，用固定辐射强度，氙灯辐射强度 800 W 作为控制指标。图 6.16 为 PEG/CS 复合相变材料掺入沥青混合料中的降温效果图，两个试件的上表面温度随时间的变化曲线可分为两部分。在试验开始的前 30 min 内，两试件的上表面温度几乎一致，这是因为在此时间段内试件的表面温度还未达到 PEG 的相变温度，PEG 没有吸收热量，因此两个试件上表面温度随时间的变化基本保持一致。当试验进一步进行，两个试件上表面温度高于 PEG 的相变温度时，PEG/CS 沥青混合料上表面温度明显低于常规沥青混合料的上表面的温度。该结果归因于 PEG/CS 沥青混合料中的 PEG 可以吸收潜热，并降低 PEG/CS 沥青混合料的上表面温度升高的速率。由图 6.16(b)可知，当时间达到 210 分钟时，两个试件上表面的温度差达到最大值并且下表面温度差开始下降，这表明 PEG/CS 沥青混合料中所有 PEG 已经从固态转变为液态。PEG/CS 沥青混合料上表面温度最多可比常规沥青混合料的上表面温度低约 9.1℃。

将 PEG 相变集料掺入沥青混合料中进行调温性能试验，采用变光强作为控制指标。图 6.17 显示了 PEG 相变集料沥青混合料试件与常规沥青混合料上下表面的温度变化情况。PEG 相变集料温试件上下表面总比普通试件料的对应温度低。图 6.17(d)显示了两试件上表面与下表面的温差，在 320 min 时上下表面温度最大降幅分别可达 8.21℃ 和 5.18℃，这说明相变沥青混合料中的相变材料已相变完全。当试验结束时，两块试件的上下表面温度均达到最大，相比于常规试件，调温试件的上表面与下表面温度分别降低 3.41℃ 和 2.72℃。另外，两试件下表面的温度关系与上表面温度关系存在不同点，下表面温度在整个过程中，调温试件温度低于普通试件，这可能有三方面的原因：①调温试件中加入 PEG 后热反射率变大；②调温试件的热传导率变小；③调温试件比热容增大。

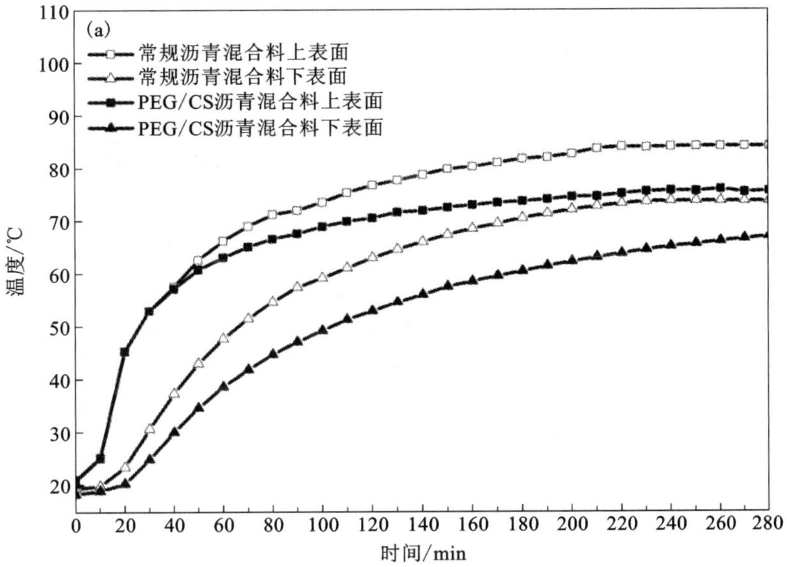

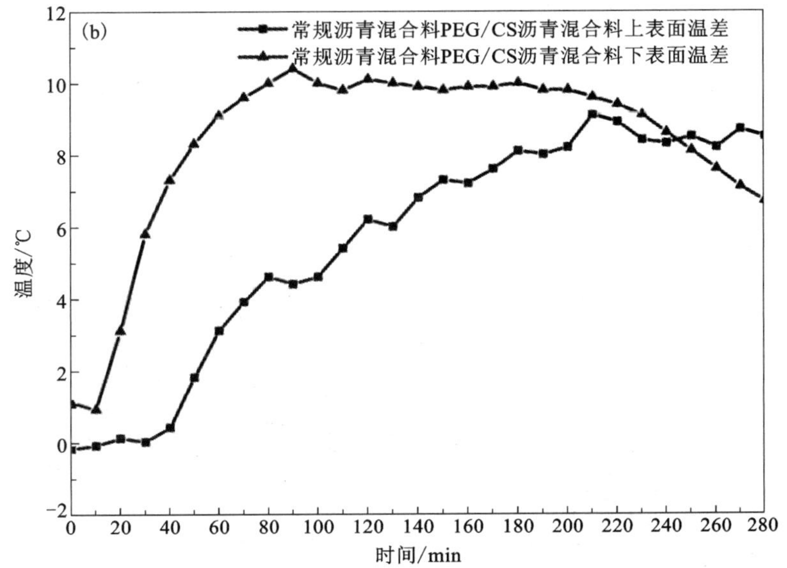

图 6.16　PEG/CS 相变沥青混合料降温效果评价

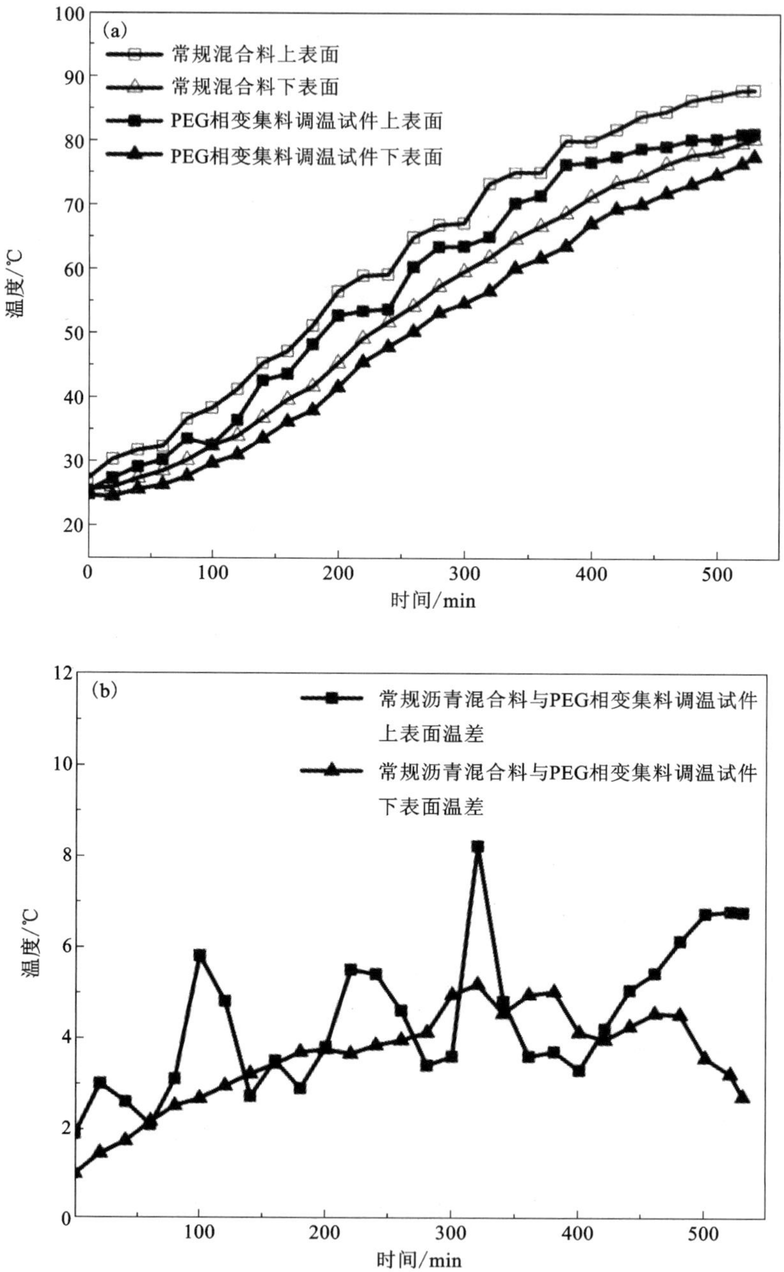

图 6.17 PEG 相变集料调温试件降温效果评价

6.4　调温沥青混合料路用性能

6.4.1　高温稳定性能

高温稳定性是沥青混合料路用性能的重要组成部分，可表征高温状态下的抗剪切变形能力。汉堡车辙试验可一定程度表现车轮碾压次数与形成的车辙深度之间的关系。由图 6.18 可知，横坐标为车轮碾压往返次数，纵坐标为车辙深度。普通沥青混合料和 PEG 相变集料调温沥青混合料均达到最大碾压次数 20000 次，车辙深度分别为 9.53 mm、12.11 mm。PEG/CS 沥青混合料则达到 20 mm 的车辙深度限值，碾压次数为 16500 次。PEG 相变集料调温沥青混合料的高温稳定性与常规沥青混合料相比下降较少。PEG/CS 的高温稳定性相对而言变化得较大，主要原因可能归结为：一方面，PEG/CS 材料中的陶粒组成部分强度较低，在车轮碾压下较快出现车辙深度限值。另一方面，如陶粒破碎后，复合相变材料中的液态相变材料可能泄露，影响了混合料的高温稳定性，进一步影响车辙深度的发展[24]。

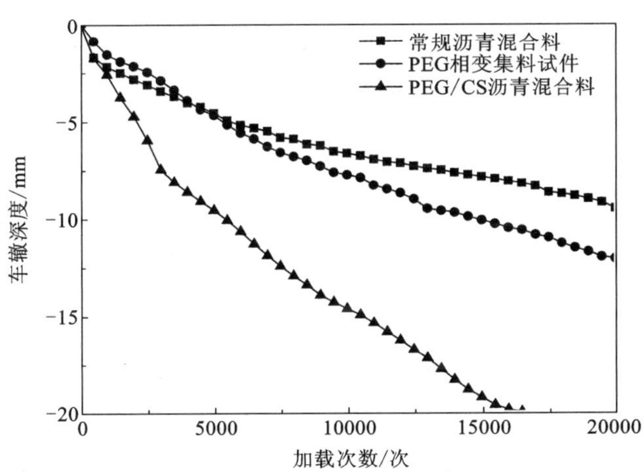

图 6.18　PEG 相变集料调温试件降温效果评价

6.4.2 低温抗裂性能

低温弯曲试验结果见表6.4，为了避免试验误差，对普通试件和两种调温试件采用了4个平行试件，并对平行试验所得的数据进行了筛选分析，首先取得了平均值，再对与平均值之差大于两倍标准差的测量值进行了剔除。由表可知，调温试件的抗弯拉强度与常规沥青混合料相比，PEG/CS沥青混合料、PEG相变集料混合料分别提高了5.6%、4.7%。普通试件与两种调温试件的弯曲劲度模量分别为2410.33 MPa，2633.36 MPa，2465.10 MPa，弯曲劲度模量数值分别变化了9.2%、2.3%，调温试件的弯曲劲度模量相对提高了。就最大弯拉应变而言，三种调温试件的最大弯拉应变相对于常规试件分别降低了2.9%、3.7%。由此可知，相变集料的掺入并未对沥青混合料的低温性能有太大影响。在拌和时，液态的PEG通过流动填充了沥青混合料的空隙，并降低了空隙率。在低温状态下，调温试件中的PEG为固态，且空隙率较小，这使得在荷载作用下产生裂缝的概率较小，从而使应力集中现象减弱。在两种相变沥青混合料中，PEG相变集料混合料的低温性能较好。

表6.4 沥青混合料低温弯曲试验结果

混合料类型	破坏荷载/N	跨中挠度/mm	抗弯拉强度/MPa	均值/MPa	最大弯拉应变/με	均值/με	弯曲劲度模量/MPa	均值
常规沥青混合料	956.8	0.613	7.81	7.65	3218.25	3173.63	2426.97	2410.66
	1002.5	0.625	8.18		3281.25		2494.07	
	882.9	0.593	7.21		3113.25		2315.06	
	908.5	0.587	7.42		3081.75		2406.53	
PEG/CS沥青混合料	846.7	0.527	7.89	8.08	2814.0	3080.44	2804.54	2633.36
	1072.2	0.604	8.10		3213.00		2520.88	
	983.4	0.559	8.03		2945.25		2725.66	
	1028.6	0.631	8.31		3349.50		2482.25	

续表6.4

混合料类型	破坏荷载/N	跨中挠度/mm	抗弯拉强度/MPa	均值/MPa	最大弯拉应变/με	均值/με	弯曲劲度模量/MPa	均值
PEG 相变集料沥青混合料	1025.6	0.58	6.94	8.15	3066.00	3054.70	2730.67	2465.10
	951.3	0.52	8.6		2745.75		2828.27	
	1125.20	0.61	8.04		3223.50		2849.48	
	890.2	0.50	8.27		2598.75		2796.32	

6.4.3 水稳定性能

由表 6.5 可知，常规沥青混合料、PEG/CS 沥青混合料、PEG 相变集料沥青混合料三种试件在浸水前所测马歇尔稳定度平均值分别为 11.37 kN、10.49 kN、9.95 kN，浸水后，各试件稳定度均值分别为 10.28 kN、8.79 kN、8.25 kN。在浸水前后，各试件的稳定度有相同的规律，均为普通沥青混合料稳定度大于 PEG/CS 沥青混合料稳定度大于 PEG 相变集料沥青混合料。并算得各试件的残留稳定度均大于 75%，这满足规范要求，在掺入相变集料后，各沥青混合料的水稳性能均有不同程度降低，原因可能是相变沥青或相变集料中的相变材料在混合料拌合过程中有泄漏，相变材料附着于集料表面，使沥青与集料的黏附面积减小，从而影响调温试件的水稳定性。

表 6.5　沥青混合料浸水马歇尔试验结果

混合料类型	马歇尔稳定度 MS_1/kN	平均值/kN	浸水后稳定度 MS_2/kN	平均值	浸水残留稳定度 MS_0/%
常规沥青混合料	10.85	11.37	9.50	10.28	90.4
	11.01		10.48		
	12.04		11.09		
	11.59		10.04		

续表6.5

混合料类型	马歇尔稳定度 MS_1/kN	平均值/kN	浸水后稳定度 MS_2/kN	平均值	浸水残留稳定度 MS_0/%
PEG/CS沥青混合料	10.23	10.49	9.12	8.79	83.8
	10.85		8.91		
	9.98		8.23		
	10.88		8.89		
PEG相变集料沥青混合料	10.12	9.95	7.29	8.25	82.9
	12.02		8.06		
	8.69		7.53		
	8.97		8.07		

6.4.4 调温沥青混合料性能综合分析

对普通试件和调温试件进行了一系列的试验，包括调温试验和路用性能试验。调温试验表明PEG/CS沥青混合料的降温效果最佳；路用性能测试中，两种调温试件与普通试件相比，路用性能都有一定的降低且在规范要求之内。对两种相变沥青混合料的路用性能进行对比，PEG相变集料沥青混合料的高温性能、低温性能以及水稳定性降低得最小。因此，这两种定形相变粗集料在调温沥青路面的应用方面都有很大的潜力，需根据具体的交通荷载情况选择合适的降温材料。

6.5 本章小结

(1)相变材料与陶粒及水泥石基体的结合方式均为物理结合，并且在结合后相变材料的晶体结构保持稳定。相变材料与基体化学相容性良好，无新物质产生。

(2)两种定形复合粗集料在 200℃内均可以保持稳定，几乎无质量损失，热稳定性良好，复合粗集料的相变温度与相变焓均低于纯相变材料。热循环前后两种材料并无明显的性能降低，热循环可靠性较好。

(3)PEG/CS 及 PEG 相变集料的混合料试件表面降温明显，PEG/CS 试件的表面最大降温可达 9.1℃，PEG 相变集料试件的表面最大降温可达 8.2℃。

(4)常规沥青混合料及 PEG 相变集料试件均达到最大碾压次数 20000 次，车辙深度分别为 9.5 mm 及 12.1 mm。PEG/CS 混合料则达到 20 mm 的车辙深度限值，碾压次数为 16500 次。复合相变沥青混合料的高温性能略微下降。

(5)掺入复合相变材料后沥青混合料的抗弯拉强度与常规沥青混合料相比，PEG/CS 混合料及 PEG 相变集料试件分别升高 5.6%、4.7%。就最大弯拉应变而言，掺入复合相变材料后，其数值分别减少 2.9%、3.7%。算得常规沥青混合料、PEG/CS 混合料及 PEG 相变集料试件的弯曲劲度模量均值分别为 2410.33 MPa，2633.36 MPa，2465.10 MPa。

(6)这两种定形相变粗集料在调温沥青路面的应用方面都有很大的潜力，需根据具体的交通荷载情况选择合适的降温材料。

参考文献

[1] 交通运输部. 2020 年交通运输行业发展统计公报[N]. 中国交通报, 2021-05-19.

[2] Carnielo E, Zinzi M. Optical and thermal characterisation of cool asphalts to mitigate urban temperatures and building cooling demand[J]. Building and Environment, 2013, 60: 56-65.

[3] Palme M, Inostroza L, Villacreses G, et al. From urban climate to energy consumption. Enhancing building performance simulation by including the urban heat island effect[J]. Energy and Buildings, 2017, 145: 107-120.

[4] 林飞鹏. 沥青路面用矿物基复合相变材料的制备与性能研究[D]. 长沙: 长沙理工大学硕士, 2018.

[5] Ma B, Si W, Ren J, et al. Exploration of road temperature-adjustment material in asphalt mixture[J]. Road Materials and Pavement Design, 2014, 15(3): 659-673.

[6] 于华洋, 马涛, 王大为, 等. 中国路面工程学术研究综述・2020[J]. 中国公路学报, 2020, 33(10): 1-66.

[7] 刘涛, 郭乃胜, 谭忆秋, 等. 路用相变材料研究现状和发展趋势[J]. 材料导报, 2020, 34(23): 23179-23189.

[8] Huang X, Alva G, Jia Y, et al. Morphological characterization and applications of phase change materials in thermal energy storage: A review[J]. Renewable and Sustainable Energy Reviews, 2017, 72: 128-145.

[9] Karaipekli A, Sarı A, Biçer A. Thermal regulating performance of gypsum/(C18 - C24) composite phase change material (CPCM) for building energy storage applications[J]. Applied Thermal Engineering, 2016, 107: 55-62.

[10] Abhat A. Low temperature latent heat thermal energy storage: Heat storage materials[J]. Solar Energy, 1983, 30(4): 313-332.

[11] Ryms M, Denda H, Jaskuła P. Thermal stabilization and permanent deformation resistance of LWA/PCM-modified asphalt road surfaces[J]. Construction and Building Materials, 2017, 142: 328-341.

[12] Hasnain S M. Review on sustainable thermal energy storage technologies, part i: Heat storage materials and techniques[J]. Energy Conversion and Management, 1998, 39(11): 1127-1138.

[13] Kalnæs S E, Jelle B P. Phase change materials and products for building applications: A state-of-the-art review and future research opportunities[J]. Energy and Buildings, 2015, 94: 150-176.

[14] Jebasingh B E. Exfoliation of graphite by solar irradiation and investigate their thermal

property on capric – myristic – palmitic acid/exfoliated graphite composite as phase change material (PCM) for energy storage[J]. Journal of Energy Storage, 2016, 5: 70–76.

[15] Li Y, Zhang X, Munyalo J M, et al. Preparation and thermophysical properties of low temperature composite phase change material octanoic-lauric acid/expanded graphite[J]. Journal of Molecular Liquids, 2018, 277: 577–583.

[16] Yuan Y, Zhang N, Tao W, et al. Fatty acids as phase change materials: A review[J]. Renewable and Sustainable Energy Reviews, 2014, 29: 482–498.

[17] Anupam B R, Sahoo U C, Rath P. Phase change materials for pavement applications: A review[J]. Construction and Building Materials, 2020, 247: 118553.

[18] 边鑫. 相变沥青混合料的制备与调温机理研究[D]. 哈尔滨: 哈尔滨工业大学, 2013.

[19] Illampas R, Rigopoulos I, Ioannou I. Influence of microencapsulated phase change materials (PCMs) on the properties of polymer modified cementitious repair mortar[J]. Journal of Building Engineering, 2021, 40: 102328.

[20] Jin J, Liu L, Liu R, et al. Preparation and thermal performance of binary fatty acid with diatomite as form-stable composite phase change material for cooling asphalt pavements[J]. Construction and Building Materials, 2019, 226: 616–624.

[21] Zou T, Fu W, Liang X, et al. Preparation and performance of form-stable tbab hydrate/SiO_2 composite pcm for cold energy storage[J]. International Journal of Refrigeration, 2019, 101: 117–124.

[22] Jin J, Lin F, Liu R, et al. Preparation and thermal properties of mineral-supported polyethylene glycol as form-stable composite phase change materials (CPCMs) used in asphalt pavements[J]. Scientific Reports, 2017, 7(1): 16998.

[23] 林飞鹏, 金娇, 郑健龙, 等. 基于相变材料的调温沥青路面应用研究进展[J]. 中国材料进展, 2017, 36(6): 467–472.

[24] Jin J, Xiao T, Zheng J, et al. Preparation and thermal properties of encapsulated ceramsite-supported phase change materials used in asphalt pavements[J]. Construction and Building Materials, 2018, 190: 235–245.

[25] 谢宝珊, 李传常, 张波, 等. 硅酸盐矿物储热特征及其复合相变材料[J]. 硅酸盐学报, 2019, 47(1): 143–152.

[26] Rathore P K S, Shukla S K. Potential of macroencapsulated PCM for thermal energy storage in buildings: A comprehensive review[J]. Construction and Building Materials, 2019, 225: 723–744.

[27] Huang X, Zhu C, Lin Y, et al. Thermal properties and applications of microencapsulated PCM for thermal energy storage: A review[J]. Applied Thermal Engineering, 2019, 147: 841–855.

[28] Geng X, Li W, Wang Y, et al. Reversible thermochromic microencapsulated phase change materials for thermal energy storage application in thermal protective clothing[J]. Applied Energy, 2018, 217: 281–294.

[29] Kheradmand M, Castro-Gomes J, Azenha M, et al. Assessing the feasibility of impregnating phase change materials in lightweight aggregate for development of thermal energy storage

systems[J]. Construction and Building Materials, 2015, 89: 48-59.

[30] Manning B J, Bender P R, Cote S A, et al. Assessing the feasibility of incorporating phase change material in hot mix asphalt[J]. Sustainable Cities and Society, 2015, 19: 11-16.

[31] Le Touz N, Marchetti M, Dumoulin J, et al. Appreciation of the delay in the benefts of the thermal energy released by PCM in civil engineering structures[C]. 14th Quantitative Infrared Thermography Conference (QIRT), 2018: 1-9.

[32] Farnam Y, Esmaeeli H S, Zavattieri P D, et al. Incorporating phase change materials in concrete pavement to melt snow and ice[J]. Cement and Concrete Composites, 2017, 84: 134-145.

[33] Ma B, Adhikari S, Chang Y, et al. Preparation of composite shape-stabilized phase change materials for highway pavements[J]. Construction and Building Materials, 2013, 42: 114-121.

[34] Ma B, Si W, Ren J, et al. Exploration of road temperature-adjustment material in asphalt mixture[J]. Road Materials and Pavement Design, 2014, 15(3): 659-673.

[35] Si W, Ma B, Zhou X, et al. Temperature responses of asphalt mixture physical and finite element models constructed with phase change material[J]. Construction and Building Materials, 2018, 178: 529-541.

[36] 林飞菲. 沥青路面融雪抗凝冰性相变材料的研究[D]. 重庆: 重庆交通大学, 2014.

[37] 朱建勇, 何兆益, 林菲飞. 抗凝冰相变沥青材料的研究[J]. 材料导报, 2015, 29(S2): 472-475.

[38] Zhu H, Gou S, Fan S. Evaluation of self-healing performance of aging asphalt based on dynamic shear rheometer[C]. 2nd International Conference on Civil Engineering and Rock Engineering (ICCERE 2017), 2017.

[39] 刘赫. 相变控温水泥混凝土桥面结构设计及应用研究[D]. 长沙: 长沙理工大学, 2013.

[40] 黄亮, 高英力, 刘赫. 相变控温复合防冻桥面结构的力学稳定性分析[J]. 硅酸盐通报, 2015, 34(5): 1258-1263.

[41] 杨献章, 胡柏学, 廖春芳, 等. 相变控温技术在桥梁防冻工程的应用[J]. 公路工程, 2013, 38(1): 1-4, 27.

[42] 刘昕烨. 融雪相变微胶囊制备及相变沥青和混合料性能研究[D]. 哈尔滨: 哈尔滨工业大学, 2020.

[43] Ryms M, Lewandowski W M, Klugmann-Radziemska E, et al. The use of lightweight aggregate saturated with PCM as a temperature stabilizing material for road surfaces[J]. Applied Thermal Engineering, 2015, 81: 313-324.

[44] Anupam B R, Sahoo U C, Rath P. Thermal and mechanical performance of phase change material incorporated concrete pavements[J]. Road Materials and Pavement Design, 2021.

[45] Mizwar I K, Napiah M, Sutanto M H. Thermal properties of cool asphalt concrete containing phase change material[C]. IOP Conference Series: Materials Science and Engineering, 2019.

[46] 胡曙光, 李潜, 黄绍龙, 等. 相变材料聚乙二醇应用于沥青混合料可行性的研究[J].

公路，2009，(07)：291-295.

[47] Chen M, Wan L, Lin J. Effect of phase-change materials on thermal and mechanical properties of asphalt mixtures[J]. Journal of Testing and Evaluation, 2012, 40(5): 746-753.

[48] 万路. 相变控温沥青混凝土的制备与性能研究[D]. 武汉：武汉理工大学硕士，2012.

[49] Zhang D, Chen M, Wu S, et al. Preparation of expanded graphite/polyethylene glycol composite phase change material for thermoregulation of asphalt binder[J]. Construction and Building Materials, 2018, 169: 513-521.

[50] Zhang D, Chen M, Wu S, et al. Thermal and rheological performance of asphalt binders modified with expanded graphite/polyethylene glycol composite phase change material (EP-CPCM)[J]. Construction and Building Materials, 2019, 194: 83-91.

[51] 谭忆秋，边鑫，单丽岩，等. 路面用潜热材料的制备与调温性能研究[J]. 建筑材料学报，2013，16(02)：354-359.

[52] 孙丙阳. 相变材料及其在沥青路面降温应用中的研究[D]. 哈尔滨：哈尔滨工业大学硕士，2014.

[53] 马翾，段诗雨，魏堃，等. 道路用聚氨酯固-固相变材料的合成及性能研究[J]. 硅酸盐通报，2018，37(10)：3232-3238.

[54] Ma B, Wei K, Huang X F, et al. Preparation and investigation of NiTi alloy phase-change heat storage asphalt mixture[J]. Journal of Materials in Civil Engineering, 2020, 32(9): 04020250.

[55] Wei K, Ma B, Huang X, et al. Influence of NiTi alloy phase change heat-storage particles on thermophysical parameters, phase change heat-storage thermoregulation effect, and pavement performance of asphalt mixture[J]. Renewable Energy, 2019, 141: 431-443.

[56] 张一博，朱洪洲，李菁若，等. 储热降温沥青路面用相变材料的选择[J]. 郑州大学学报(工学版)，2012，33(3)：10-14+18.

[57] 曹长斌，罗阳明，李文虎，等. 聚乙二醇对沥青及其混合料储热性能的影响[J]. 化工新型材料，2013，41(4)：137-139.

[58] 何丽红，李菁若，曹长斌，等. PEG/SiO_2 定型相变材料在沥青及水泥环境中应用的可行性[J]. 新型建筑材料，2013，40(8)：28-31.

[59] 李文虎，何丽红，朱洪洲，等. PEG/SiO_2 相变颗粒对沥青混合料储热及高温性能的影响[J]. 公路交通科技，2015，32(4)：16-20.

[60] Jin J, Liu S, Gao Y, et al. Fabrication of cooling asphalt pavement by novel material and its thermodynamics model[J]. Construction and Building Materials, 2021, 272: 121930.

[61] Du Y, Liu P, Quan X, et al. Characterization and cooling effect of a novel cement-based composite phase change material[J]. Solar Energy, 2020, 208: 573-582.

[62] Kong X, Zhong Y, Rong X, et al. Building energy storage panel based on paraffin/expanded perlite: Preparation and thermal performance study[J]. Materials, 2016, 9(2): 70.

[63] Qian T, Li J, Deng Y. Pore structure modified diatomite-supported peg composites for thermal energy storage[J]. Scientific reports, 2016, 6: 32392.

[64] He F, Wang X, Wu D. Phase-change characteristics and thermal performance of form-stable

n-alkanes/silica composite phase change materials fabricated by sodium silicate precursor [J]. Renewable Energy, 2015, 74: 689-698.

[65] 张争奇，罗要飞，张苛. 沥青混合料汉堡车辙试验评价研究综述[J]. 材料导报，2017, 31(3): 96-105.

[66] 栗培龙，张争奇，李洪华，等. 沥青混合料汉堡车辙试验方法[J]. 交通运输工程学报，2010, 10(2): 30-35.

[67] Du Y, Liu P, Wang J, et al. Laboratory investigation of phase change effect of polyethylene glycolon on asphalt binder and mixture performance [J]. Construction and Building Materials, 2019, 212: 1-9.

[68] 曹丽萍，谭忆秋，董泽蛟，等. 应用玻璃化转变温度评价 SBS 改性沥青低温性能[J]. 中国公路学报，2006(2): 1-6.

[69] Jin J, Tan Y, Liu R, et al. Structure characteristics of organic bentonite and the effects on rheological and aging properties of asphalt[J]. Powder Technology, 2018, 329: 107-114.

[70] 魏建明. 沥青、集料的表面自由能及水分在沥青中的扩散研究[D]. 北京：中国石油大学，2008.

[71] Jia M, Sha A, Jiang W, et al. Laboratory evaluation of poly(ethylene glycol) for cooling of asphalt pavements[J]. Construction and Building Materials, 2021, 273: 121774.

[72] 王浩. PEG/SiO_2 复合相变储热沥青胶浆性能及调温机理研究[D]. 重庆：重庆交通大学，2019.

[73] Kakar M R, Refaa Z, Worlitschek J, et al. Effects of aging on asphalt binders modified with microencapsulated phase change material [J]. Composites Part B: Engineering, 2019, 173: 107007.

[74] 王岚，王子豪，李超. 多聚磷酸改性沥青老化前后高温流变性能[J]. 复合材料学报，2017, 34(7): 1610-1616.

[75] Zhao Y, Gu F, Xu J, et al. Analysis of aging mechanism of SBS polymer modified asphalt based on fourier transform infrared spectrum[J]. Journal of Wuhan University of Technology-Mater. Sci. Ed., 2010, 25(6): 1047-1052.

[76] Bora B, Das A. Estimation of binder quantity in a binary blend of asphalt binders using ftir [J]. Transportation Research Procedia, 2020, 48: 3756-3763.

[77] Lamontagne J, Dumas P, Mouillet V, et al. Comparison by fourier transform infrared (FT-IR) spectroscopy of different ageing techniques: Application to road bitumens[J]. Fuel, 2001, 80(4): 483-488.

[78] Wei T, Zheng B, Liu J, et al. Structures and thermal properties of fatty acid/expanded perlite composites as form-stable phase change materials[J]. Energy and Buildings, 2014, 68: 587-592.

[79] Wang C, Feng L, Li W, et al. Shape-stabilized phase change materials based on polyethylene glycol/porous carbon composite: The influence of the pore structure of the carbon materials[J]. Solar Energy Materials and Solar Cells, 2012, 105: 21-26.

[80] Liu Y, Yang Y. Form-stable phase change material based on $Na_2CO_3 \cdot 10H_2O$-$Na_2HPO_4 \cdot$

$12H_2O$ eutectic hydrated salt/expanded graphite oxide composite: The influence of chemical structures of expanded graphite oxide[J]. Renewable Energy, 2018, 115: 734-740.

[81] 王涛. 环氧树脂包覆二十烷/膨胀石墨相变复合材料的制备与性能研究[D]. 哈尔滨: 哈尔滨工业大学, 2019.

[82] 王会丽, 赵越, 马乐宽, 等. 复合改性膨胀石墨的制备及对酸性艳蓝染料的吸附[J]. 高等学校化学学报, 2016, 37(2): 335-341.

[83] 孟多, 赵薇. 新戊二醇/环氧树脂复合相变材料的制备和性能[J]. 新型建筑材料, 2014, 41(4): 1-4.

[84] Yu Q, Tchuenbou-Magaia F, Al-Duri B, et al. Thermo-mechanical analysis of microcapsules containing phase change materials for cold storage[J]. Applied Energy, 2018, 211: 1190-1202.

[85] Qian T, Li J, Min X, et al. Diatomite: A promising natural candidate as carrier material for low, middle and high temperature phase change material[J]. Energy Conversion and Management, 2015, 98: 34-45.

图书在版编目(CIP)数据

自调温道路功能材料开发与应用 / 金娇等著. —长沙:中南大学出版社, 2022. 3

ISBN 978-7-5487-4834-2

Ⅰ. ①自… Ⅱ. ①金… Ⅲ. ①道路工程—建筑材料—功能材料 Ⅳ. ①U414. 4

中国版本图书馆 CIP 数据核字(2022)第 027319 号

自调温道路功能材料开发与应用

ZITIAOWEN DAOLU GONGNENG CAILIAO KAIFA YU YINGYONG

金娇　高玉超　刘帅　谢娟　刘雅儒　著

□出 版 人　吴湘华
□责任编辑　史海燕
□封面设计　李芳丽
□责任印制　唐　曦
□出版发行　中南大学出版社
　　　　　　社址：长沙市麓山南路　　邮编：410083
　　　　　　发行科电话：0731-88876770　　传真：0731-88710482
□印　　装　长沙鸿和印务有限公司

□开　　本　710 mm×1000 mm 1/16　□印张 12　□字数 237 千字
□版　　次　2022 年 3 月第 1 版　□印次 2022 年 3 月第 1 次印刷
□书　　号　ISBN 978-7-5487-4834-2
□定　　价　58.00 元